die horen

Zeitschrift für Literatur, Kunst und Kritik

58. Jahrgang | Ausgabe **252**

Nie gelungen Lied
Der Nibelunge Nôt

Zusammengestellt von
Detlef Goller und Nora Gomringer

Inhalt

Helden im Bilde

Am Ende, mit dem letzten Orchesterton

Im Übrigen, wie Wagner will!

Dem Original wird kein Schaden zugefügt

Nie gelungen Lied

Zu diesem Band

Ihr urteilt viel zu vorteilhafft von denen Gedichten aus dem 12., 13. und 14. Seculo deren Druck Ihr befördert habet und zur Bereicherung der Teutschen Sprache so brauchbar haltet. Meiner Meinung nach sind solche nicht einen Schuss Pulver werth; und verdienten nicht aus dem Staube der Vergessenheit gezogen zu werden. In meiner Bücher Sammlung wenigstens, würde Ich, dergleichen elendiges Zeug, nicht dulten; sondern herausschmeißen. Das Mir davon eingesandte Exemplar mag dahero, sein Schicksaal, in der dortigen großen Bibliothec, abwarten. Viele Nachfrage verspricht aber solchem nicht; Euer sonst gnädiger König.

Potsdam den 22ten Februar 1784.

Friedrich der Große an Christoph Heinrich Müller, der 1782 dem König die erste vollständige Edition des *Nibelungenliedes* gewidmet hat

Wie sollte einen Sänger das alte Lied, das uns um so vieles mehr bestimmt als die homerischen Gesänge (obwohl unser Empfinden von Kultur dies manchmal lieber hätte), nicht anrühren, darüber nachzusinnen?« (Wenzel)

Von Anfang an dunkel in Entstehung, Überliefung und vor allem in der Deutung gleicht diese Reaktion auf unseren Aufruf zu neuen literarischen Taten mit den *alten maeren* einem verirrten Sonnenstrahl im nibelungischen Nebelheim, irgendwo in und aus Deutschland. Von dort her, auch wenn keiner so genau weiß, von welcher der zahllosen Nibelungenstädte, und auch wenn »seit 1945 [...] die Deutschen keine Nibelungen mehr« sind (Herfried Winkler), summt das Lied seit über 1000 Jahren Fragen über Fragen an die Nachgeborenen. Dennoch oder vielleicht gerade auch deshalb wabern selbst nach 1945 in Deutschland über/all(es) noch Nibelungentreue (bisher: Bundestrainer zu Nationalspielern; vielleicht bald: Koalitionspartner zu Bundeskanzlerinnen?), Dolchstöße oder gar eine Lindenblattstelle in Tellkamps *Turm*.

Doch was macht die Nibelungensage so produktiv wie nur wenig andere Stoffe in der deutschen Literatur, wenn doch jede neue Bearbeitung eines Stoffes, der in seiner über zweihundertjährigen Rezeptionsgeschichte seit der Wiederentdeckung des mittelhochdeutschen Epos in der Mitte des 18. Jahrhunderts, dort von Friedrich dem Großen gleich als »keinen Schuss Pulver wert« befunden, derart ausgebeutet, ja im schlimmsten Wortsinne ausgeschlachtet wurde, dass jede einzelne neue Bearbeitung – zumal nach Wagner und dem Nationalsozialismus – als postnibelungisches Untergangsprojekt erscheinen muss?

Die Genese und die Gesamtschau der Beiträge verdeutlichen unserer Meinung nach die beiden sich scheinbar gegenseitig anziehenden Pole der äußerst problematischen Attraktivität der Nibelungensage: Die epische Wucht des Stoffes und der seine Details umgebende Nebel. Erstere beinahe noch übertreffend erzählt uns Dr. King Schultz/Christopher Waltz in Quentin Tarantinos Meisterwerk *Django Unchained* die Befreiungssage Brünhilds durch Siegfried als Vorwegnahme der späteren Befreiung der Ehefrau seines Filmhelden Django, wobei, wie der Beitrag von Ingrid Bennewitz in diesem Band zeigt, Tarantino damit kongenial die Fabel der Befreiung der amerikanischen schwarzen Sklaven von ihren weißen Unterdrückern in seinen Film einwebt. Folgendes Zitat stammt nicht von Tarantino oder gar einer Rezension seines Films, sondern ist eine weitere Reaktion auf unseren nibelungischen Schreibaufruf: »Das *Nibelungenlied* ist ein phantastisches Epos. Was mich daran wieder so fasziniert, ist die Fülle an Gefühlen und Emotionen wie Gier, Sucht nach Reichtum, Neid, Hass, Liebe, Mut, Angst, Betrug, Rachsucht, Streben nach Status und Sieg, Familienbande, mangelnde Tötungshemmung und so weiter. Obwohl die historischen Wurzeln des Liedes 1500 Jahre zurückliegen, hat sich am grundsätzlichen Verhalten von Menschen nichts geändert, nur sind die Mittel etwas moderner.« (Gonde Dittmer)

Ob und wie die Bezüge zum *Nibelungenlied* auch heute noch gezogen werden, hängt maßgeblich davon ab, wie präsent der Stoff im kulturellen Gedächtnis der Gegenwart noch ist. Wenn in Tarantinos Film behauptet wird: »Jeder Deutsche kennt die Geschichte«, so stimmt das leider wohl nur noch zum Teil. Nicht nur die von uns angefragten potenziellen Beiträger aus dem öffentlichen Leben, die z. B. mit Nibelungentreue in Verbindung gebracht werden, mussten uns leider mitteilen, dass sie unsere Anfrage schon sehr interessant fänden, jedoch überhaupt nichts zu diesem Thema sagen könnten, da sie darüber nicht Bescheid wüssten – der Nebel halt. Sich durch den Nebel tastend haben einige das mittelhochdeutsche Original wieder konsultiert oder gar einer geliebten Person vorgelesen.

Was aus den daraus entsprungenen Re-Lektüren geworden ist: eine überaus überraschende Annäherung an bestimmte Personen, Köpfe und »Erzählkerne« (Jan-Dirk Müller) des Nibelungenstoffes von verschiedensten Perspektiven. Aus dem Nebel ragen die »vier Eisen« (Hans Thill) Siegfried und Hagen sowie Kriemhild und Brünhild, andere bleiben verschwommen, wieder andere unsichtbar.

Auf das Sichtbare der Sage setzen in besonderer Weise die Beiträger unserer Ausgabe, denen wir das Kapitel »Helden im Bilde« widmen. Vom Tattoo, zur inszenierten Fotografie – einem Siegfried'schen beauty shot, den Piktogrammen der Brüder und Grafiker Goldstein, die den Nibelungen in erzählender Tradition beistehen mit Bildern, die Bände sprechen, hin zu Reimar Limmers

Interpretationen des Personendreiecks, das den Protagonisten zwischen die leading (baking) ladies bannt. Die bildende Künstlerin Wiebke Siem sendet Bild- und Textbotschaften aus ihrem Berliner Atelier, die wir mit folgender Fragestellung betrachten: wo – wenn überhaupt? – finden wir Spuren unseres Stoffes in den Museen der Gegenwart? Gibt es einen neuen Bilderfundus für das alte *maere*? Bleiben in Zeiten des populären *Game of Thrones*, unzähliger Rollenspielereien und der Deichkind-Liedzeilen »Ein Drache und ein Krieger / kämpfen auf dem Berg / Airbrushgemälde / leider geil« noch Möglichkeiten zur Narration via Bildkontext? Wie viel Kitsch erträgt die Weiterverwertung eines per se nicht kitschigen Stoffes? Erschöpft sich eine Geschichte nach so vielen Jahren des Herumreichens, Neu-Erzählens und -Bebilderns oder ist die ausschließlich auf bewegte Bilder, filmische oder dramatische Inszenierungen zu übertragen und kann uns im Still(en) nichts mehr erzählen?

Dies vielbe- und gesungene Lied der Nibelungen, das sich in seiner Komplexität und Personenkonstellation in Stoffen der Gegenwart anklingend findet, rückt sich mit der kleinen, feinen graphischen Auswahl ins Augenmerk.

Doch lesen und schauen Sie selbst, denn auch jetzt hat das *maere* kein Ende: *daz ist der Nibelunge nôt* – und unsere Freude!

Detlef Goller | Nora Gomringer

Köpfe Zählen

Felicitas Hoppe im Gespräch mit Tilman Spreckelsen

Tilman Spreckelsen: Wenn eine Brautwerbung wie die von Gunther um Brünhild schon so anfängt, kann nichts Gutes daraus werden. Oder doch?

Felicitas Hoppe: O doch! Eine gute Geschichte zum Beispiel. ›Nichts Gutes‹ ist ja, vom erzählerischen Standpunkt aus betrachtet, nicht das Schlechteste. Das lieben die Leute. So auch Gunthers absurde Brautwerbung um Brünhild. Da laufen in rascher Folge bekannte Bilder ab, Ritterromane, Märchen, Drachenkämpfe und Jungfrauenbefreiungen, Felsen und Zinnen, bestückt mit lauter Köpfen verrückter Männer, die sich, naiv wie Gunther, für groß halten und sich etwas in genau jenen Kopf gesetzt haben, den sie wenig später für immer verlieren. In Wahrheit haben sie ihn natürlich schon vorher verloren. Und da stecken sie nun, gut sichtbar, diese sinnlos abgeschlagenen Köpfe. Die Phantasie bleibt trotzdem lebendig: das Schönste und Stärkste, das Unbezwingbare eines Tages doch noch zu bezwingen, mit welchen Mitteln auch immer. Es geht ja um weit mehr als die Frau!

Gunther ist übrigens eine faszinierende Gestalt, König und Tor in einer Person. Seine Phantasie ist so groß wie beschränkt. Sie speist sich aus seinen Wünschen, aus einer Besessenheit, die, wie jede Besessenheit, jedes Realitätssinns entbehrt. Er kann sich die Aussichtslosigkeit seines Unterfangens einfach nicht vorstellen. Von der Liebe, das merkt man sofort, versteht er genauso wenig wie vom Sport. Weder Training noch Zuneigung, stattdessen planloses Draufgängertum. Warum, fragen wir uns, ist dieser Mann eigentlich König? Er kennt ja nicht einmal die Reiseroute nach Island. Begibt sich ganz in die Hand eines zweifelhaften Mannes, genannt Siegfried, von dem er nicht weiß, ob er ihm wirklich vertrauen kann. Typisches Männergeschäft. Politik eben.

Daraus erwächst, ganz simpel, Spannung. Und Komik, witzig und grausam. In Langs großartigem Stummfilm kann man das sehr gut sehen. Wie oft habe ich mir diese Szene angeschaut und laut gelacht: den Speer- und Steinwerfer unter der Tarnkappe, die rollenden Augen der Reckin, die genau weiß, dass sie betrogen wird, ein klassischer Fall von Doping, der irgendwann unweigerlich auffliegen muss. Und diese Ahnungslosigkeit und Selbstzufriedenheit Gunthers! Nein, daraus kann wirklich nichts Gutes werden. Deshalb wird er ja auch in der misslungenen Hochzeitsnacht von Brünhild kurzerhand an den

Nagel gehängt. Das lieben alle. Ich dagegen finde das traurig und bitter. Ich fühle bis heute mit Gunther. Die lange Nacht am Nagel verrät auf schmerzliche Weise alles über uns selbst, über unsere Einbildung und Eitelkeit, unsere Schwachheit und Grausamkeit.

Kriemhild verrät Hagen, wo Siegrieds verwundbare Stelle ist, sie näht sogar ein Kreuz auf seinen Waffenrock. Was ist das für eine Gestalt, die für ihre Naivität so bitter bezahlen muss?

Kriemhild ist weder naiv noch ahnungslos. Im Gegenteil. Sie hat doch alle Ahnung der Welt! Das Kreuz auf dem Waffenrock ist der natürliche Reflex auf ihre Vorahnung, auf das Wissen darum, dass sie den Mann, den sie liebt, nicht schützen kann. Eine typische Hausfrauenvorahnung. Das meine ich positiv. Hausfrauen, Mütter, Geliebte wissen weit besser als andere, dass sich ihre Vorsorge allzu oft ins Gegenteil verkehrt. Die Geschichte (und das Gesetz der Geschichten) will es so. Trotzdem schmieren diese Frauen unablässig Schnitten, brauen Getränke, haben Ängste, nähen Knöpfe und Devisen an Mäntel und Schultern, geben sinnlose Ratschläge und stricken Pullover gegen den Krieg und die Kälte. Sie halten ihre Köpfe eben nach Frauenart hin. Aber erst wenn es richtig kalt wird, greift auch die Hausfrau zum Schwert.

Natürlich, wenn man das psychologisch sieht oder historisch oder einfach auf das Geschlechterverhältnis herunterkürzt, kommt man zu einem anderen Ergebnis: Kriemhild ist die Betrogene, die Ausgebeutete, von Anfang an. Ein Spielball, ein Unterpfand der Brüder, der Familie, die ihren Geliebten durch ein schlechtes Geschäft für sich gewinnt. Keine schöne Rolle, darum auch eine der schwierigsten und unergründlichsten in der ganzen Geschichte.

Aber sie ist und bleibt, und davon ist selten die Rede, auch eine Beschenkte, denn sie besitzt Siegfried für immer und ewig, über den Tod hinaus, keine sonst. Erst im Tod gehört er ihr ganz und unteilbar. Das bezeugt ihr Schmerz, den sie sich auf Jahre hin gönnt, den sie auskostet bis zum letzten, indem sie die ins Jenseits hinüber verlängerte Trauer zu ihrer höchst persönlichen Ewigkeit macht. Was also heißt hier »bitter bezahlen« in einer Geschichte, in der ausnahmslos alle bitter bezahlen und am Ende weit weniger als Kriemhild bekommen, weil es die Geschichte so will.

Was die Geschichte selbst betrifft: Wer hat sich das alles ausgedacht? Wir sitzen gebannt, so sprach- wie ratlos, in einem ewigen Kaspertheater, das die Gefühle der Figuren (falls sie wirklich Gefühle haben, und genau da habe ich meine Zweifel) außer Acht lässt. Es gibt kaum eine Geschichte, in der ich auf weniger Gefühl gestoßen wäre, was auch immer das meint: Gefühl. Der Antrieb der Figuren (anders vermag ich sie nicht zu bezeichnen, denn sie sind weder

Charaktere noch als Personen fassbar) ist ein anderer. Sie treiben eine Maschine an, in der sie selbst das Räderwerk sind, Handelnde und Handlung zugleich, Mittel statt Zweck, fremdbestimmt. Nichts, was sie frei von innen her leitet. Von oben her leitet sie auch nichts. Ein Spiel, das fremden Gesetzen gehorcht. Trotzdem wissen wir, dass wir Teil davon sind. Sonst läsen wir das alles ja nicht.

Was das Kreuz und den Waffenrock betrifft: Kreuz hin oder her, Hagen hätte Siegfried so oder so, mit oder ohne Kreuz erschlagen. Man wird einfach das Gefühl nicht los, dass er Siegfrieds Berührbarkeit, seine ›Stelle‹ seit jeher kennt. Und dass er nur will, dass sie ein anderer für ihn bezeichnet, paradoxerweise die, die ihn am meisten liebt und sich am meisten davor fürchtet. Eine Pilatusnummer. Kriemhild wäscht ihre Hände in Vorsorge und Unschuld und wird dadurch schuldig. Vertrackt und simpel zugleich.

Die Flussnixen weissagen den Untergang der Nibelungen, fast aller. Hagen wirft den Kaplan aus dem Boot, und die Sache nimmt ihren Lauf. Hätte es irgendetwas geändert, wenn der Mann ertrunken wäre?

Der Kaplan ist eine meiner Lieblingsfiguren, aber bei Licht besehen eine dramaturgisch nur scheinbar ergiebige Nebenfigur. Denn wäre der Mann ertrunken, hätte das genauso wenig geändert wie sein Überleben. Die Botschaft bleibt dieselbe: Hagen pfeift auf Weissagungen, sie sind ihm egal. Er weiß längst, was er will, er braucht keine Zeichen, auch nicht das Kreuz auf dem Waffenrock. Untergang braucht keine Begründung. Dass Hagen den Kaplan ins Wasser wirft, ist folglich nicht die Probe aufs Exempel, kein Gottesurteil, sondern tatkräftige Demonstration seiner persönlichen Hoheit. Er handelt nach einem anderen Gesetz, dem Hagengesetz, in anderen Worten, dem Gesetz der Vernichtung. Bis zum bitteren Ende. Das alles hat eine innere Logik. Und hat mit Ideologie überhaupt nichts zu tun. Hagen ist weder treu, deutsch schon gar nicht. Sondern, so einfach wie schrecklich: Hagen.

Das macht ihn, neben Kriemhild, zu einer der interessantesten Figuren im ganzen Lied. Das einzige Paar, um das es in den Nibelungen wirklich geht, bilden nicht Kriemhild und Siegfried oder Brünhild und Gunther, sondern Kriemhild und Hagen. Sie sind aneinander gebunden bis zum Schluss, bis zum letzten Kopf! Am meisten bedaure ich Etzel, Handlanger einer Tragödie, von der er nicht profitieren kann.

Liebe, Eifersucht, Freundschaft, Neid, taktisches Kalkül – für alles, was die Nibelungen tun, gibt es Gründe, meist sogar recht gute. Trotzdem sehen wir fassungslos dem Geschehen zu und fragen uns, ob das denn alles mit rechten Dingen zugeht. Gibt es irgendwo einen Punkt, an dem alles anders verlaufen könnte zu einem glücklicheren Ende?

Die Antwort darauf überlassen wir getrost jenen, die sich bis heute am *Nibelungenlied* abgearbeitet haben und bis in alle Ewigkeit daran abarbeiten werden. Mit jeweils unterschiedlichen Ergebnissen. Aber was uns, die Leser betrifft, so sind wir doch gar nicht fassungslos. Wir wollen doch gar kein glückliches Ende. Wir tun nur so, als ob wir das wollen, aus moralischen Gründen. Aber eine Geschichte, die von Anfang an dunkel grundiert ist und genau von dieser Dunkelheit lebt, das heißt, allem Glanz und Gold, allen Prachtgewändern, Schätzen und Kronen, allen überschäumenden Kelchen und Bechern, allen Festen und aller Schönheit der Frauen und ihren Kleidern zum Trotz, sich so herzhaft dem Dunklen verschrieben hat, kann nun mal auf ein gutes Ende nicht aus sein.

Das hat übrigens eine überraschend eigene Schönheit. Vielleicht ist diese Erzählung nicht mehr und nicht weniger als eine Reaktion auf den Wahn des hohen Ideals, ein Reflex auf die Fessel, den Zwang, den Knebel des Schönheitsgebots, der sich nicht produktiv auflösen lässt. In Moral schon gar nicht. Weil der Schatz, von dem bis jetzt noch gar keine Rede war, eigentlich gar keine Bedeutung hat.

Über den Schatz denke ich übrigens oft nach. Womöglich ist ja der Schatz der wahre Protagonist des Textes, weshalb es kein Zufall ist, dass Hagen ihn versenken muss. Vielleicht ist der Schatz sein wahrer Feind, sein innerer Gegner: Die Schönheit, das Gold, die Verheißung der Ewigkeit, die verschlossene Truhe. Ein Gegner, der sich nicht einnehmen lässt, besiegen schon gar nicht, weil wir bis heute nicht wissen, wohin er verschwunden ist.

In Wahrheit ist er ja gar nicht verschwunden, sondern einfach nur weiter gewandert. Aber ein wandernder, ein beweglicher Schatz, der eigene Wege geht, ist uns bedrohlich und fremd. Wir wollen unsere Schätze dingfest machen. Nur Gott und ich, behauptet Hagen, bevor Kriemhild den letzten Kopf abschlägt, also seinen, wissen, wo der Schatz wirklich ist. In anderen Worten: Niemand weiß es. Und so stirbt er als Schatzmeister, aber nicht als Meister des Schatzes.

Mit der künstlerischen Nibelungenrezeption kenne ich mich nicht aus. Aber was die Sache reizvoll macht, liegt auf der Hand: Der Stoff ist schwer fassbar, uneinheitlich, zerstückelt, historisch befrachtet, überladen, veropert, obskur, kontrovers. Faszinierend und verstörend zugleich. Wunschphantasie und Schreckensszenario in einem. Die Wiederkehr des Immergleichen, gefährlich verfänglich: der beste und schlimmste Schatz aller Zeiten.

Wie sähe demnach eine heutige Nibelungenlied-Nachdichtung aus?
Die besten Nachdichtungen sind die Schultheateraufführungen von Kindern einer vierten Klasse. Die wissen, wie man die Fracht entschlackt. Wie man ins Zentrum vorstößt, wie man den Schatz greifbar macht, indem man ihn loslässt. Sie sind eben frei. Und besetzen Gunther, Kriemhild, Siegfried und Hagen mit einer Sicherheit, die sich nicht übertreffen lässt. Da könnte ich Ihnen Fotos zeigen! Vielleicht sind sie deshalb so schön und klar, weil ihre Mittel begrenzt sind. Weil sie sich auf das Wesentliche konzentrieren, auf das, wovon man in Bayreuth nur träumt: eine Art höherer Frieden, mit dem sie das Original originaler paraphrasieren als jede Oper, jedes nachschaffende Kunstwerk, in einfachen Worten: »Am Ende starben alle. Es gab keinen Sieger.«

Das muss man erst einmal nachmachen können. Aber das können wir nicht. Wir wissen zu viel. Wir sind zu alt. Was uns bleibt? Die Köpfe zählen.

Die Nibelungensage (erzählt von Kindern der Klasse 4a)

Siegfried bestand in seiner Jugend viele gewagte Unternehmungen. So gelang er in den Besitz einer Tarnkappe. Er besiegte auch einen sehr großen, gefährlichen Drachen. Hinterher badete er im Drachenblut, denn er wusste, dass dieses Blut ihn unverwundbar machen würde. Unbemerkt fiel ein Lindenblatt zwischen seine Schulterblätter. An dieser Stelle sollte er verwundbar bleiben. Der unbesiegbare Siegfried hatte von der schönen Prinzessin Kriemhild gehört und ritt zu dem Hof der Burgunden. Beide verliebten sich auf den ersten Blick ineinander. Gunther, der Bruder von Kriemhild und König der Burgunden, musste seine Zustimmung zu einer Hochzeit geben. Gunther selbst war in Brunhild verliebt. Sie war die Königin von Island, und wenn man sie heiraten wollte, musste man gegen sie kämpfen. Wer verlor, kam um. Gunther dachte nach. Er wusste, dass Siegfried der stärkste Mann war. Also machte er ihm einen Vorschlag: »Du darfst Kriemhild heiraten, wenn du mir mit deinem schärfsten Schwert und deiner Tarnkappe, die dich unsichtbar macht, hilfst, die stärkste Frau der Welt, Brunhild zu besiegen!« Weil Siegfried Kriemhild so sehr liebte, half er Gunther. Er setzte seine Tarnkappe auf und unterstützte Gunther beim Wettkampf. Brunhild wurde mit Siegfrieds Hilfe besiegt. Sie war enttäuscht, gegen König Gunther zu verlieren.

Bald darauf fand eine Doppelhochzeit statt. Gunther heiratete Brunhild und Siegfried nahm Kriemhild zur Frau.

In der Hochzeitsnacht weigerte sich Brunhild, mit Gunther zu feiern. Nachdem Gunther merkte, dass Brunhild ihn nicht mochte, bat er Siegfried nochmals um Hilfe. In dieser Hochzeitsnacht machte sich Siegfried mit seiner Tarnkappe unsichtbar und überwältigte Brunhild. Er entwendete dabei Brunhilds Ring

Foto: Anna Schrüfer

und Gürtel und schenkte beides seiner Frau Kriemhild. Eines Tages trafen sich Brunhild und Kriemhild auf dem Weg zur Kirche. Es kam zum Streit zwischen ihnen. Vor lauter Wut schrie Kriemhild, dass Siegfried anstelle Gunthers Brunhild im Wettkampf und in der Hochzeitsnacht bezwungen hatte. Zum Beweis warf Kriemhild Brunhild den Ring und den Gürtel vor die Füße. Brunhild war sehr enttäuscht und fing an zu weinen. Königin Brunhild wollte sich für das, was ihr angetan wurde, rächen. Hagen, ihr Vertrauter, schmiedete einen Plan, um Siegfried zu töten.

So erschlich sich Hagen Kriemhilds Vertrauen. Eines Tages sagte er zu ihr: »Es wird bald Krieg geben und ich möchte in diesem Krieg an Siegfrieds Seite kämpfen und ihn beschützen.« Kriemhild vertraute Hagen und offenbarte ihm Siegfrieds Geheimnis: »Ich danke dir, Hagen, für dein Angebot. Siegfried ist unverwundbar, lediglich eine Stelle zwischen den Schulterblättern ist verwundbar. Wenn du meinem Mann den Rücken frei hältst, sticke ich dir ein Kreuz auf sein Gewand, so dass du genau weist, worauf du zu achten hast.« Das tat sie dann auch. Noch ahnte sie nicht, dass sie auf den falschen Mann vertraute und einen großen Fehler begangen hatte. Bald darauf zogen Siegfried und Hagen in eine Schlacht, um Gegner in die Flucht zu schlagen. Aber keine Menschenseele war zu sehen. »Sie haben uns in einen Hinterhalt gelockt, wir ziehen uns zum Fluss zurück«, entschied Siegfried. Am Fluss angelangt, beugte sich Siegfried zum Wasser, um sich zu erfrischen.

Diesen Moment nutzte Hagen aus. Er rammte Siegfried seinen Speer mit aller Gewalt in den Rücken an die gekennzeichnete Stelle. Mit einem Todesschrei sank Siegfried zu Boden.

Kriemhild war sehr traurig, als sie hörte, dass ihr Mann ums Leben gekommen war. Sie wusste genau, wer für diesen Mord verantwortlich war. Deshalb schwor Kriemhild Rache an Hagen, weil er ihr das Liebste, Siegfried, genommen hatte. Sie ließ den Nibelungenschatz an den Hof bringen. Die Burgunden, Gunther und seine Gefolgsmänner, nannten sich von nun an Nibelungen. Kriemhild fing an, den Schatz unter den Armen zu verteilen. Hagen befürchtete, dass sie damit Freunde anstiften konnte, den Mord an Siegfried zu rächen. Er dachte sich: »Ehe Kriemhild etwas Schlechtes mit dem Schatz macht, versenke ich ihn im Rhein.« Das tat er dann auch.

Eines Tages kam ein Markgraf des Hunnenkönigs zu Kriemhild. Er hatte eine Botschaft an sie zu überbringen: »Ich soll im Auftrag des Hunnenkönigs Etzel fragen, ob Ihr Etzel heiraten wollt.« Kriemhild überlegte lange und fragte den Markgraf: »Wird Etzel mir immer beistehen und jedes Leid rächen?« Der Mark graf versprach es. So fuhr Kriemhild mit dem Markgraf zu Etzel und heiratete den Hunnenkönig. Kriemhild erzählte Etzel von ihrem Leid. Er versprach sofort zu seinem Wort zu stehen. Als Kriemhild ein Kind bekam, luden sie die Nibelungen zur Taufe ein. Die Nibelungen freuten sich über die Einladung und erschienen auf der Etzelburg. Nur Hagen war das alles nicht ganz geheuer. Doch auch er kam zu dem Fest.

Als die Nibelungen an der Festtafel saßen, erhoben sich die Hunnen und fielen über sie her. Sie befolgten Kriemhilds Wunsch. Viele Nibelungen wurden in dem Kampf getötet. Aber auch Hunnen kamen um. Es wurde ein Blutbad. Es tobte ein erbitterter Kampf.

Kriemhild wollte von Hagen wissen, wo er den Nibelungenschatz versteckt hatte. Er verriet nichts. Also zog sie sein Schwert und ermordete ihn.

Ein alter Ritter rief: »Das ist eine Schande, dass eine Frau den stolzen Hagen getötet hat!« Mit diesen Worten rammte er Kriemhild seinen Speer ins Herz.

Zum Schluss starben alle. Es gab keinen Sieger.

Dieser Text wurde im Jahr 2012 von den Schülerinnen und Schüler der Klasse 4a der Grundschule Pommersfelden im Rahmen eines Unterrichtprojektes zum *Nibelungenlied* unter der Leitung von Anna Schrüfer und Cordula Atzhorn erstellt.

Georg Oswald Cott

Sightseeing

Nicht totzukriegen
sind Kriemhild und Etzel

ringsum im Brachland
die Kirchenmäuse
pfeifen Galgenlieder

Siegfried stopft sich
Stöpsel ins Ohr
hoch oben thront er
auf dem Brandenburger Tor

tiefunten im
Salzstock Asse
Zwerg Alberich
sticht ein Fass an

und vor Jahren in Frankfurt
hat Hagen den letzten
Pfennig verspielt

blutrot bei Xanten
färbt sich der Rhein
Schwimmbagger löffeln
Nibelungentreue

zum Glück Neuschwanstein
straft alles Lügen

Alban Nikolai Herbst

Spreetöchter

Ein Nibelungen-Pastiche in Bernhards *Alter Meister* Manier

Ich treffe meinen Freund Kohlmann, der zwar ein lebensfremder Spinner ist, aber ein liebenswerter und, wenn man sich auf ihn einlässt, amüsanter Mensch, immer mal wieder in der Strandbar Mitte und so auch gestern abend, um eine der, dachte ich, womöglich letzten Sommernächte dieses Jahres zu genießen und vielleicht auch eine Bekanntschaft zu machen, derweil mich mein Freund unterhielt, wovon ich schon deswegen ausgehen konnte, weil ich gut weiß, wie man ihn derart necken kann, dass er zur Hochform aufläuft, den die gehässigen Kameraden immer *Meise* genannt haben, wegen *Kohlmeise*, klar, weshalb er, aber nicht nur deshalb, so behauptet er, auf Kameraden immer gepfiffen habe, und um ihn ganz sofort in Fahrt zu bringen, brachte ich ihm ein Buch mit, *Götter & Helden*, herausgegeben von einem ungewissen Hans W. Fischer, 1934, Berlin, wichtig für Meise ist aber das Jahr, während ich selbst, weil ich mich anzupassen verstehe, schon in der Schule um einen sogenannten Spitznamen immer herumgekommen bin, einen Neck- oder, englisch ausgesprochen, *Nickname*, wie mein Sohn Gregor dazu sagt, der sogar für meinen Geschmack, denn ich mag mich, anders als Meise, nicht exaltieren, ein bisschen zu leidenschaftlich den Mainstream vertritt, dem sich dagegen Meise wegen seiner Familiengeschichte, herkunfthalber, möchte ich sagen, genau so entschieden verweigert, und völlig überspannt, wie eben den übrigen *Zeitläuften* auch, um ein altes Wort zu verwenden, das heutzutage, glaube ich, nur noch von der ZEIT verwendet wird und eben von Meise, weil er über die Geschichte, sagt er immer, keine Decke des Vergessens decken oder, um das, sagt er, präziser auszudrücken, den Glauben nicht mitmachen wolle, man müsse nur genügend *pissen*, ja, »pissen«, hat er gesagt, um die Vergangenheit mit scharfem Strahl hinwegzuspritzen, so dass sie sich auflöst und in den nächsten Abfluss rinnt, der in der Strandbar Mitte natürlich die Spree ist, die sie dann mit sich wegträgt; also Meise und ich nahmen wieder unseren Stammplatz ein, einen der Tische direkt am gesandeten Fußgängerweg, der das Ensemble der unter dem weiten Berliner Himmel offenen und auch sonst nicht eingegrenzten Lokalität von dem Damm trennt, unter dem, also zu dessen Füßen, die Tanzfläche in den Boden gestampft ist und immer weiter in ihn, nämlich von den dort Tanzenden, hineingestampft wird, und den hinab früher, als da alles noch aufgeschütteter Strandsand war, der wirklich, wurde mir erzählt, von der Ostsee stammte, auch wir immer saßen, wenn es keinen freien Liegestuhl gab. Mit *wir* meine ich aber Gregor und mich, nicht Meise und mich, der auch damals schon zu unangepasst war, um sich mit anderen am Boden niederzulassen, und das mit Erich Mühsam begründete, ausgerechnet mit Mühsam! – von dem er dann ungefragt und auch in anderen Zusammenhängen zum tausendsten Mal die Anekdote erzählte, wie der, Mühsam, sich habe nach der Revolution 1918 *Besteck* reichen lassen, während alle übrigen, um ihre Verbundenheit mit der proletarischen Klasse zu zeigen, allein mit den Fingern gegessen hätten -; jedenfalls wer, hatte Meise zusätzlich gefragt, könne denn wissen, welcher Hund da, aber nicht der Zeitläufte wegen, hingepisst habe, sondern einfach, weil es ihn drückte – also beharrte er immer auf einem Stuhl und beharrt darauf weiter, wenigstens auf einem Steinsockel, während ich selbst Sessel vorziehen würde, die es dort aber weder früher gab noch heute gibt, beziehungsweise hat Meise ganz wie ich die Liegestühle geschätzt, die ihrerzeit zur Verfügung standen, auch wenn man selten einen freien ergatterte, weil sie, wenn wir ankamen, immer schon belegt gewesen waren, was aber nicht der Grund dafür ist, dass es heute keine mehr gibt, sondern das liegt am *Bebauungsplan*, der auch so etwas, sagte Meise gestern abend, denn wirklich kam er in Fahrt, *Verhängnisvolles* sei, also das Planen an sich und dass man es, ist drüber abgestimmt und entschieden worden, um jeden Preis durchsetzt, auch wenn daran das alte Strandbad kaputtgegangen und, nannte das Meise, *clean* geworden ist; jedenfalls dieses unbedingte Durchsetzen unabhängig von Schönheit und Sinn sei ihm schon immer *ein Dorn* gewesen, dieser Irrtum von Planbarkeit, sagte Meise, der *geplante Mensch*, höhnte er und hätte fast mit der flachen Hand derart auf den Tisch geschlagen, dass ich die Gläser schon springen sah und scheppern hörte, wie denn sowieso die unbedingte Treue, sagte er, eines der größten *Verhängnisse* sei, die sich denken ließen. Dabei hatte er in das Buch noch gar nicht hineingesehen.

Natürlich sind heutzutage auch die Tische und Stühle, die nach der durchgesetzten *Planbebauung* statt der alten Liegestühle bereitstehen, immer zu schnell belegt, weshalb ich lieber früher komme, als verabredet ist, so dass ich überdies den Vorteil wahrnehmen kann, oft bis zu einer ganzen Stunde, manchmal sogar länger, alleine für mich und von Meises Erregungen, auf die ich mich damit vorbereite, ungestört zu sein, um meine Beobachtungen rein für mich anzustellen, vor allem von Frauen, bevor endlich auch er eintrifft, der, während ich die öffentlichen Verkehrsmittel nutze, meist mit dem Auto herfährt, weshalb es, wenn er angekommen ist, oft noch eine Viertel- ja halbe Stunde zusätzlich braucht, bis er einen Parkplatz gefunden hat, womit er sich dann regelmäßig für die Verzögerungen entschuldigt, die aber ein Teil seiner, meine ich, Überspanntheiten sind, seines Blutes, möchte ich sagen, denn er kommt grundsätzlich zu spät, auch ohne Auto, weil er, so hat er mal behauptet, die Pünktlichkeit hasse, die man den Deutschen nachsagt, so dass er einem den Eindruck macht, er wolle sie an sich selbst als eine falsche sozusagen Legende überführen, als eines dieser, so nannte er es gestern, *Missverständnisse*, man komme um diesen Begriff nicht herum, wenn man von Deutschland spreche. Wie so viele Philosophen hat Meise, Sie merken es schon, eine wirkliche Meise, die sich bei ihm dankenswerterweise nicht nur in seiner Lebensfremdheit, sondern, so dass sogar Unvorbereitete gewarnt sind, auch in seiner Kleidung ausdrückt, für die er stark gemusterte Hosen voll bunter Karos bevorzugt, zu denen seine Jacketts auch deshalb niemals passen, weil er zudem Hemden mit dicken farbqueren Streifen trägt, welche seinen besonderen Bauch, gerade weil er ansonsten ein gelehrtentypisch hagerer Mann ist, ganz besonders betonen; er trägt ihn wie einen Ausstulp, den er, wie ich den bisweilen fiebrigen Eindruck hatte, abnehmen, vor allem aber öffnen könne, um darin zu verstauen und drin zu verschließen, was ihm, Meise, nicht angenehm ist, wozu *Götter & Helden*, 1934, ganz sicher auch gehörten, seiner Familie wegen, ich sagte das schon, zumal die dem Buch beigegebenen ausgesprochen rohen Strichzeichnungen, von einem anderen Hans, Sauerbruch mit Namen, die Dimensionen des Bauches noch betonen, seine, sozusagen, ungeahnten Tiefen, wiewohl ich ihm, Meise, seine Verspätungsneigung als politische Inszenierung natürlich nicht abnehme, sondern eben meine, dass es sich schlicht um einen Zug seines Charakters handelt, um professorale Zerstreutheit, wenn Sie so wollen, die aber nicht ohne eine gewisse Nachlässigkeit gegenüber dem Freund ist, doch eben kein böswilliger, sondern allenfalls versponnener Tick, man könnte sogar Spleen dazu sagen, nicht jedenfalls, wie er vorgibt, Ausdruck einer bewussten politischen Provokation ist, die mit den *Missverständnissen* aufräumen will, in diesem Fall dem speziellen unserer deutschen Pünktlichkeit, führte er in genau jenem Moment aus, in dem am Nachbartisch zwei Freundinnen Platz nahmen, Mexikanerinnen vielleicht, vielleicht Argentinierinnen, Frauen jedenfalls romanischer Herkunft und jung, vor allem aber schön, so dass ich immer wieder hinsah und, während Meise plötzlich von *Tragik* sprach, was eine für ihn typische Übertreibung war, für die er sogar schon die Stimme hob, weil ihm jeder noch so banale Anlass ein dankbarer Grund für Dramatik ist, den Blickkontakt aufzunehmen versuchte, woraufhin wirklich eine von beiden aufmerksam wurde und hersah, was mich derart durchzuckte, dass ich die Augen senken musste und gar nicht richtig mitbekam, wie es Meise fertig brachte, die mir nun tatsächlich eigene Pünktlichkeit, und Pünktlichkeit an sich, in eine an sämtlichen Haaren und Schöpfen, die in der Strandbar zugegen waren, herbeigezogene Verbindung mit den anderen von ihm so genannten *Missverständnissen* zu bringen, zum Beispiel mit der deutschen Exaktheit oder dem, Sie lesen richtig, *Sauerkraut*, das, ereiferte er sich, als *Choucrout* doch mindestens ebenso Bestandteil der französischen wie der deutschen Küche sei, ja, Boudin zu Choucrout sei geradezu eine besonders *Pariser* Spezialität, und überhaupt habe es sich bei Deutschland *noch nie* um eine Nation gehandelt, sondern um einen, das rief er für alle hörbar und wie wenn er das Wort beschwören wollte: *Kulturraum!*, den mit einer Nation zu verwechseln sowieso schon Grund des Furchtbarsten gewesen sei, beziehungsweise, sagte er, es als eine Nation zu, sagte er, *dekretieren*. All das zwischen den trinkenden Gästen, die teils amüsiert, manche aber auch gestört zu uns herübersahen, und zwischen den Flaneuren und den Besuchern des hölzernen Amphitheaters, das Volpone spielen wollte, von Shakespeares Konkurrenten Johnson, dem, also jenem, holte Meise ohne Übergang aus, Roland Emmerich mit Anonymous ein wirklich großartiges Denkmal gesetzt habe, eines, das sich zu einem Nationalbewusstsein nun wirklich besser geeignet hätte und, wäre der Dichter nicht leider ein Brite gewesen, immer noch eigne als ausgerechnet die *Nibelungen*, die doch nichts anderes seien als die rohe Verherrlichung von Gewalt, ein, sagte er, *Thrillerstoff*, der Recht dem schlimmsten Schläger gebe, sofern er außerdem noch Betrüger sei wie – es war mir überhaupt nicht recht, dass Meise, weil er noch immer lauter wurde, uns derart auffällig machte – George W. Bush!, rief Meise, wobei mir schon der Zusammenhang nicht klar war, nicht der zu dem Altpräsidenten der USA, den, sagte Meise, Wagner schon deshalb nicht hätte entlasten können, wenn es einen solchen Bush zu seiner Zeit schon gegeben hätte, nämlich weil der Mann viel zu alt gewesen wäre, viel zu wenig *blond*, rief Meise, um sich für einen Siegfried zu eignen, und als ein möglicher Ludwig zu wenig phantastisch und ohne jedes Kunstverständnis, das, sagte Meise, nicht ohne die *Gnade* auskommen könne, indessen er, Wagner, diesen selbst, Siegfried, so *dumm* gemacht habe, dass sich ihm nicht einmal der Betrug – noch gar, wie Hagen, Tückisches – eigentlich verübeln lasse; überhaupt sei die Begeisterung für *Dummheit* bei Wagner ganz allgemein, auch der Parsifal sei ja so eine *dumme*, eine un-er-träg-lich, betonte Meise, *dumme* Person, wie überhaupt alle Intellektuellen, soweit man diesen Begriff auf das Mittelalter schon anwenden dürfe, *desavouiert* würden, zum Beispiel eben in der einzigen Person, die politisch in dem Epos denke, machtpolitisch selbstverständlich, zugleich aber in der Übereinkunft mit der mittelalterlichen Moral, nämlich Hagen von Tronjes, was wiederum, sagte Meise, ganz besonders Hebbel deutlich mache in seiner psychologisch zwar ausgefeilten, aber insofern, das lasse sich nicht anders nennen, *böse* beschönigenden Dramatisierung des Stoffs, insofern sie die Renaissance um Machiavelli beraube, indem sie ihn ins Mittelalter schon vorwegziehe, was zumal deshalb so heikel gewesen sei, als Hebbels Verse ganz vorzüglich, sagte Meise, seien, wie auf der anderen Seite auch Wagners Musik vorzüglich sei, weil man ihr bei allem Kitsch, den sie bediene, zumal dem falschen heldischen Dur, leider das Genie nicht absprechen könne, aber er, Meise, wolle jetzt noch einen zweiten Mojito, ob ich ihm den bitte besorgte?

Meise hat fast nie Geld, indessen ich selbst mit dem Inhaber der Strandbar auf eine Weise geschäftlich verbunden bin, die mich zu freiem Konsum dort vielleicht nicht unbedingt berechtigt, aber so hat es sich über die Jahre ergeben. Deshalb stand ich auf und brachte uns flüssigen Nachschub, aber auch eine Pizza, die in der Strandbar Mitte nicht nur sehr schmackhaft ist, sondern ihr Umfang verlangt danach, dass man sie teilt, so dass wir beide, Meise und ich, erst einmal aßen, während es dämmerig und immer dunkler wurde, und die Frauen am Nebentisch kicherten, und zwar höchst amourös, bis sich die Wellenbewegungen des Wassers auf der hellen, wie grad erst gestern sandgestrahlten Fassade des Bode-Museums spiegeln konnten, als hätte man ein bewegtes, aber sehr dünnes, womit ich nicht dünnwandiges meine, Aquarium davor geschoben oder, besser, als eine transparente Leinwand davor heruntergelassen, weshalb man sich tatsächlich an die Rheintöchter erinnert fühlen konnte, *Spreetöchter*, musste ich denken, jedenfalls an Nixen, die aber, dozierte plötzlich Meise wieder, doch mit so gefülltem Mund, dass davon, was mich sekundenlang ekelte, ein paar Nahrungsfetzchen auf den Buchdeckel spritzten, im Nibelungen-Original, anders als bei Wagner, so gut wie keine Rolle spielten, während Hebbel den Wasserfrauen, vielleicht um seiner Zeit, der Romantik, zu genügen, eine sehr viel deutlichere Rolle zuschreibe, wobei er, Meise, sich über seinen wirklich enormen Bauch strich, weniger, um auf seine Anstrengung, und sei es die einer beginnenden Verdauung, aufmerksam zu machen, als um besonders nachdrücklich zu wirken, denn nicht nur, fuhr er fort, als hätte er den einen Gedankengang stumm mit dem anderen weitergedacht, das heldische D-Dur sei so falsch, sondern eben auch das Wagner'sche Moll, weil man gerade das, mehr als sein heldisches Dur, ein *Verhängnis* nennen müsse, insofern es alle *Tiefe* dieser Musik, und aller Musik überhaupt, in sich berge, alles, um es zu wiederholen, *Genie*, in aber gerade dem das deutsche Verhängnis geruht habe, dessen *Tragik* eben die Tragik *sei* – nicht geruht, nein! rief er und schlug fast wieder auf den Tisch, falsch! sondern es sei sein, sagte er, *Eidotter* gewesen, weil man für deutsch, rief er, gehalten oder ausgegeben habe, was *abendländisch* sei, Teil des – um, sagte er, mich zu wiederholen: – *Kultur-* und eben nicht Nationalraums, denn wäre Wagners Genie als ein abendländisches begriffen worden, ein, wolle er sagen, *europäisches*, dann wäre es zu den ganzen *Missverständnissen* gar nicht erst gekommen, wie eben auch *Nietzsches* Genie nicht nur missbraucht worden sei, vor allem seine doch wirklich berechtigte Kritik am Christentum, sondern sich *ante*, sagte Meise, *mortem* auch selbst dem übelsten Missbrauch angedient habe, passend wie Beethoven und, wiewohl der Ungar gewesen, Liszt, ohne alle die uns die entsetzliche »Wagnerei« vollkommen erspart geblieben wäre, deren, jedenfalls für Deutschland, allerschlimmste Verfehlung eben nicht, wie dieser Philosoph gemeint habe, der Parsifal gewesen sei, sondern es seien eben die Nibelungen gewesen, was man sich, sagte Meise und stopfte Pizza nach, gar nicht genügend klarmachen könne, denn ohne den, ohne Wagner, hätten die Nibelungen niemals solch eine Bedeutung erlangt, weil es eben gerade Siegfrieds bei Wagner zugleich galoppierende wie von ihm zum Adel hochgelogene *Dummheit* sei, was ihn so, formulierte Meise, *volkskompatibel* mache noch über alle Betrügereien hinaus, die einem das Wohlwollen des Volkes aber ebenfalls garantierten, wie man bei Berlusconi sehen könne und, neuerlich rief Meise diesen Namen aus, George W. Bush!, den heute aber schon keiner mehr kenne, weil man noch immer der Meinung sei, es habe von dem uns Obama erlöst, wiewohl auch der nichts andres als ein Barbarossa sei, nur dass er nicht im Kyffhäuser schlafe, in dem aber auch Barbarossa nie geschlafen habe, das sei die reinste Verfälschung gewesen, mittels derer man Friedrich II., den Staufer, da hinausgejagt habe, weil der, ein früher, ja vielleicht der erste überhaupt, *Europäer*, zum Deutschtum einfach nicht taugte und auch heute nicht taugen würde, nicht, ereiferte sich Meise, in einer Zeit, die sich neuerlich als schlimmstes Feindbild, ganz wie im Mittelalter, den Islam erkoren habe, uneingedenk dessen, dass man ihn selbst gestärkt und seinen Terrorismus mit der eigenen *Payroll* ernährt hat. Heute schläft, rief Meise, im Kyffhäuser Amerika, was schon von daher eine ziemliche Verdrehung sei, als dieser Doppelkontinent ja nun mehr sei als die verhältnismäßig kleine USA; so auch sei von Anbeginn eine Ursache des *Missverständnisses Deutschland* das sprachliche Konstrukt des Heiligen Römischen Reiches Deutscher Nation gewesen, schon das habe sich Hitler zunutze gemacht, das und die Nibelungen, wobei aus »Nation« ganz einfach Nation*en* geworden, vielleicht weil, Meises Stirn wurde dunkel und sein Blick belegte sich, eben genau der Plural von »Nibelung« dazu verführt habe, zu dessen, also Alberichs, übrigens, sagte Meise, *Sohn* Richard Wagner den Tronjer machte, was logischerweise bedeuten musste, dass Hagen den Siegfried für die gewaltsame Bemächtigung des Schatzes eben seiner Familie, der Nibelungen, bestraft habe, man müsse die Versionen nur einmal zusammendenken, um die ganze Ungeheuerlichkeit zu begreifen, insofern die Kraft zum Beispiel eines Mythos gerade in der Summe seiner Varianten und darin bestehe, dass sie einander widersprächen und trotzdem jede ihr Recht habe; wer zum Beispiel wisse denn noch, dass Alberich eine Ableitung *Oberons* und damit französischen, und Meise, rufend, wiederholte das – *französischen!* – Ursprungs sei, *Auberon!*, rief er auf Französisch aus, schon sei man mittendrin im Krieg der Nationen, wiewohl Siegfried doch ein Niederländer gewesen, wen wundre es da noch, wenn die Deutschen ganz Europa niederrennen und, sagte Meise, *einsacken* wollten? Das falsche Nationalepos sollte zum wirklichen werden, denn wenn alles deutsch geworden wäre, und nur dann, hätte man mit Fug und Recht von einem solchen sprechen können, so dass die Nibelungen, insofern sie eines sein beziehungsweise werden sollten, Hitlers Eroberungskrieg im Grunde schon im 19. Jahrhundert vorweggenommen hätten, wobei man gar nicht erst darauf hinweisen müsse, dass Wagners Implantierung des Antisemitismus in die Sage, indem er aus Mime und Alberich Karikaturen jüdischer Züge gemacht habe, *Kreaturen*, sagte Meise, ein mindestens ebenso großes Mitunheil zu verschulden habe wie diese, wiederholte er und betonte das Wort, als würde er schaudern, *Dummheit*, die es aber eben gewesen sei, was das Volk für die Nibelungen so aufnahmebereit gemacht habe, denn mit den Dummen habe es sich ja vollkommen zu recht identifiziert, und mit den Schlägern sowieso, das einfache Volk, ein jedes selbstverständlich, auch in allen anderen Ländern, in Deutschland aber vor allem, weil es eben noch gar keines gab, sondern nur zersplitterte Fürstentümer, die der Wirtschaft hätten im Weg gestanden, weshalb die Wirtschaft ein ganz besonderes Interesse an einem einzigen nationalen Deutschland gehabt habe, auch wenn das Volk, wie ein einziger Siegfried, umhergeschaut habe, ob man nicht jemanden totschlagen könne, die Juden sowieso, aber am besten die Franzosen, die ja nun *wirklich*, sagte Meise, eine eigene Nation gehabt hätten und haben, doch sei die Moral, die sich schließlich durchsetze, eben immer die des Siegers, da könne sie, man sehe das an – er schnob das Wort durch die Nase – *Amerika* sehen, so unmoralisch sein, wie sie wolle, weshalb auch schon der Name – Siegfried – so verhängnisvoll gewesen, weil es auf einen Sieg eben auch angekommen sei, wozu man aber erst einmal Krieg gebraucht habe, und weil es um Wirtschaftsvormacht gegangen sei, habe der verlorene Erste Weltkrieg geradezu notwendig in den Zweiten geführt, es hätte dafür, sagte Meise, eines Hitlers gar nicht bedurft, der aber zu seiner Machtergreifung die betrügerische Verfälschung des Kyffhäusermythos mit den Nibelungen verbunden habe, und mit der Johannes-Apokalypse, so dass schon von daher hätte bekannt sein müssen, in welch einen zum einen, mythologisch gesprochen, *Untergang*, real aber gesprochen: in welches *Gemetzel* diese ihre Treue führte, die eine reine *Sippen*treue gewesen, eine, könne man sagen, *National*treue ganz unabhängig von Recht oder Unrecht und Völkermord, die Treue hier zum, wolle er sagen, Niccolò Tronje oder Hagen Machiavell wie wieder dessen alleine zum Haus, dem er diente und alleine dessen Übermacht eben auch sein Mord an Siegfried gedient habe, der schließlich nur deshalb Nibelungen genannten

Gibichungen, weil sie sich deren Schatzes ermächtigt hätten, dessen sich zuvor bereits Siegfried, und auch er mit rohster Gewalt, ermächtigt habe, indessen es Hagen aus politischen Gründen und nicht etwa, die Erbschaftsfrage beiseite, zur eigenen Wohlfahrt getan – schließlich habe er ihn versenkt, diesen Schatz, an der tiefsten Stelle des Rheins, damit eben *niemand* seiner habhaft werde, wie überhaupt dieser Tronjer der pure Machtpragmatiker gewesen sei, denn die Gibichungen waren alleine reich genug, um ohne das Rheingold weiterhin zu herrschen, und doch, und damit zugleich, Repräsentant der feudalen Moral, ein nahezu Vorbild jeder Weltmacht, jedenfalls, sagte Meise, bis zu dem Ruf an den Hof König Etzels, dieser Einladung zum, schrie Meise fast, *totalen Krieg!*, den man da wollte, und insofern ein jedes solches Imperium nahezu immer an der persönlichen Gier seiner Repräsentanten zugrundegehe, weil das Rheingold nämlich, das Verderben bringende, nach wie vor am tiefen Grunde laure, auch wenn *Tiefe* kein Begriff mehr sei, der heutzutage noch einen Wert bedeute; das sei aber, sagte Meise, nur eine Täuschung, eine, sagte er, *Hinwegsehtäuschung* – der typische, sagte er, Irrtum, den jeder Realismus mache, während ich selber meine, kein Zugwind bläst die Tiefe mehr hinter den Öfen hervor, weil es Öfen nämlich gar nicht mehr gibt und also auch nicht eigentlich Brandherde, außer natürlich bei Meise, der nach wie vor mit Kohlen heizt und von der Oberfläche nichts versteht. Er aber nahm, von seiner Suada erschöpft, einen Strohhalmzug aus dem Mojito und schwieg.

Durch die stehende warmschwüle Sommerluft waberte weiter Sambamusik von der Tanzfläche den Damm herauf, und vor unserem Tisch bildete sich eine lange Schlange, wie sie allabendlich auf den Einlass ins Theater wartet. Es waren auch da hübsche Frauen darunter, freilich nicht so schöne wie die beiden Grazien am Nebentisch, aber Meise hat für sowas sowieso keinen Blick, dachte ich, der ich meinen eigenen kaum abwenden konnte und auch nicht wollte, während er immerhin den Mond ansah, der milchigvoll und leuchtend an die Spitze des Fernsehturms heranglitt und aus der Strandbar Mitte ein in 3D nachgefilmtes Gemälde Vincent van Goghs erstehen ließ, aber ich zweifelte selbst dafür, dass Meise es merkte, der vor lauter Denkfiguren gar keinen Sinn für die Sinnlichkeit hat, schon weil, sagte er einmal, die Konsequenz nichts Diesiges erlaubt, das ihm indessen jetzt aufzufallen schien, weil er plötzlich, nachdem er seinen Blick vom Mond wieder heruntergenommen und sinnend auf das Buch gelegt hatte, *Götter & Helden*, 1934, vom Raunen sprach, das am *deutschen Verhängnis* ebenfalls seinen Anteil gehabt, das Raunen vom Volksganzen, sagte er, das ja nichts als der *schüttere*, sagte er, Versuch sei, dem Gefühl dazuzugehören einen Begriff zu geben, der es rechtfertige und für den man heute *Community* sage, Solidarität und *Wir sind das Volk* – alles, sagte er, unbegriffene Wörter für die

Soße der Einheit, die sich einen Leitstier sucht, Obama zum Beispiel, dem man mit der Naivität von Kindern zugejubelt habe, weil er *Erlösung*, sagte er, von, rief er wieder, George W. Bush! versprochen und also als wiederneuer *Vater*, betonte Meise, aufgetreten sei, als aber scheinbar, sozusagen, antiautoritärer, den seine Kinder für unantastbar, ja schlimmer noch: *unangetastet* hielten, er sei ja nicht einmal *richtig* schwarz, wie sich ja überhaupt alle nach wie vor nach dem Kyffhäuser, sagte Meise, sehnten, auch wenn sie es nicht wüssten: nach einem Erlöser, der drin sitze, woran sich gar nichts geändert habe, an dieser Sehnsucht nach der Lenkung und danach, mit einzugehen in eine, sagte er, *Große Verbindung*, und da eben seien die Nibelungen die allerschlimmste Identifikationsvorlage gewesen, die sich überhaupt denken lasse, vor allem in der Wagner'schen Verfälschung, denn wo das Original ausnahmsweise einmal sanft gewesen sei, nachgebend, *wartend*, er, Meise, meine Siegfrieds Minnen um Kriemhild, man müsse sich das einmal vorstellen, dass er während der ganzen Zeit, also während eines ganzen Jahres, die Angebetete nicht ein einziges Mal habe zu Gesicht bekommen, finde sich bei Wagner nichts anderes als ein »Ey ficken, Gutrune!« – genau so, kaum dass er nach Worms gekommen, schnippe er die Frau zu sich heran, obwohl es doch das vielleicht einzig Spannende an den Nibelungen sei, wie hier starke und überhaupt Frauen die Geschicke lenkten, das sei für ein Epos des Mittelalters mehr als ungewöhnlich, ja revolutionär, auch wenn es schließlich wieder nur um Hass und Gewalt und um Machterhalt gehe, um imperiale, sagte Meise, Hoheit, wie bei, rief er wieder aus, George W. Bush!, woran auch Hebbels Version als Tragödie nichts ändern könne, nein, im Gegenteil, sie *nenne* das Tragische nur, dessen Fratze jedem kenntlich werde, der sich auch nur vorzustellen versuche, wie zwar nicht, rief Meise, George W. Bush!, aber Hermann Göring der Kesselschlacht von Stalingrad das Schlachten in Etzels Saal zum Vorbild habe herbeigerufen, die reinste Glorifizierung, sagte Meise, nun aber wieder leise, der massenhaften Selbstvernichtung, siebenhunderttausend, flüsterte er, siebenhunderttausend Menschen seien da zugrundegegangen, und auch das hätten die Nibelungen, indem sie Nationalepos wurden, den Deutschen lange vorherprophezeit, so dass man die, betonte Meise, *Dummheit* geradezu mit Händen greifen könne und dass der Fluch eben sie, der Fluch der Nibelungen, gewesen, nämlich dass jeder, der des Ringes Eigentümer würde, daran zugrundegehen werde, ob Einzelner, ob Volk, ob eine ganze Kultur. Also, sagte Meise und meinte, schien es, sich selbst, fluche er der Liebe, und er knöpfte sein Hemd auf und öffnete seinen freigelegten Bauch. Dann nahm er das Buch, *Götter & Helden*, 1934, stopfte es hinein und zog das Hemd wieder drüber. Dennoch konnte man weiterhin, da er es nicht mehr zuknöpfte, seine geradezu äffische Behaarung sehen, ja, er sah jetzt aus wie ein Wagner'scher Nibelung selbst, zumal er unversehens aufsprang und sich an den Nachbartisch zu den jungen Frauen wandte, deren eine er völlig selbstverständlich bei der Hand nahm, nachdem er ihr einen Kuss auf den Mund gegeben und sie ihn, ich war fassungslos, angelächelte hatte, bevor sie mit ihm zur Treppe davonging, die hinunter zu den Tanzenden führte. Plötzlich glomm der Mond wie eine Sonne auf, ich musste die Lider zusammenpressen, und als ich die Augen wieder öffnete, stand das Bode-Museum wie ein Märchenschloss da. Über die S-Bahn-Brücke zwischen Alex und Insel glitt ein ICE mit modellbahnerleuchteten Fenstern. Wir aber, die sitzengebliebene Freundin und ich und jeweils an unseren Tischen, sahen die beiden verschwinden, hörten aber wenig später Meise, der offenbar das Tanzbein schwang, bis zu uns herauflachen, und die andere Freundin, durch den Samba, lachte mit ihm, was sich in der Musik eigentümlich verdoppelte, Echos wahrscheinlich über die Mikros, so dass es ganz so klang, als ob uns die Spreetöchter foppten.

Ulrike Draesner

heinobar

insekten in den goldenen locken
siegfried in worms in der konditorei.
bitte nicht so leuchtend starren
es ist die heinobar ganz hag-gedeck
teppich hün'sch: hei!
                                        leih mir dein ohr.
transnationale mücken zischen zierlich:
hellebarden langobarden bardenglut
afghanistan. siegfried knackt selbst
erneuernden heinokeks in zwergenform
brütet dem einsatz nach: was sind traumatheorien
gegen krümelkummer in der seele saelde
(sold)? hellebarden langobarden (falsch)
bardengut. siegfried in zwergenform:
ist es geheuer keine lust
auf umkommen zu hag- hag-
haben? heidschi-bumm: tarnkappen-
und ohrtransplan-
                          ja, sig, auch so stabt
sich heute TAT.
bist bloß ... soldat? einfache
lösung: kleiner werden, smart dust
um einmal noch kämpfend
die erde zu umrunden
als mythischer staub

sig! dein logo steht: resolutes
behagen! staub? abstauben
statt schlachten für
schland!

Wenzel

Nie gesungen Lied

1. MEMENTO

Meine Vorfahren stammen aus südlichen Träumen, Kriege
Trieben sie über Feldwege wie Metallspäne dem Magnetpol zu.
Flüsse schrieben Spuren ins Land, tiefer als Leben, Schätze
Unter das Gras des Vergessens. In Adern warmes Blut,
Getrieben von alten Fehden, Bangen ohne wahre Gründe.
Ich hoffte, geübt im Fliehen, meinen Ahnen zu entkommen,
Bei Dionysos einen Job zu finden. Aber der Norden denkt
Düster in mir. Lieder leiern leicht, Leiden liegen lässig
In Zimmern der Erinnerung und Bilder wandeln sich
In Zahlen. Erstaunliches aus alten Berichten, Not und
Bedrängnis, Helden und Klagen, rankt wie Burgunderwein
Über vergessene Gräber der Sieger. Keine Gegenwart wäre
Bedroht von vergangner Zeit, als anders Schilde schauten.
Wieder aber wissen wir nichts. Nicht, wie es war, nicht,
Wie es ist oder sein wird. Die Musen lügen alle Helden
Schön. Der Hunger der Dichter – welch sanfte Zensur.
Eine Bühne für Wichtigtuer ist die Geschichte. Bin ich auch
Tausende Meilen entkommen, bleibt dieses Grollen in meiner Seele,
Meine düstere Heimat. Wagner schon versuchte – mit der Tuba! –
Nach unten zu entfliehen, neueste Erfindung des preußischen
Militärs! Ein Kontrabass aus konischen Röhren,
Tiefenrausch, das donnernde Blech kommender Schlachten.
Kein Ausweg aus dem Orchester! Die Tiefe besetzt. Rückzug
Abgeschnitten. Helden hörst du, aber keine Menschen. Könige
Siehst du, aber keine Menschen. Sterbliche in des Schicksals
Käfigen aus Demut vor der Zeit, schneller als du und ich
Und Siegfried, sich zu bewegen im Stande. Missmutige
Herren, Könige wie Falken, Feldherren, Aktionäre. Blinde
Stelle des Vertrauens, gelbes Kreuz und helles Wort, Hoffnung,
Die du das Haus der Trauernden nicht verschmähst, lohnen nicht.

Das müssen wir lernen und vergessen lernen, von Intrigen
Getrieben in Enge, von Finten verfinstert. ABER DIE LIEBE!
Wir schweigen kalte Augenblicke. Anonyme Schreiber basteln
Am nie gesungen Leid, dem Lied, das unsre Spur aus hellen
Knochen in die Weite legt zwischen die Pole dieser Welt.

2. SATYRSPIEL

Der Chor auf der Empore
Hört, was zu singen er hat:
Am Flügel von dem Tore
Da liegt ein Lindenblatt.

Das Blatt steht voller Noten
Mit gelben Kreuzen drauf.
Es schweigen still die Toten.
Das Unheil nimmt den Lauf.

Sie singen hell und heiter.
Ein König steigt herab.
Sie singen immer weiter.
Sie singen noch im Grab

Von wundersamen Samen,
Von Liebe und von Ehr.
Und all die stolzen Damen
Schauen betört umher.

Sie schwören stets auf Neue,
Sie schwören früh und spät
Die gern besungne Treue,
Die immer untergeht.

Was hat er schön gesungen,
Der scheppernde Tenor
Das Leid der Nibelungen
Am Flügel vor dem Tor.

3. EPILOG

Im Verschweigen der Gesänge
Wahrheit finden, Spuren
Aus dem weißen Rauschen
Wolkenbruch von Worten
In Deckung gehen. Sterne,
Schwüre, Kreuze,
Die uns Wege weisen
Durch Wüsten und Warnungen
Für unsere Rache
Gegen uns selbst.

Alexander Gumz

das nibelungenlied: free download

vor rund 450 jahren wurde auf burg prunn
im altmühltal eine wertvolle handschrift gefunden:
the quests of a dragon-slayer, an epic poem. es eröffnet uns
in 39 »aventurien« eine welt voll höfischem glanz,
liebe, hass und eifersucht. siegfried is known to be
ëin loveí with kriemhilde, gunther's sister, even when
the exact date of the poem cannot be determined.
aufgrund der robots ist keine beschreibung
für dieses ergebnis verfügbar, nur eine buchbesprechung
mit inhaltsangabe, hochgeladen von hoheminne.
sie ist nicht zuletzt aufgrund ihrer schillernden,
nicht immer glücklichen geschichte das bekannteste werk
des jugendportals bayern. viele vorträge
sind online, aber kaum ein werk hat sich
über die jahrhunderte so erfolgreich behauptet
in worms-city. die folgenden seiten
sollen einen einblick geben in die vorstellungswelt,
die ihre basis ist. z.b. beachtliche 4000 strophen
als geplante verteidigungsstellung im 2. weltkrieg.
siehe alberich, siehe historischer kern, siehe darstellung
einer ermordung in der handschrift k. drachenkampf
ist eines der zentralen themen, um nicht zu sagen
das zentrale thema of an unknown austrian
from the danube region. schrecken wir beim gedanken
an einen lebendigen drachen zurück, verbindet er damit
freude. sound-datei abspielen. die rätsel-frage
KÖNIG NIBELUNGENLIED wurde am 22.07.12
um 13:41:19 eingetragen. dies werk ist nicht da,
ein für allemal beurteilt zu werden, sondern
an das urteil eines jeden anspruch zu machen,
ans gefühl fürs erhabene, übergroße. beginnen sie nun
mit dem lesen von »das nibelungenlied«
auf ihrem kindle.

Anmerkung: Der Text wurde montiert aus Material, das Google auswirft bei der Suche nach »Nibelungenlied«; eine Technik, die in den USA von den Flarf Poets entwickelt wurde.

Daniela Danz

Die Helden

Die Helden stiegen den Hügel hinauf. Sie begannen zu kämpfen. Ja, das war im Abendrot. Weil wir wollten, dass keiner der Helden stirbt, kämpften sie einzeln, jeder gegen sich selbst. Zuerst spalteten sie mit der Hellebarde ihren Harnisch, dann den Helm, die Halsberge und die Arm- und Beinschienen. Damit hatte das Klirren ein Ende. Die Helden kämpften lautlos weiter, die stumpfen Hellebarden hatten sie ins kniehohe Gras geworfen. Sie würgten sich mit beiden Händen bis zur Bläue. Ihre langen Schatten reichten bis zu uns herab und so ächzten wir unter ihren Griffen. Sie hieben ihre Fingerknöchel gegeneinander. Sie renkten sich beide Schultergelenke aus. Sie verdrehten ihre Hüfte bis es knackte. Da kam die Sonne hinter dem Hügel herauf und wir gingen, die Helden zu berühren nach diesem Kampf. Alles war heil an ihnen. Der Wind wehte in unseren Kleidern, die nackte Haut der Helden aber glänzte. Die Landschaft war golden, als wir uns zum Gehen wandten. Da lagen die Besiegten: die den Hang hinabgerollten Helme und Harnische auf zerdrückten Schneckenhäusern. Als wir die Rüstungen aufhoben, waren sie voll schleimiger Leiber und die aufgehende Sonne spiegelte sich nicht wie die untergehende auf ihnen. Da endlich weinten wir.

Anderntags kamen wir wieder zu diesem Hügel, da waren die Helden nicht da. Wir standen von Sonnenuntergang bis Sonnenaufgang in der Dunkelheit und sahen den Wind die silbrigen Grasschwaden niederdrücken. Wir gingen, als die Sonne schon hoch am Himmel stand. Heute hatten wir nicht geweint.

Miteins erschienen die Helden in unseren Häusern. Das war ein Dienstag und keiner war vorbereitet darauf. Die Türstürze waren zu niedrig für ihre hohe Gestalt und sie stießen mehrmals mit den Köpfen dagegen. Uns war es wie Hammerschläge auf unsere Stirnen, doch die Gesichter der Helden zeigten keinen Schmerz. Wir trugen ihnen Speisen ins Freie und unsere Kinder. Sobald sie in die Nähe der Helden kamen, wurden die Kinder still. Wir hofften, die Helden könnten sie segnen. Doch wieder begannen sie, bevor sie von unserer Speise genossen hatten, mit sich zu ringen. Wir waren froh, dass die Kinder den Kämpfen beiwohnten, denn so würden sie kräftig werden. Dann schritten die Helden die staubige Straße hinab und unsere Augen tränten vom aufgewirbelten Staub.

Nun blieben die Helden lange aus und in dieser Zeit geschah nichts, als dass unsere Kinder heranwuchsen. Manch einer erkannte einen der Helden in seinem Kind, doch sagte er es keinem. Wir merkten es daran, dass nachts Kinder ins Gras auf dem Hügel gelegt wurden. Morgens sah man die Abdrücke dieser Kinder, als hätte es die Kämpfe wieder gegeben. Als die Abdrücke groß geworden waren, wie die von Männern und Frauen, kamen in einer windstillen Nacht die Helden und nahmen die Kinder mit sich. Im Gehen wandten sie sich noch einmal um und wir sahen, dass sie Bienen kauten. Es war sehr schön für uns nach all dieser Zeit unsere Helden essen zu sehen. Wir weinten als wäre es das erste Mal.

SAID

odin musste wählen

odin musste wählen
zwischen dem auge und der weisheit
doch das frische gras
lenkte ihn ab
nun zerlegt er jeden gedanken
bis sein wort
den anfang verliert

Ulrike Draesner

feld elternlos

dass sie ihn schlügen – zwei adler dass er
gecrosst gekreuzt dass sie ihn niemals
wäre er gesund schlügen ohne makel
dass sie ihn sich zog wer war sie da
falknerin in einem traum: GESTELLT
als jahre später das schwert sie blendete mit
seinem augenfalkenlicht grünrot auf hagens
fremdem knie gebrochen wohl war
wer als sie da stickte einst die stelle ihm
und nähte noch das zeichen auf so
klein wie ihresseines kindes kopf
das falkengleich nun beute macht
kriechend im *feld elternlos* sich hasen
mäusen nähert von ernährt dass sie
wer wär sie da rollt ihren ungarkopf
in ihrem letzten traum zu ihrem kind
das in xanthens hag mit der pump
gun spielt

Hans Thill

Vier Eisen

1
Siegfried

Sei ein Blattstück.
Sei eine Seife.
Sei ein eitles Summen
im Wald.

Ein Hummer
im Sieb.

Sei eine Lieferung.
Sei frei.

Sei ein Sein.
Sei ein Brunnen.
Sei ein Stein.

2
Hagen

Hols aus dem Auge.
Hols aus der Elle.
Hols aus dem hohlen Zahn.

Hols aus dem Strunk.
Hols aus dem Garten dem Gürtel
dem Hag. Hols aus dem
Trockenen. Hols aus der
Toklas. Hols aus den Kriegen.

Hols aus dem Haus.
Hols aus der ängstlichen Trommel
der Hocke.
Hols aus dem Holz.

3
Kriemhilde

Nixe aus Nichts
Lore im Boot
gleicht sie einem Löffel
Sahne mehr nicht.
Später die Tante mit dem
xantischen Bein. Sticht
ins Nähzeug. Unsinkbar
ins Gewebe
rudert im Blut.

Lieb wer
das liest.

4
Brünhilde

Brüte die Brust und ihren
Inhalt befrei:
Weißt du noch?
Greif tiefer hinein.
Liebe die Leere
die bröckelnde Kohle
im Flöz. Liege wie sie
früher gepanzert
heute gebrüht.

Peter Braun

Hagens Lied

Monolog

Tretet aus dem Schatten. Ihr wisst, dass ich Euch höre. Wagt Ihr nicht zu betrachten, was Hunger, Kälte und Ratten erschaffen? Die Grube ist tief, in die Ihr mich warft. Werdet Ihr nun enden, was sie begann? Tut das. Schneidet das Herz heraus, das gefordert war. Ich fürchte den Tod nicht. Die Ahnen, sie warten schon. Sie rufen nach mir. Ich höre sie, wie ich Euch höre, der Ihr den Tod bringt. Ihr habt eine wahrhaft grimme Herrin erwählt, geboren zu Blut und Untergang. Sie trägt ihren Namen zu Recht, Grimhild Dankratstochter. Ihr seid gekommen, nun seht den Einäugigen. Ihr kennt die Geschichten der Alten, deren Welt schwindet. Der Herr der Toten opferte ein Auge für die Gabe des Sehens. Ich habe nur ein Auge. Auch ich sehe. Sehe, was sie getan. Sehe, was Ihr tun werdet. Sie tötet nicht aus Rache. Sie tötet, um zu herrschen. Mörderin ihres Gatten, ihrer Brüder, Eurer Schwester. Sie trägt dreifach Fluch.

Was werden sie dereinst von uns sagen? Was wir waren? Was wir taten? Was wird bleiben? Das Grauen, das wir säten? Das ich nicht hinderte. Das mich verfolgt. Das ich bin. Wir sind kein verfluchtes Geschlecht. Wir verfluchen uns selbst, denn das Morden liegt uns im Blut. Wir säen das Grauen, das wir ernten. Schrie sie als sie dem Feuer übergeben wurde? Jeder schreit, der brennt. Doch davon wird kein Lied künden. Die Lieder unserer wahren Taten wird keiner singen. Die Sänger wählen die Worte, die Grimhild befiehlt. Ich höre die Lieder in der Nacht, und die Namen, die sie mir geben, denn ich spreche eure Sprache noch immer. Jung war ich und ohne Narben, da ich als Friedgeisel saß in Eurer Halle, Atilahar, Pferdeherr, die nun die ihre ist. Ihren Traum vom Falken, den zwei Adler töten, davon singen sie. Gundahar, der eine, ich, der andere, der Segifrit erschlug. Doch nicht ihr Bruder und König war der zweite der Adler. Der zweite war sie, und ihr Hochmut das Gift, das uns alle verdarb. Ihr schweigt? Ihr wisst, dass ich die Wahrheit spreche, noch aus den Tagen, als wir zusammen ritten. So hört sie denn, ehe das Lied des letzten der Burgunder für immer verstummt, der Grimhild, die Schöne, begehrte im Verborgenen von Anbeginn an. Sie, die mir verboten war, dem Bastardsohn, dem halben Bruder.

Das ist das Los der Edlen, das sie Mächtigen gegeben werden, um mehr Macht zu erlangen. Und so tat Gundahar an Grimhild, als er sie Segifrit gab. Eine Königstochter für ein Bündnis, um ihn an seine Sippe zu binden. Seine Stärke, seine Kraft, sein Gold, das er erraubte. Finster wurd ich und schweigsam, der ich nicht ertrug, sie in Segifrits Händen zu sehen. Geschickt verbarg sie ihr Leid, verkauft zu werden wie eine Hörige. Sie, die weit mehr als ihre Brüder geschaffen war, um über das Land am großen Fluss zu gebieten. Gundahar, Gislahar, Gundomar – sie war stark, die Brüder schwach, doch ihres Vaters Sitz war ihr verwehrt, solange sie lebten. Der Geist eines Königs gefangen in einem Kleid. Ich sah ihren kalten Zorn, Segifrit anheimzufallen, den geborenen Schlächter. Segifrit das Vieh, das trunken von Met mit seinen Raubzügen prahlte, die sie klug zu Geschichten formte, die von den Kriegern so gern gehört werden an den Feuern. Sie hat die Sänger gut bezahlt, schon damals. Edle Taten, unbezwingbar in der Schlacht, Segifrit der kühne Streiter. Von den Prügeln, die er ihr gab, sangen sie nicht. Sie mehrte seinen Ruhm, um Gundahars Eifersucht zu schüren, um sich zu befreien von den Schlägen in den Nächten in denen er sie bestieg. So sangen sie auf ihr heimliches Geheiß. Aus geraubtem Gold wurde der Nifelungen Hort, aus Geschmeide Andvaris verfluchter Ring, aus Segifrit, den keiner noch überwunden im Kampf, der Unverwundbare durch das Blut des Drachen, den er erschlug, der die Vögel verstand, weil er das Drachenherz aß, bis des Königs eigene Schar sich Segifrit zuneigte, der für Beute stand, für Gold, für Ruhm.

Klug war sie, das Gift der Wahrheit in Gundahars Ohr zu träufeln. Tötet ihn oder Segifrit nimmt euch dereinst den Königsreif mitsamt eurem Kopf. Gundomar hat zu wenige Winter gesehen, noch weniger Gislahar. Sie werden euch nicht vor ihm schützen. Noch befehlt ihr über mehr Speere als er. Noch. Doch Tag für Tag wächst der Ruhm des Falken, während der des Adlers sinkt. So flüsterte sie. Zu sehr aber fürchtete Gundahar Segifrits Schwert, doch sie hatte den Pfad längst bereitet, der ihn zu meiner Klinge führte.

Brynhild, Eure Schwester, sie war ihr Weg. Werbt, Bruder, sucht eine Königin, damit das Haus der Burgunder fester steht. Und so lenkte sie Gundahars Blick zu ihr, denn sie allein wusste, dass Segifrit sie einst nahm auf einem seiner Züge durch Euer Land. Sie gab sich ihm hin, denn Stärke ist, was Eurem Volk taugt. Er gab ihr sein Wort zurückzukehren, doch er kam nicht. Sie hatte ihm ihren Gürtel gegeben als Zeichen ihres Bundes. Der Gürtel aber, mit dem er Grimhild schlug so oft sie ihm nicht zu Willen war, er war geziert mit Brynhilds Runen, die sie zu lesen verstand, er nicht, denn ich hatte sie Eure Zeichen gelehrt, die ich in Euren Zelten lernte. Für ihn waren sie nur Schmuck. Für sie waren sie ein Name: Brynhild. So stand eure Schwester vor Gundahar, als Ihr sie ihm sandtet. Stolz, doch leichenblass als sie den Wortbrüchigen sah, von dem sie keine Kunde hatte. Stumm blieb sie, stumm blieb er, das Geheimnis zu wahren, dass sie genommen war, dass er sie vor seinem König besaß. Die Eide wurden gesprochen, die Euch beiden frommten. Er gelobte Euch Gefolgschaft, sie gab ihm den Ruhm zurück, da er nun mit Euch, dem mächtigen Herren

Hunalands verbunden war. Die Hochzeitstafel aber war die Schlachtbank, die Grimhild bereitet hatte.

Des Abends, das Fest, da saß sie, Grimhild, an ihres Bruders Seite, die Brynhild gebührte, als die Geschmückte die Halle betrat. Der Braut ziemt neben dem Gemahl zu sitzen, doch Grimhild erhob sich nicht. Ein Zischen nur: Einer Hure werde sie nicht weichen. So sprach Grimhild, die Brynhilds Gürtel trug. Segifrit nahm Euch die Ehre, König, betrogen wurdet Ihr, Bruder, so wie ich. Grimhild, ich sah sie am anderen Morgen, geschlagen von Segifrit, der meinem Messer anheimfiel auf Gundahars, des Betrogenen, Befehl. Kein Vogel warnte ihn, als ich ihm die Kehle durchtrennte, freudig mit leichter Hand. Ein Schnitt für Grimhilds Leid. Er blickte mich an. Nur an. Drachentöter, unverwundbar, er blutete wie ein abgestochenes Schwein, das ich vor Grimhilds Kammer warf. Kein Entsetzen, ein leises Lächeln nur als sie ihn sah. Doch das war ihr nicht genug. Ein Leben war ihr genommen, ein Gleiches verlangte sie von Gundahar dem Bruder, und so bestieg Brynhild Segifrits Scheiterhaufen, der geschichtet war verborgen vor aller Augen. Und noch immer nicht genug. Noch im Angesicht der Flammen forderte sie Segifrits Hort, den Schatz, sein Raubgold als Wergeld für die Witwe. Da erst verstand ich. Ihre Freiheit, sie war nur das eine. Ein König, dem die Ehre genommen ward von seinem Weib, der feige nicht selbst die Racheklinge führte, feig auch die Brüder, die Segifrit nicht stellten. Die Krieger folgen keinem Schwachen und Gold löst viele Eide. Segifrit, Held der Lieder, Grimhild, die trauernde Schöne, schwach der König, schwach die Brüder – sie gedachte die Beutel der Krieger zu füllen mit Segifrits Gold, um den König zu töten, denn das war ihr Sinnen: zu herrschen über die Sippe an der Brüder statt.

Dafür brannte Eure Schwester. Das ist die Geschichte ihres Todes, Atilahar, König, dem wir Botschaft schickten, dass Brynhild gestorben war, verbrannt vom Fieber. Schutzeide hatte ich geschworen. Tod dem, der nach des Königs Herrschaft greift, das war mein Eid, den ich nicht erfüllte. Der Begehrten den Tod zu geben für ihr Trachten, das war meine Pflicht. Doch ich gab ihr die Wahl: Verbannung oder Tod, und so lebte sie fort fern der Halle des Königs, bis Ihr sie freitet. Eine Schwester für eine Schwester. Winter waren gekommen, Winter waren gegangen, lang schon deckte Vergessen Eurer Schwester Asche, doch Grimhild vergisst nicht. Nicht das Gold, nicht dass Gundahar sie zu Segifrit zwang, nicht dass er den Königsreif trägt, solange er lebt oder Gundomar oder Gislahar. Ihren Reif. Eure Halle ist ihr nicht genug, und also zogen wir zu Euch als Ihr uns in Euren Hag befahlt auf ihren Wunsch, um abermals zu fordern Segifrits Raubgold, das ich dem Fluss gab mit Gundahars Hilfe zu sicherem Versteck. Die Herzen der Männer gieren nach Gold. Auch das Eure. Auch Ihr hörtet auf Grimhilds Flüstern. Gebt mir meine Rache für Segifrits Tod. Ist das

Wergeld mein, der Schatz, der Hort der Lieder, so ist er auch der Eure. Ich kenne ihre Ränke. Sie senkte die blinde Gier in Euer Herz, und so hob das Schlachten an, in dem ich den Kopf Eures Sohnes nahm und wir das Blut Eurer Krieger tranken bis alle fielen, alle bis auf Gundahar, alle bis auf mich, um uns das Versteck zu entreißen. Gundomar tot, Gislahar tot, tot die Krieger. Ein siegloser König hat sein Leben verwirkt, und so weigerte er sich, so sagen die Wachen, das Gold zu geben, für das sie starben. Blind wart Ihr vor Gier, doch nicht blind für seine List. Gebt mir das Herz des Einäugigen, dann gebe ich Euch, was Ihr begehrt, so sagte Gundahar. Ihr vergaltet List mit List. Ihr gabt ihm das Herz eines Toten. Er aber lachte Euch ins Gesicht, dass er nun der einzige ist, der das Geheimnis noch kennt. Niemals werdet Ihr das Gold bekommen. Das war sein Tod. Niemals werdet Ihr das Gold bekommen, das sage auch ich. Hunger, Kälte, Ratten, sie werden meine Zunge nicht lösen. Schneidet das Herz heraus, das er verlangte. Ihr werdet das Gold nicht besitzen, wie Ihr auch Grimhild nicht länger mehr besitzen werdet. Der Tod wird mich mit der vereinen, die mir im Leben verboten war. Keines Mannes Hand wird sie mehr berühren. Leben für Leben. Meines für das Eures Sohnes, ihres für das Eurer Schwester, die gemordet wurde auf ihr Verlangen. Die Blutrache fordert ihren Tod. Blut für Blut. Was also werdet Ihr tun, Atilahar? Ihr den Kopf nehmen? Wem werdet Ihr glauben? Mir oder ihr? Meinem Lied oder den ihren, für die sie die Sänger bezahlt einmal mehr, um zu singen vom Untergang ihrer Sippe? Betrügt Euch mein Lied, um ihr den Tod zu bringen, den sie verdient, die dreifach Verfluchte? Mein Tod ist gewiss. So hört denn auf das Wort eines Toten, auf dass nicht die Lieder vom Hort der Nifelungen, von Segifrits Tod und der schönen Grimhild Rache Eure Krieger betören, deren Beutel sie einst füllen wird mit Eurem Gold zu Eurem Ende. Schlagt zu Herr. Lasst Hagens Lied verstummen.

Maria Wüstenhagen

Brunhild

Kalt weht der Wind vom Meer, den Hügel hinauf, hinein in die Kammer, die mit Teppichen ausgelegt ist. Roten Teppichen, die Kaufleute aus dem Süden mitgebracht hatten; oder waren sie jemandem entrissen worden während der langen Beutezüge auf den andern Inseln oder auf dem Festland? Ich weiß es nicht mehr. Die Königin steht am Fenster und sieht in die Bucht hinunter. Ihr

Gesicht ist unbewegt, die Augen scheinen auf einen Punkt gerichtet, der so fern ist, dass er von keinem Menschen erreicht werden kann, auch von ihr selbst nicht. Fischer hatten fremde Schiffe gesichtet am Horizont. Der Mann, der diese Nachricht überbrachte, ich kenne ihn noch aus der Zeit, als ich noch im Dorf wohnte, ist gerade wieder aus der Tür auf den Gang getreten. Die Tür schloss er fast lautlos hinter sich. Vielleicht hatte auch er ihre Anspannung gespürt – er musste sie gespürt haben, die Luft in ihrer Kammer war während seines Berichts wie ein festes dünnes Tuch. In der Halle wird er nun einen Krug Bier und etwas Fleisch und Brot bekommen für sich, seine Familie und seine Männer. Sie steht noch immer regungslos am Fenster und schaut zum Meer hinunter, vielleicht zu der Stelle, an der die Fischerboote an Land gegangen sind, nachdem sie die Schiffe gesehen hatten. Genau wollte sie wissen, was die Männer gesehen haben, ließ sich beschreiben, wie die Ruder ins Wasser gestoßen, wie die Netze aus den Wellen gezogen wurden und wie dann einer der Fischer, es war der junge Svetil, den sie Hündchen nannten, die Hand schützend über die Augen breitete und in die offene Weite des Meeres blickte, weil er eine Bewegung in der Ferne wahrgenommen hatte.

Zuerst hatte der Fischer nur stockend berichtet, was sie gesehen hatten. Ich konnte die Unsicherheit in seinen Worten spüren; ich sah, wie er ihren Körper mit seinem Blick abtastete nach der kleinsten Regung, einem Zittern, einem Beben. Als sie ruhig blieb, erzählte er ausführlich, lebhaft, aufgeregt.

Drei große Schiffe waren am Horizont zu sehen gewesen, erzählte er, dort, wo das unruhige Wasser den weißgrauen Himmel berührt, wo der Wind die Wellen jagt und seinen frostigen Hauch immer wieder in die feuchte Haut schlägt, wo alles ganz nah beieinander ist und nur eine dünne, kaum wahrnehmbare Linie den Himmel von der Tiefe trennt – am Ende der von hier aus sichtbaren Welt. Dort ist das Meer kälter und der Wind treibt wundersame Muster auf die kleinen und großen Eisflächen, die das dunkle Wasser teilweise bedecken; dazwischen Spalten, so tief und so schwarz-blau und abgrundtief-grün, dass es einem im Innersten schmerzt, wenn man hinab sieht; nicht wenige, die mit ihren Booten weit hinaus gefahren waren – Fischer zumeist, um reichere Fischgründe zu finden –, kamen nicht mehr zurück. Sie liegen in der dunkelgrünen Einsamkeit, treiben zwischen blanken Eisschollen; ihre Augen starren in den weißgrauen Himmel, der sich nie verändert dort, immer hellgrau ist, mit Eiskristallen durchsetzt und scharf und schneidend in seiner Helligkeit, Kontrast zum Dunkel des Meeres, das älter scheint als die Welt.

Svetil war sofort an den Strand zurückgerudert, nachdem er die Schiffe gesehen hatte. Die anderen Fischer mit ihm. Den Frauen, die er dort antraf, erzählte er von seiner Entdeckung und deutete auf die Schatten am Horizont –

denn mehr waren die Schiffe in der Ferne noch nicht, eine Ahnung. Viele Fische hatte man heute noch nicht gefangen.

Der Mann, der die Nachricht zur Königin gebracht hatte, war einer der älteren, erfahrenen Fischer: Er hieß Tindar und hatte schwarzes Haar, das ihm bis auf die Schultern hing und das mit grauen Strähnen durchsetzt war. Er galt im Dorf als geschickter Handwerker; er konnte Netze flicken so schnell wie kaum jemand. Die Leute kamen zu ihm, wenn sie etwas hatten, das repariert werden musste. Er konnte sich ganz in die Dinge hineinversetzen, konnte in sie hineingehen und in sich aufnehmen. Wenn er konzentriert arbeitete, fuhr er sich mit seiner Hand über Stirn und Kinn; auch während seines Berichts strich er sich mehrmals über sein Gesicht. Kein Detail wollte er unerwähnt lassen. Unruhig schienen seine Augen nach jeder Einzelheit zu suchen.

Tindar lief über den Strand, sein Boot und die Netze sowie die wenigen Fische ließ er zurück; Svetil blieb dicht hinter ihm, denn er hatte sich nicht davon abbringen lassen, mit an den Hof zu gehen, da er ja schließlich die Schiffe zuerst bemerkt hatte. Schnellen Schrittes durchquerten sie das Dorf zum königlichen Palast. Die Nachricht von den ankommenden Schiffen hatte sich schnell verbreitet, denn alle Dorfbewohner waren aus ihren Häusern auf die Straße gelaufen, den beiden Fischern entgegen, doch Tindar lief ohne ein Wort an ihnen vorbei geradewegs zum königlichen Palast. Vom Fenster aus konnte man die Menschen im Dorf sehen; sie standen in kleinen Gruppen zusammen, einige gingen scheinbar nervös auf und ab, andere liefen eilig immer zwischen Strand und Dorf hin und her. Viele warteten wohl auf die Rückkehr Tindars und zugleich auf die Fremden, die mit ihren Schiffen näherkamen.

In den letzten Jahren waren nur selten Besucher auf die Insel gekommen. Früher waren viele fremde Schiffe mit Königs- und Fürstensöhnen von überall her auf die Insel gekommen, um die damals noch junge Königin zu freien. Sie alle sind tot inzwischen; die Könige und Fürsten liegen mit dem Gesicht nach unten in den mit spärlichem hartem Gras bewachsenen Grabhügeln auf der Nordseite der Insel. Ihr Blut tränkte den unfruchtbaren Boden; Pflanzen nähren sich davon.

Die Königin ist seit vielen Jahren weithin bekannt, ihre Schönheit und ihre Grausamkeit rühmt man gleichermaßen. Die Inselbewohner bekommen sie jedoch selten zu Gesicht, selbst die, die in dem Dorf leben, das um den großen Gutshof mit der prachtvollen Eingangshalle gebaut ist. Dieser Hof wird von den Dorfbewohnern nur der Palast genannt, weil er viel größer ist als ihre eigenen Häuser und weil die Türstöcke mit wunderschönen Schnitzereien verziert sind. In der großen Halle brennt immer ein Feuer, das den Raum stets hell erleuchtet, an den Wänden hängen Wandbilder, auf denen Tiere und Fabelwesen abgebildet sind, die aus den Geschichten stammen, die man sich seit Jahrhunderten an langen Winterabenden erzählt, wenn das Meer zugefroren ist und niemand zum Fischen ausfahren kann. Die Königin ist durch die Geschichten, die man sich über sie erzählt, fast ebenso zu einem Fabelwesen geworden, zu einer Göttin mit übermenschlichen Kräften. Was davon wahr ist, weiß heute niemand mehr. Seit sie regiert, sind die Beutezüge weniger geworden und die Kriege und Schlachten; es herrscht Frieden und das ist zunächst alles, was die Bewohner der Insel, die Fischer und Bauern, interessiert. Ihr Vater war ein Kriegskönig gewesen. Oft hatte er die Männer der Insel zu sich gerufen, um mit ihnen auf Beutezug auszufahren. Nicht selten waren einige der Männer nicht wieder zurückgekehrt. Obwohl kaum jemand diese Zeit noch aus eigenem Erleben kannte, scheinen allen die gegenwärtigen als die besseren Zeiten.

Damals lehnte sich die Königin gegen ihren Vater auf, tobte und schrie gegen ihn, kritisierte seine Beutezüge vor der gesamten Hofgesellschaft offen, so dass ihr Vater sie sogar ob ihres Verhaltens hatte einschließen lassen und ihr jeglichen Umgang mit jedem verbot. Die Tür zu ihrer Kammer war mit einer schweren Holztür, die ein eisernes Schloss trug, verriegelt worden und vor den Fenstern hatte er tiefe Gräben ausheben lassen, in die er brennendes Öl füllen ließ, so dass sie vor aller Welt und jedem menschlichen Wesen abgeschlossen war – so groß war sein Zorn über die Ungehorsamkeit der Tochter. Da landete ein Segelschiff mit unbekannter Flagge an der Küste; ein junger, fremder Krieger ging von Bord und fragte die ihn umstehenden sogleich nach dem Weg zum König. Dann ging er direkt in den Palast und fragte ohne Umschweife nach der schönen Jungfrau, die er in Gefangenschaft gehalten wusste und die er gedachte zu befreien. Warum sich ihm niemand in den Weg stellte, weiß ich nicht. Der König war starr vor Wut, wohl auch vor Schreck, kaum ein Wort wechselte er mit dem Fremden, der bald darauf unter den Augen der gesamten Hofgesellschaft die schwere Kemenatentür mühelos öffnete. Das eiserne Schloss zerbarst, die Königin im Zimmer erschrak zunächst, doch als sie ihren Befreier erblickte, der stolz und stark war, verfiel sie ihm – fast augenblicklich sank sie in seine Arme erzählt man sich. Der fremde Krieger verschwand bald nach der Befreiung, so plötzlich, wie er gekommen war. In den Erzählungen der Inselbewohner wurde er zu einem Geist und zugleich einem Gott, eine der größten Geschichten der Insel. Nach seinem Verschwinden hatten so viele ihr Leben verloren: Alle, die seither die Wettkämpfe und Prüfungen mit der Königin austrugen, die sie jedem stellte, der um ihre Hand anhielt.

Die Königin hatte auf einem fein geschnitzten Stuhl am Fenster gesessen, mit mir im Gespräch – über das Wetter, die Ernte oder den neuesten Tratsch, ich weiß es nicht mehr genau – als es an der Tür klopfte. Sie sah mich einen

Moment lang so eindringlich ein, dass ich mich kaum getraute, zur Tür zu gehen, als wolle sie auf keinen Fall, dass jemand dieses Zimmer betrat; dann lächelte sie plötzlich und bat mich nachzusehen, wer an der Tür sei. Ich öffnete. Im Gang standen Tindar und ein Diener des Königs mit ernsten Gesichtern, die nur zur Hälfte vom Licht aus der Kammer erleuchtet wurden. Der Diener blieb draußen im Gang stehen, während Tindar drinnen berichtete, wie Svetil die Schiffe zuerst gesehen hatte; er sagte auch, dass die Fremden bald ankämen er vermutete, dass sie gegen Abend im Hafen sein würden, und er beschrieb die Flagge, unter der sie fuhren.

»Burgund«, sagte die Königin, nachdem der Fischer mit seinen Beschreibungen geendet hatte, nur dieses eine Wort, dann drehte sie sich zum Fenster und blickte hinaus auf das Meer, wo die Schiffe vom Palast aus als dunkelgraue Schatten zu erkennen sind. Kalt weht der Wind vom Meer, den Hügel hinauf, in die Kammer, die mit Teppichen ausgelegt ist. Blutrote Teppiche. Die Königin steht auch noch am Fenster, als die Schritte des Fischers auf dem Gang verklungen sind, fast unbewegt; ich spreche sie nicht an, gehe durch das Zimmer, versuche keinen Laut zu machen, warte, vielleicht auf ein Zeichen, eine Regung von ihr, in die ich nicht hineinsehen kann, die ich nicht verstehe, obwohl wir uns schon seit unserer Kindheit kennen, wie Freundinnen waren, bis das Unstillbare, Unbenennbare sie von allen Menschen entfernte.

Ich glaube, dass das Verschwinden des fremden Kriegers, der sie damals aus der Bestrafung ihres Vaters befreit hatte, etwas mit dieser Wandlung zu tun hat; doch es scheint auch mehr als das. Stark ist sie und stolz, nie habe ich sie schwach erlebt, nicht gegenüber den Bewohnern der Insel, die sie liebt und unerbittlich straft, wenn sie sich einer Verfehlung schuldig machen, nicht im Kampf, nicht gegenüber den zahllosen Königs- und Fürstensöhnen, die auf der Insel durch sie ihr Leben verloren haben. Vielleicht sind die Geschichten wahr, die man sich erzählt über sie, die behaupten, dass sie eine Göttin sei und nicht von menschlichem Blut. Manchmal erscheint sie mir so riesenhaft groß und mächtig, so unnahbar und unermesslich, dass ich kaum ein Wort mit ihr sprechen kann, nicht aus Angst, nein, Angst habe ich nicht vor ihr. Mein Verstand und meine Seele scheinen zu klein, um sie ganz zu begreifen.

Plötzlich dreht sie sich zu mir, schaut mir in die Augen und sagt mit fester Stimme: »Bald werde ich von hier weggehen, besiegt und gedemütigt. Denk nicht, dass ich dich, euch leichten Herzens verlasse; ich werde mein Volk und meine Insel immer lieben, doch ich habe wohl keine andere Wahl. Ich werde verraten und betrogen werden, bin schon jetzt verraten und betrogen. Zürne mir nicht, schöne Aridúr, ich bitte dich. Ich …« Sie geht auf mich zu und nimmt meine Hand, es ist nur ein kurzer Augenblick, das Zimmer schrumpft auf die

Größe unserer Körper, umschließt uns, dann atmet sie hörbar, lässt ihre Hand aus meiner gleiten – ich hätte sie noch tausend Jahre fest gehalten – und geht zur Tür. Während sie diese öffnet, fragt sie nur: »Soll ich unsere Gäste in der großen Halle erwarten oder soll ich ihnen entgegen gehen?« Sie lächelt. In die Augen schaut sie mir nicht mehr.

Sigurbjörg Thrastardóttir

Unsere Halle ist voll von Harm

»Warum gebärdet ihr euch
wie unsinnige Menschen?« Gudrun fragt ihre Kammermägde,
weil
laute Klage hob an,
und man hörte sie durch die ganze Burg.

... »Kümmere dich nicht darum, denn nimmer siehst du mich
fortan fröhlich in deiner Halle, weder trinken noch brettspielen,
noch verständig reden, nimmer siehst du mich mit Gold gute Gewänder
überspinnen, noch dir Rat erteilen,« flüstert Brynka im
Hintergrund. (Ich habe einen kroatischen Freund, der mich Brynka nennt, weil ich
seiner Freundin extrem ähnlich sehe, die meinen Namen teilt; viele
Dinge sind extrem im Balkan und in der Liebe gibt es nur wenig Logik.)

Da antwortete eine Frau ihres Gefolges, die Svafrlöd hieß:
»Das ist ein unseliger Tag, unsere Halle ist voll von Harm.«

Ihre Schuld, dass sie's leiden müssen,
haben sie doch die Tür ihrer Kammer zur Halle einen Spalt weit geöffnet.

Ins Deutsche übertragen von Nora Gomringer

2×Goldstein

Blut-Piktos (Vektorgrafiken 2013)

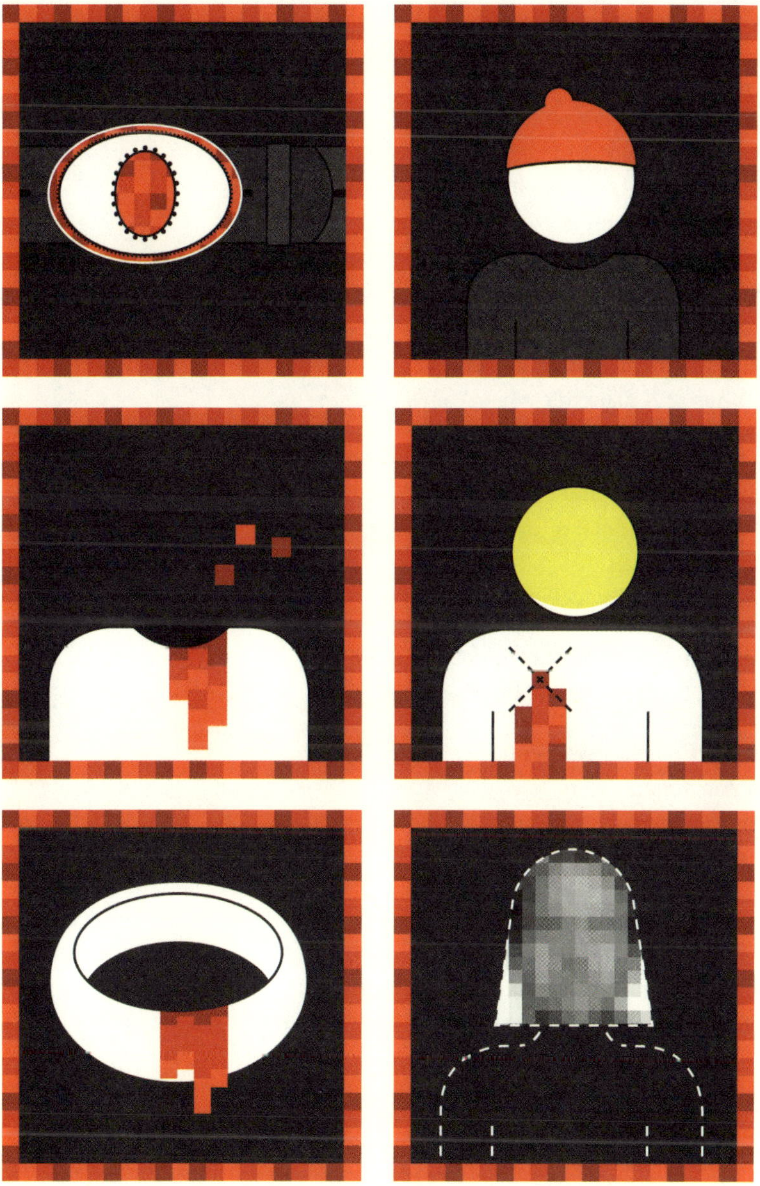

Nora Gomringer

Spot on: S

Er, der Innenarchitekt der Seele eines Frauenzimmers,

wenn der einem heute unterkäme,
begegnete, so voller Neuheit,
prall mit Wollen, Willen,
man würd ihm sagen:
Held, du, tu dies und das!

Hernach: Wir klatschten
ob seiner Tatkraft
und Zerrissenheit.
(So sind wir es gewohnt
von Spinnenmann zu grünen Riesen,
zu Fledermaus und Eisenherzmagnaten).

In Zeiten waghalsig, kühn
nur in Anlagedingen, Finanzfragen,
wäre das, was Held addierte zum Sein
ungewöhnlich, ehrlich.
Man schmunzelte: naiv.

Wie soll sich Siegfried selbst erfinden,
wo keiner von ihm fordert, nicht er selbst zu sein?

Und dann die Frauen. Es scheint,
er ist so ferne denen,
die sich im Ränkespiel ergehen,
dass er nicht lernt, dass sie Erinnyen
seines Schicksals sind
und unversöhnt stirbt

durch Hagenhand und Bella Donnas Sachverstand,
der Falkenmann.
Es bleibt ein blondes Wesen
in der Wormser Welt zurück,
das Yin und Yang beständig
blutend anzutreiben.

Judith Kinitz: Ohne Titel. Fotografie, 2012

Szenen aus dem Nibelungenstoff nach Wiebke Siem

Sonntag, 2006. Ausstellungsansicht Neues Museum Nürnberg 2009

Wir schauen in ein spießiges Schlafzimmer mit Möbeln der Vorkriegszeit: Doppelbett mit übermächtigen Federkissen, Kleiderschrank und Spiegelkommode, Schauplatz des ehelichen Vollzuges und der männlichen Machtausübung. Irgendetwas ungeheuerliches hat hier stattgefunden. Die Türen des Schrankes sind aufgegangen und geben den Blick auf eine unheimliche Gestalt frei, die daraus hervorlugt. Das Federbett ist aufgeschlagen und die Person, die darin lag, muss in Panik den Raum verlassen haben. Der Stuhl vor der Spiegelkommode liegt umgeworfen mitten im Raum. War es die Frau, die aus einem Alptraum erwacht und geflohen ist? Das Bett neben ihr ist leer.

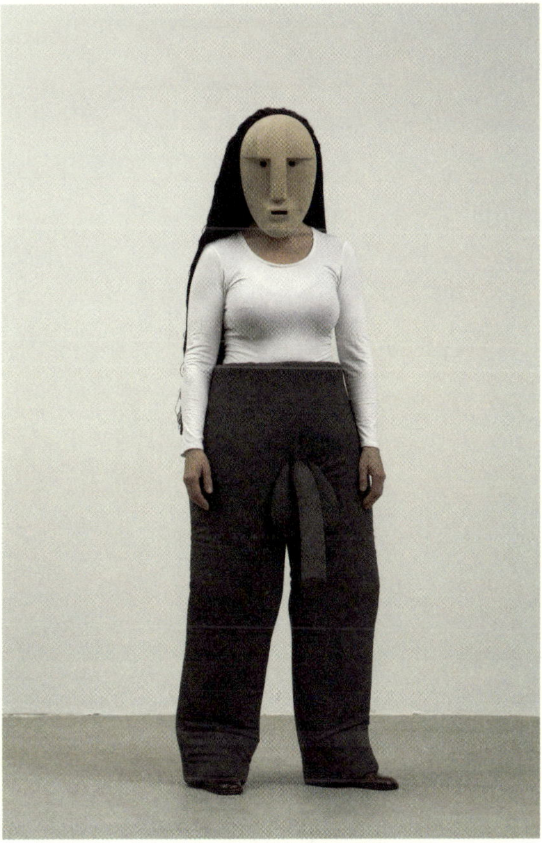

Ohne Titel, Kostüm mit Maske, 2001. Ausstellungsansicht Neues Museum Nürnberg 2009

Die Frau steht breitbeinig da. Die schwere Holzmaske, die ihr Gesicht verbirgt, starrt uns bedrohlich und ernst an. Hüftlange schwarze Haare zieren sie. Die Frau trägt wie einen Schutzpanzer eine dick gepolsterte Hose aus grauem Stoff. Die Hülle ist mit einem übergroßen männlichen Geschlechtsteil ausgestattet. Ihr Oberkörper bleibt jedoch unmaskiert und man kann unter dem weißen Oberteil ihre Brüste erahnen, die sich ungeschützt dem Blick des Gegners darbieten.

Pharao, 2005; Die Fälscherin, 2009. Ausstellungsansicht Neues Museum Nürnberg 2009

Der Gnom auf der Kommode wacht über die kleinbürgerliche Wohnhöhle im Gelsenkirchener Barock. Er hat sich wie beiläufig im Flur zwischen Ess- und Schlafzimmer platziert und beäugt und beriecht nur scheinbar teilnahmslos jeden, der an ihm vorbei möchte. Er überschaut wie von einem Thron aus sein Reich. Seine herab baumelnden Beinchen versperren die Vorderfront des blank geputzten Möbels. Sorgsam umschließen seine langen Finger die Oberkante der beiden Türen wie um zu verhindern, dass jemand den darin verborgenen Inhalt sehen könnte.

Katja Schiller

Tattoos

Katja Schiller: I love Hilde. Handzeichnung/Photoshop 2013

Katja Schiller: Liebe.Macht.Tod. Handzeichnung/Photoshop 2013

Katja Schiller: ›Ein Königreich für ein Burgund‹. Handzeichnung/Photoshop 2013

Reimar Limmer

Helden I – III

(Collagen/Aquarellfarben auf Packpapier, 2013)

Ez was eine küneginne gesezzen über sê, ir geliche enheine man wesse ninder mê.
BRUNHILD

Sivrit was geheizen der snelle degen guot, er versuohte vil der riche durch ellenthaften muot.
SIEGFRIED

Rolf Schneider

Fünf Anmerkungen zu Richard Wagners *Ring des Nibelungen*

1

Dass die vers-epische Aufarbeitung des Nibelungenstoffes ihr Nationalgedicht sei, wissen die Deutschen seit einhundertsiebzig Jahren. Zuvor war dies bloß eines von mehreren Literatur-Denkmälern aus dem Mittelhochdeutschen gewesen, entdeckt und ediert von reichen Liebhabern, angefüllt mit schwer lesbaren Paraphrasen über ein völlig fremd gewordenes Denk- und Sozialverhalten.

Dass dergleichen ein Zeugnis vergangener kulturgeschichtlicher Größe bedeute, wurde vorausgesetzt durch ein größeres Bewusstsein von Geschichte überhaupt. Absichtsfrei war dabei gar nichts. Mit Geschichte rechtfertigte man sich die eigene Gegenwart und deren erstrebten Wandel. Das Nibelungen-Epos wurde deutsches Nationalgedicht zu jenem Augenblick, da die Deutschen sich als Nation empfanden und den einheitlichen Nationalstaat als den dafür natürlichen Raum einer Verwirklichung anstrebten.

Der Unterschied zwischen Bodmer/Breitinger auf der einen, Jacob Grimm und Karl Simrock auf der anderen Seite besteht nicht bloß in der verschiedenen Nationalität, sondern in der verschiedenen ideellen Verwurzelung. Grimm und Simrock waren durch die Romantik gegangen. Ihr Zeitalter war die Bürgerlichkeit nach der Französischen Revolution, und die hatte so heterogene Dinge hervorgebracht wie die Exekution eines gekrönten Hauptes zugunsten der Republik und die Exekution der Republik zugunsten eines gekrönten Hauptes. Außerdem die *levée en masse* mit dem nachfolgenden Volksheer, die Assignaten des Ministers Necker, die Metallschmieden von Le Creusot und das Synhedrion der linksrheinischen Juden. Der französische Nationalstaat wurde in Napoleon wütend bekämpft, als politisches Modell neidvoll bewundert. Alles war Widerspruch. Wie die einstmals rebellische und später staatserhaltende Philosophie Hegels, der den Widerspruch zur wissenschaftlichen Kategorie erhob.

2

Widersprüchlich war und ist das *Nibelungenlied* in der heute überkommenen Form und ist es mehrfach. Es sperrt zwei zunächst autonome Geschichten zusammen: Einen Mythos zu einer Historie.

Der Mythos ist germanisch-heidnischen Ursprungs. Die Historie entstammt dem christlichen Zeitalter, und als Tragödie vom Untergang eines germanischen Volkes muss sie sich auch noch entschiedene Transmutationen gefallen lassen, da die Kolporteure, wiewohl Germanen, ihrerseits nicht mit den Untergegangenen sympathisieren, sondern mit den asiatischen Siegern. Das vergleichsweise freundliche Attila-Portrait im Epos verdankt sich nämlich den Ostgoten, die lange Zeit, während ihres Aufenthaltes in Südrussland, hunnische Satrapen waren.

Der Mythos aber musste um der Historie willen laisiert werden, ohne dass es doch gänzlich gelang, wie die Brünhild-Geschichte ausweist. Siegfried ist seinem Ursprung zufolge nichts anderes als eine Wiederholung des altgermanischen Gottes Baldur, und dieser allegorisierte den Ablauf des Sonnenjahres, er ist ein naturreligiöser Bruder von Osiris und Adonis.

Der anonyme Verfasser des mittelhochdeutschen *Nibelungenliedes* vereinte die beiden voneinander völlig unabhängigen Stoffe durch zweierlei Eingriff. Der eine ist von dramaturgischer Art, er gilt Kriemhild. Sie gerät zu jener durchlaufenden Figur, durch welche sich Begründungen im Handeln herstellen. Der andere Eingriff ist ganz formaler Natur und besteht darin, dass dem literarischen Konstrukt das einheitliche Kostüm der Stauferzeit angemessen wurde, das ihm herzlich schlecht passt, ihm andererseits das Überleben sicherte.

Ein für uns heute naheliegendes Mittel musste ausfallen, da es noch nicht existierte: Die Psychologie. Brüche in der Figur Kriemhilds, aber auch jener Hagens, sind für unsere Augen unübersehbar. Der Verfasser sah es nicht so. Für ihn waren die Abenteuer von Siegfried, Gunther und Hagen bloß krause Geschichten in der Manier keltischer Zaubermärchen, wie man sie üblicherweise heranzog, um ritterliches Verhalten idealisch zu schildern. Um vortragbaren Unterhaltungsstoff zu haben, für die langen Winterabende an schlecht geheizten Höfen.

Auch andere große Dichtungen sind aus heterogenen und ursprünglich selbständigen Elementen zusammengewachsen. Die homerischen Epen bieten das Beispiel. Freilich eines, das nicht gleich mit Versatzstücken aus über tausend Jahren einer wechselvollen Kulturgeschichte und mit Erfahrungen aus einem gesamten Erdteil hantieren muss. Die poetische Wucht jener klassischen Gesänge, in denen sich das christliche Europa wieder und wieder erkannte, quer durch die Jahrhunderte, provozierte dann jene trotzige Kunstbehauptung, was den Griechen die *Ilias* sei, bedeute den Deutschen das *Nibelungenlied*.

Ein paar Jahrzehnte trug die Begeisterung. Eine gesamte neue Wissenschaft, die Germanistik, traf sich darin. Die Figurinen jenes oberdeutschen Ministerialen oder Mönchs, dessen Namen wir nicht kennen, traten *al fresco* auf die Wände repräsentativer Gebäude. Das Jahrhundert, dem die höchste literarische Form, nach einer übrigens von Hegel gezüchteten Überzeugung, das Drama war, erbrachte gleich zwei Bühnenfassungen des Stoffs, die von Hebbel und die von Wagner, *opera magna* alle zwei und beide ausführlichste Spiegelungen des damaligen Zeitgeists.

3

Anzunehmen, dass es in der überquellenden Richard-Wagner-Sekundär-Literatur auch Untersuchungen gibt, die Hebbels und Wagners Nibelungen vergleichen. Ich kenne sie nicht. Sie müssten wohl, wenn sie redlich sind, ausbreiten, was ohnehin auf der Hand liegt.

Der Schiller-Schüler Hebbel versuchte nachzureichen, was dem mittelhochdeutschen Epos fehlte: Psychologie und dramaturgische Kausalität. Was herauskam, war eine jener monströsen Herausforderungen, denen sich die Kunst-Öffentlichkeit, hier das Theater, immer wieder stellt und immer wieder verweigert.

Richard Wagners *Ring* hat dieses Schicksal nicht teilen müssen. Obschon dramaturgisch noch ungleich sperriger als Hebbels *Nibelungen*, besitzt er einen Vorzug, der von Beginn an das Werk verlässlich beförderte: Es ist die Partitur, welche alle Ungereimtheiten und Bizarrerien der Textbücher nicht bloß einfach erträglich macht, sondern es werden, infolge der Partitur, jene Ungereimtheiten und Bizarrerien plötzlich wahrhaftig.

Die Kunstfehler von Wagners Libretto muss man nicht eigens ausbreiten, sie wurden alle irgendwann genannt. Die bis zur unfreiwilligen Komik reichende Sprache. Das plötzliche Verschwinden Wotans aus der Handlung. Haarsträubende Unglaubwürdigkeiten im Verhältnis zwischen Siegfried und Mime. Nein, Richard Wagner war, Joachim Kaiser zum Widerspruch, ganz gewiss kein großer dramatischer Schriftsteller.

Aber der *Ring* ist Musik-Drama, und also sind seine Plausibilitäten zunächst nicht psychologische, sondern kompositorische, und dass Wagners Musik in ihrem extremen Sensualismus dann auch psychologisch ausmessbare Räume aufreißt, wusste nicht erst Thomas Mann. Der Schöpfer erkannte es selbst.

Seine willfährige Gemeinde bestätigte es ihm durch höriges Gestammel. Tatsächlich beginnt Wotans Abschied bei Mozart und endet an der Kante von Sigmund Freuds Couch in der Berggasse 19.

Die Aufnahme der germanischen Götterwelt in die Oper schloss den Wormser Dom des *Nibelungenlieds* aus. Wagner war ziemlich gut beraten, dass er seinen Stoff vornehmlich aus der (gleichfalls von Simrock eingedeutschten) Edda bezog, und anders als in der mittelhochdeutschen Vorlage, anders auch als bei Hebbel, stürzt am Ende nicht irgendeine Halle am Hofe Etzels ein, sondern ein gesamtes Weltgebäude. Aber indem Wagner die Geschichte scheinbar zurückdrängt in vorgeschichtliche Bezirke, hat er sie zugleich ganz in sein Jahrhundert geholt. Denn die Triebkraft dieses Mythos ist das Geld, und zwei der Mystagogen, deren Botschaft wir vernehmen, heißen Bakunin und Schopenhauer. Sie waren romantische Talente, wie auch ihr Schüler Richard Wagner ein romantisches Talent war.

Dies impliziert zugleich: er war kein systematischer Denker. Die äußerste Formulierung romantischen Reflektierens ist, vorgegeben seit Novalis, der Aphorismus, und das geht dann so bis zu Nietzsche. Wagners Einsichten sind immer aphoristisch. Wenn er zu systematisieren anhebt, wird es peinlich. Er schwadroniert: großmäulig, unüberlegt, rechthaberisch und unmöglich.

Auch davon sind selbstverständlich Züge im *Ring*, momentane oder aphoristische, sie sind Kennzeichen unter vielen. Als Werk eines Lebens nimmt die Tetralogie teil an dessen Veränderungen und lagert sie ab, wie Sedimente. Der versuchten Konzentration des Stoffes aufs Vorgeschichtlich-Mythische begegnen, mit dem Resultat der Auflösung, der Dezentration, die vielen gegensätzlichen Überzeugungen, an denen Wagner irgendwann teilhatte.

Es sind alle beherrschenden Überzeugungen, alle wichtigen Kollektiv-Handlungen des 19. Jahrhunderts dabei: Revolution und Restauration, Menschenfreundlichkeit und Menschenverachtung, Kapitalismus, Perversion, Judenhass, Sündenbewusstsein, Untergangsvision und Heilserwartung. Dies macht auch, dass fast jegliche Gesinnung sich darin wiederfinden und bestätigen konnte und immer noch kann. Christentum, Atheismus, Faschismus à la Hitler und Marxismus à la Bloch. Voraussetzung bloß, dass man sensibel ist für Musik. Jedenfalls diese. Ein Erfolgsgeheimnis des *Ring* (wie Wagners überhaupt) besteht in der interpretatorischen Beliebigkeit. Jede Behauptung über Richard Wagner hat recht.

4

Dass der *Ring*, insgesamt wie in den Einzelheiten, wozu alle Brüche und alles Heterogene gehören, ein getreulicher Spiegel seines Entstehungsjahrhunderts sei, hat uns szenisch überzeugend erst die Aufführungspraxis der letzten Jahrzehnte dargetan. Das unmögliche Schauspiel der fetten Wagner-Sänger in Germanen-Brünnen, postiert vor gemalte Kulissen im Moritz-von-Schwind-Stil, hatte ein Ende: als szenische Totalität. Als Zitat blieb davon viel, da es natürlich dazugehört. Die maßgeblichen Inszenierungen von Herz und Chéreau (ihrerseits nicht denkbar ohne die vorhergehenden Entrümpelungen Wieland Wagners) zeigten im *Ring* das, was er war: eine riesenhafte Collage aller geistigen Materialien des 19. Jahrhunderts.

Das Resultat ist: Manierismo. Das neuere Wort dafür lautet Postmoderne. Übrigens hat dergleichen jetzt auch Hebbels *Nibelungen* ereilt. Das Stück kehrt auf die deutschen Bühnen zurück, als Anlass, die nationale Misere der Deutschen auf dem Theater zu beweinen, ästhetisch möglich durch ein heterogenes Nebeneinander der Inszenierungsmittel, das jedenfalls geeignet ist, die angestrengte literarische Geschlossenheit des Stücktextes aufzubrechen, und damit auch befähigt, ein Trauma rituell zu zerbröseln. Ohne die Erfahrungen mit dem *Ring* wäre dies alles kaum erfolgt. Ohne Richard Wagner hätten wir einen wichtigen Grund weniger, an Deutschland und seiner Geschichte zu leiden.

5

Während wir aber, sitzend in Bayreuth oder irgendeinem anderen großen Opernhaus dieser Welt, unseren von Vernichtungsängsten überschatteten Hedonismus im letzten Bild der Tetralogie erschauernd wiedererkennen, mag sich durchaus ereignen, dass anderswo jemand gerade damit befasst ist, den *Ring des Nibelungen* als reizende Fantasy-Geschichte zu begreifen.

Er mag sich darauf vorbereiten, von den Rheintöchtern, von Alberich, Loge, Mime und Fafner so zu erzählen, dass die in dem Stück enthaltene Grausamkeit auch bloß die in allen bekannten Märchen vorhandenen Grausamkeiten wiederholt, und wie die auf Heranwachsende nicht traumatisch, vielmehr kathartisch wirken, wissen wir durch Bruno Bettelheim.

Am Ende, mit dem letzten Orchesterton, wird dann ein von Tränen der Rührung benässter Jubel losbrechen, da man sich wieder eins fühlt mit der Kindheit, der eignen und jener der Menschheit.

Jede Behauptung über Richard Wagner, auch jene szenische, hat recht.

Ulrich Holbein

Ring und Licht – Wotan und Luzifer

Umrissvergrößerung ... Formatfragen ... Formatierungsfragen ... Großformate ... Riesenfomrate ... Überformate ... Die Zunge eines Blauwals wiegt so viel wie ein Elefant. Weltalle, Bioformen und Kunstgebilde drängen über sich hinaus, wachsen sich über den Kopf, falls sie einen haben, erweitern ihre Corpus-Volumina oder wenigstens ihr Revier, ehe es irgendwann dann mal heißt: »Bis hierhin und nicht weiter!«

Der Darm eines Blauwals ist 120 Meter lang; Dünndärme sind oft länger als Dickdärme; der *Ring des Nibelungen* geht bloß achtzehn Stunden, also bloß halb so lang wie Karlheinz Stockhausens Licht-Zyklus. Denn als Richard Wagners monumentales Kunstschaffen von uns ging, wurde es wiedergeboren als Stockhausens monumentales Kunstschaffen. Beide ließen sich's gutgehn mit vorhandenen Mythen. Wotan kämpfte als Haudegen mit seinem Speer, gefertigt aus Holz der Weltesche, als wärs Nothung, das neidliche Schwert, so germanisch wie möglich gegen das leidige Christentum, das die tönende Lichtsäule Stockhausen dann aber via Luzifer und Dr. Rudolf Steiner wiederum rückfällig rehabilitierte, ja rückzüchtete. Luzifer laborierte hierbei an gestutzten Flügeln, Wotan an Augenproblemen.

Mitten im neunzehnten Jahrhundert, also im Zeitalter der Aufrüstungen, Armstrong-Kanonen, transkontinentale Eisenbahnterminals, Stahlwerke, Onkels Tom's Hütte, kreiste der berühmteste Komponist weltenfern um vorindustrielle Kampfpraxis in unabgeholzten, ewig singenden Wäldern voll Waldweben und Vogelsprache, und statt um Dampfpflüge und Missisippi-Dampferwirtschaft um Märchengoldschätze im Rhein und mit Vibrato singende Nixen und Mannweiber, und statt um Kriegsinvalide um zwickende Zwerge ... weiche, Wotan, weiche!

Mitten im 20. Jhrdt., also in der Ära der Relation von Microsoft & Apple bzw. USA & Taliban, der UNICEF-Konzerte, Pol Pots Omnizid, Tschernobyl-Supergaus, Tarnkappenbomber, Falklandkriege, Mauerfälle, Hoffnungsträgern à la Gorbi, eisernen ladys, Welthits à la Thriller-Album von Michael Jackson, kreiste der renommierteste Avantgarde-Composer so weltabgewandt und rückwärtsgewandt wie vormals Wagner um Gut und Böse, als obs die gäbe, um die Relation von Schutzengeln und Schmutzbengeln namens Michael und Luzifer, so als könnten olle Kamellen und Hüte à la vertonte Erlösung die Menschheit weiterbringen.

Gegenwartsbezüge stellen sich nachträglich selten her, es sei denn, man wollte Brücken schlagen von damaliger Goldgier zu heutigem Millionenscheffeln, vom Wälsungenblut zu heutiger Pädaophilie, oder die Walküren mit Ghadaffis weiblicher Leibgarde vergleichen.

Der froschkalte Oswald Spengler hat das Rückfalldilemma bereits 1916, also zwölf Jahre vor Stockhausens Geburt, präzis vorausgesehn, rekapitulierend und vorausgreifend zu verhindern versucht, durch seinen Holzhammerspruch: »Der Materialismus ist flach und ehrlich; das Spielen mit Religion ist flach und unehrlich.«

Aufklärer wie Kant oder Adorno rotieren ohnedies in ihrer Gruft, angesichts des beweglichen Haltbarkeitsdatums der Produkte, die bei allen luziferischen Verjüngungspritzen arg totgeboren aus der Wäsche gucken können, Hauptsache erfolgreich.

Wagner & Stockhausen arbeiteten an ihren chef d'ouevres *Ring* & *Licht* von 1848 bis 1874 – Pinkelpausen abgerechnet – und dann wieder von 1977 bis 2003 – Fazit: *Der Ring des Nibelungen* zwang seinen Schöpfer, 26 Jahre reinzustecken, um das Opus schlüsselfertig hinzulegen; und Luzifers *Licht* zwang seinen Composer, gleichfalls 26 Jahre zu investieren, macht zusammen: 52 kostbare unersetzliche Lebensjahre. Wieviel dann Wagners Gesamtwerk sämtlichen Wagnerianern Lebenszeit gestohlen hat, wird keine musikologische Statistik punktgenau ausrechnen mögen; fest steht: die Kosten werden nie wieder eingespielt. Die Menschheit verschläft mit 7,4 Milliarden Köpfen pro Nacht genau 8 Millionen Jahre, aber vor 8 Millionen Jahren gab's noch gar keine Menschheit. Dagegen sind die zeitfressenden Mysterienspiele *Ring* und *Licht* mit ihren neunzehn mal neunundzwanzig Stunden Spieldauer, zusammen vierzig, ganz bescheidene, kaum ins Gewicht fallende Größenordnungen, mickrige Highlights und Prachtexemplare, bloß Heringe im Sammelbecken der Pottwale. Doch muss, um solche Schäuche und Zigfingerdärme mit neuem, nein: eher altem Wein zu füllen, Weißwein und Schwarzwein, mit Inhalt, Ballaststoffen und gelegentlichen Rosinen, zu Stoff gegriffen werden, damit die Peristaltik sich ein wenig von tönendem Leerlauf und kosmischem Vakuum abhebt, und was böte sich da anderes an als Privatreligion und Privatmythologie, zumal sowieso nur solche sich auf diesem Planeten vorfindet.

So oder so, hier wie da: Die Raumverdrängung hochkulturschaffender Welt erscheint enorm, das Kunstwollen der Menschheit riesig. Unbescheidenheit greift und grabscht unstillbar um sich. *Ring* & *Licht* entragen numinos der universalen Kreativität, auch wo diese sich nicht nur auf Seminare angstfreien Töpferns auf Ibiza beschränkt. Alles klimpert, kritzelt, vertont, dudelt, knipst, filmt, laicht unsagbar fleißig und höchst innovativ in ihren Nekrotopen so für sich hin, in ihren Betonwüsten, nein: in ihren Kulturoasen, und man kann den ganzen Künstlers doch nicht einfach so den Stecker rausziehn.

Wotan und Luzifer übernehmen zweihundert Jahre nach dem religiösen Sommerschlussverkauf im Zeichen ihrer Subventionskultur auf Abruf den unlösbaren Part, der zentraleuropäischen Alterspyramide eine ausreichende Zahl von Eintrittskarten abzulocken. Durchschnittsalter: vierundsiebzig – stets links und rechts neben den sitting ovations schnarchenden Publikums: Sanitäter bei Fuß. Im Stress ergraute, refraktäre Lemuren-Physiognomien sitzen immerhin noch da, ihrer musischen Ehehälfte zuliebe, siehe Zahnarztgattinnenlyrik, und mögen im Adagio cantabile ma non troppo sostenuto ahnen, ja, fühlen, was ihnen an blutender Seele zeitlebens fast hundertprozentig so richtig fehlte. Amputierter Tränendrüse will hinterhergeweint werden. Ihr Blick ist vom Vorübergehn der Kontoauszüge so trüb geworden, dass sie nichts mehr vom Barhocker reißt – Bullen vorm Harfenspiel -- ohne Säue keine Perlen. Sobald die Greisenschwemme abebbt, wird's apokalyptisch, ja ahrimanisch und luziferisch. Tröstlicher Ausblick – nur 0,9 Prozent der pensionierten Oldies neigen jenseits der Siebzig aktiv Heavy Metal zu, kurz und ungut: Ur-Fossilien und Ur-Senioren wie Wotan und Luzifer bewegen sich vom Gut-Böse-Hell-Dunkel-Schema her auf Harry-Potter-Ebene, hängen aber statt an der affenjungen Zielgruppe der SMS-, Facebook-und Porntube-Jugend genau umgekehrt am ausverkauften Haus von Methusalems segensreichem Renterberg. Schüler- und Studentenkonzerte bleiben noch menschenleerer als Autobahnkirchen. Sobald das Gnadenbrot fortgefuttert wurde, das der heiligste Monte Verità oder Festspielhügel dieser armen Welt, eben der vielgeschmähte Rentnerberg, just noch gewährt, stehn Mozart, Mahler, Wagner total unbehaust und ungespielt auf der Straße, als Leiermänner, deren Teller immer leer bleibt.

Hegels schlechte Unendlichkeit dreht noch ein Weilchen Däumchen. Neben der Halberstädter Uraufführung eines Orgelstückes von John Cage verzwergen Wotan und Luzifer ohnedies zu Kleinstlebewesen wie das kleinste Lebewesen, ein Bakterium namens Archael Richmond Mine adidophilic nanoorganism neben dem erwähnten Pott- oder Blauwal, der acht Zehnerprotenzen größer wird als dieses Kleinzeug. Das C von Cage erklingt jetzt noch 34 Jahre bis zum 5. 10. 2037, falls nichts dazwischenkommt, und der Ton »des« noch sechzig Jahre bis zum 5. 3. 2071, also wenn heut Neugeborene in Rente gehen, falls wirklich nichts dazwischenkommt – see you later. Denn auch Cages Dauertöne halten nicht lange durch in Relation dazu, dass die Erde noch volle 4,5 Milliarden Jahre wie doof um die Sonne eiern muss. Dagegen währt John Cage nur eine Nanosekunde und die Menschheit nur ein Wimpernschlag in der gähnenden Geomasse – see you later, fragt sich nur: wann und wo und um wieviel Uhr?

Wolfgang Schlüter

Endlich: Der *Ring* auf Originalinstrumenten!

Richard Wagner, *Der Ring des Nibelungen*. Terence Maxwell-Davies (Siegfried), Andrew Potter (Brünnhilde), Charles Bretwork (Fanfer), Desmond Tutley (Wotan), Paul Esswood (Loge) und andere – The Antique Consort & Chappel, Ltg. David Hockiggs, DMI 4 CD 866538-2 (WD: 287'16") DDD 2012, Polysound Distribution.

Eine empfindliche Repertoirelücke wird hier geschlossen: Wer Wagner nur als teutonisches Schwergewicht kannte, wird aufhorchen, wenn der helle Strahl der Aufklärung in Nibelheims Nacht fällt. Zunächst mag es zwar befremden, dass die Neuaufnahme der Nibelungen-Tetralogie in nur vier Stunden und 47 Minuten abschnurrt und damit ihre Konkurrenz (Solti, Böhm, Furtwängler und andere) um Längen schlägt. Da aber Hockiggs den Klang immer schlank und transparent hält, und weil zugleich so flüssig und windschnittig, mit stromlinienförmiger Eleganz, nachgerade tänzelnd, um nicht zu sagen rokokoesk musiziert wird, werden die Vorzüge dieser Neueinspielung sofort evident. Wagner aus dem Geist Boismortiers. *Die Nibelungen* als Schicksalsdrama? Nein – als Komödie, feinsinnig und mit duftigem Schmelz!

Flott musiziert wird im alten Kammerton A = 389 Hz, wie er am Hofe des Fürsten zu Schrottenstein, dem Wagner 1832–36 als Kapellmeister diente, in Gebrauch war, und auf windschiefen Instrumenten der Wagnerzeit beziehungsweise auf deren authentischen Kopien aus dem Germanischen Nationalmuseum Nürnberg. Also aus ventillosen Wagnertuben mit enger Mensur und Holzstöpseln, 1871 in Leipzig von Adolf Eichentopf handgebastelt und missgestimmt. Und die Sänger? Zugegeben, zunächst irritiert es beträchtlich, in den Rollen der Sieglinde oder Gutrune Countertenöre vom All Souls College Choir (Oxford) zu hören. Gendermäßig verblüfft diese irgendwie kastrative, anti-erotische Neutralisierung der Rollen durchaus. Man fühlt sich an die Liebe junger englischer Männer zur Travestie erinnert, zum College-Jux und Internats-Unfug in Frauen- (gern auch Nazi-) Verkleidung. Indes beruht Hockiggs' Entscheidung auf minuziösen Recherchen des britischen Musikologen Sir Edward Perrock, der herausfand, dass Wagner in seinem berühmten Brief an Hermann Levi vom 1. 6. 1868 mit »jungen Stimmen«, korrekt übersetzt, nichts anderes als »boy voices« gemeint haben konnte. So ist es denn nur folgerichtig, wenn die Männerrollen im *Ring*, um drei Oktaven hinauf transponiert, mit Knabenstimmen aus der Royal Chapel of Windsor besetzt wurden, die ja auch viel besser mit den Wagnertuben verschmelzen, als es die Erwachsenen-Kolosse von der Konkurrenz vermögen. Was Tonschönheit, Klangreinheit und Intonationssicherheit betrifft, ist etwa Mark Arkenside, dessen ätherisch-seraphischer Palestrina-Gesang uns noch in bester Erinnerung ist, in der Rolle des Hagen seinen Kollegen, die nur zu oft in den Tiefen ihres Basses verröcheln, turmhoch überlegen. Und der kleine Will Thornbridge zwitschert das raunende »An Nibelheims Nacht, nagest du, Nothung, nun« der Erdmutti Erda wirklich ganz allerliebst. Allenfalls für den Part der Sieghilde möchten wir denn doch die historische Emmy Lempel im Live-Mitschnitt des *Ringes* unter Ewald von Krachleitner (Bayreuth 1903) der fidelen Tunte James Birthwhistle vorziehen. Die Sieghilde ist schließlich keine lustige Witwe.

Aufnahmetechnisch steht alles zum Besten: angenehm plusterig versäuseltes Klangbild. Erstaunlich, dass es Aufnahmeleiter Derek Higginbottom gelungen ist, einen Baiser- beziehungsweise Windbeutelsound auf die Scheiben zu zaubern, der bestimmt niemanden stört. Präsentation: geschmackvolle Schachtel aus verkratztem Klarsichtplastik mit dreiseitigem Booklet. Gesondertes Lob verdient Heidi Schmidts deutsche Übersetzung des Werkkommentars von Sir Perrock: »Die Dominierseptime in der zweifachen Tonschlanke haben klangende Hochtönc übcr.« Druckreifer kann man es nicht formulieren. In summa: Eine neue Referenzeinspielung. Ein Muss für alle Freunde Händels, Telemanns und Sammartinis.

Andrea Grafetstätter

Komischer Heldentod

Siegfried oder die sterbende Trappgans

Die ergreifende Szene ist hinreichend bekannt: Der gutgläubige, ahnungslose Superheld Siegfried beugt sich über eine Quelle, um zu trinken, Hagen erspeert ihn von hinten durch seine verwundbare Stelle. Man fühlt sich an Wilderer in Afrika erinnert, die ihren Opfern bei der Wasserstelle nachstellen. Nach dem tödlichen Stich beginnt die lange Agonie des Helden. Er braucht so lange zum Sterben im *Nibelungenlied*, dass es schon komisch wirkt; vor allem redet er im Todeskampf ohne Unterlass, sein Mitteilungsbedürfnis ist in der Todesstunde so hoch wie nie zuvor: Über viele Strophen hinweg schreit er Zeter über seine Mörder, bedauert seine Frau und seinen Sohn, die mit einer solchen Mörderbrut verwandt sind, bedauert sich selbst, dass er trotz seiner Hilfsbereitschaft so schnöde verraten wurde, et cetera. Dazu färbt er die Blümlein mit seinem roten Blut. Die Grenzen zwischen Heroik, Tragik und Komik sind hier im Text fließend, was sich auch von Anfang an in der Ikonographie seines Todes widerspiegelt.

Dies zeigt das erste bebilderten Dokument des *Nibelungenliedes*, die Hundeshagensche Papierhandschrift (um 1435 im Gebiet der schwäbisch-bairischen Sprachgrenze entstanden), sehr deutlich werfen wir einen Blick auf die Abbildung von Siegfrieds Tod.

Im Hintergrund dieses Bildes ist die berittene Jagdgesellschaft zu sehen; Hunde jagen Hirsch und Wildschwein, im Gebüsch ist wohl ein Bär erkennbar. Siegfried ist mitten unter Schweinen und anderem Wildtieren dargestellt, die ihn flankieren. Durch das Baden im Drachenblut hat er selbst tierische Qualitäten angenommen, daher trinkt er, auch wie ein Hirsch, mit seinem Mund aus dem Fluss. Ein lässig abgeschossener Pfeil bringt ihm den Tod: Siegfried wird nicht mit einem Wurfspeer, sondern mit einem Pfeil ermordet, was mit dem Bogen korrespondiert, den der Mörder in Händen hält. Am Kopf dieser Figur wurde äußerst pietätlos von späterer Hand (von einer Person, die sich in die Handschrift als ›e v first‹ eingetragen hat) der Bart und der Federbusch auf dem Helm eingezeichnet, wie man es heute noch von Kindern kennt, die zum

Abb. 1 Siegfrieds Tod, Hundeshagenscher Codex (Staatsbibliothek Preußischer Kulturbesitz Berlin)

Beispiel Rotkäppchens Großmutter mit Bart ausstatten. Die Einzeichnungen im Hundeshagenschen Codex an dieser und anderer Stelle spiegelt schon früh den freizügig-respektlosen Umgang mit dem Helden und seinem Mörder, der hier eventuell Gunter sein soll. Die Darstellung von Siegfrieds Händen ist wenig überzeugend geraten, dafür aber sind seine Füße umso gelungener ausgearbeitet. Praktischerweise hat er durch das Entledigen seiner Kleider gleich sein Totenhemd an.

Auch in der Wiener Piaristenhandschrift (um 1480/90) ist Siegfried wieder im schicken Schießer-Feinripp-Hemdchen abgebildet, und erneut sind seine Füße auffällig ausgestaltet. Eine letzte Kniebeuge gewährt ihm der Tod in Form von blondgelockten pausbäckigen Todesengeln. Der Betrachter erhascht hier einen Blick auf gleich vier wohlgeformte Männerbeine, denn alle vier Personen sind nur mit einem kurzen Hemd bekleidet, das die Beine bis zu den Oberschenkeln freilässt. Wie von Miniaturen der großen Heidelberger Liederhandschrift gewohnt, besteht eine Kluft bei der Darstellung der Bewegungsabläufe, da die Bewegungen aneinander vorbeizulaufen scheinen. So stehen die drei Gestalten

Abb. 2 Siegfrieds Tod, Wiener Piaristenhandschrift (Wien, Österreichische Staatsbibliothek)

seltsam getrennt oberhalb von Siegfried, und nichts in Mimik oder Gestik deutet auf die Ermordung Siegfrieds hin. Nur aus dem Zusammenhang lassen sich die Personen identifizieren; So unterscheidet sich Hagen als Mörder Siegfrieds durch nichts von der in der Mitte befindlichen Person, die allerdings ihren Blick abwendet und damit eine Nichtbeteiligung ausdrücken könnte. Alle Gestalten sind – wie in der Hundeshagenschen Handschrift – barfuß gezeichnet. Siegfried kniet am Boden, den geöffneten Mund noch über der eingefassten Quelle, als ihn die Gerstange Hagens in den Rücken trifft. Auch hier erhält Siegfried die Qualität eines Tieres, das man mit Speeren jagt und ersticht. Man hat bei den Bildern der Wiener Piaristenhandschrift einen Zusammenhang mit Bildtafeln des Bänkelsangs erwogen, und in der Tat kann man sich beim Betrachten des Bildes gut die Zähne des Haifisches vorstellen, quasi als »Moritat, wie Siegfried das Zeitliche gesegnet hat«.

In der neuzeitlichen Ikonographie akzentuiert man die erotische Komponente des sterbenden Heldenkörpers, indem man ihm hier gar sein Hemdchen ganz auszieht, so bei Johann Heinrich Füssli (1741–1825). Die Darstellung Siegfrieds in

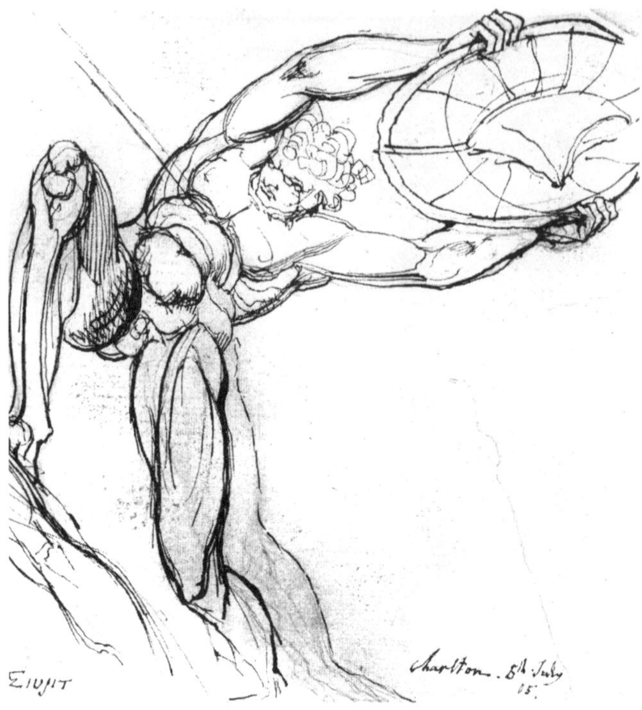

Abb. 3 Johann Heinrich Füssli: Von Hagens Speer durchbohrt, schleudert Siegfried den Schild auf ihn (Feder in Sepia auf Papier, Kunsthaus Zürich)

Füsslis Illustrationen unterliegt der Vorstellung des Künstlers vom Xantischen Königssohn; er sei »ein bessrer Achilleus.« Hier wirbelt Siegfried entsprechend nackt, in grauer Lavierung auf leichter Bleistiftvorzeichnung mit Sturmfrisur seinen Schild seinem Mörder Hagen entgegen. Die Ähnlichkeiten in Gestik, Mimik und Athletik zu Captain America sind frappierend! Bud Spencer in Hochform, zwei Fäuste und ein Halleluja, leider mit tödlichem Ende und diesmal nichts für Fußfetischisten.

Doch man besinnt sich in der Siegfried-Ikonographie bald wieder auf die dem Helden zustehende Pietät und kleidet Siegfried nicht nur mit Kleidern, sondern auch mit Tieren an, so bei Peter Cornelius (1783–1867): Ein Hund übernimmt hier die Funktion des ausgelagerten Willlens, wenn der Körper versagt. Im Bild von Siegfrieds *Abschied von Kriemhild* will Siegfried Kuschelstunden mit Kriemhild, die sein Kinn verheißungsvoll krault, aber der Hund zerrt ihn weg zur tödlichen Jagd, wie das Bild rechts zeigt; hier hat man offensichtlich kein großes Zutrauen in Hagens Trefferquote, weshalb er Siegfried beim Schuss recht nahe auf die Pelle rückt. Auch in diesem Bild wird übrigens Wert auf die

Abb. 4 Peter Cornelius: Siegfrieds Abschied von Kriemhild (Öl auf Eichenholz, Wallraf-Richartz-Museum Köln)

Ausgestaltung der Füße des Helden gelegt; die Darstellung links zeigt das Bein in eleganter Schnürung.

In einem weiteren Bild von Cornelius wird nicht der noch lebende, an der Quelle trinkende oder der bereits tote Held gezeigt, sondern Siegfrieds letztes Aufbäumen im Todeskampf. Der arme todwunde Siegfried, aus dessen Brust die Pfeilspitze ragt (es handelt sich wohl wie bei der Hundeshagenschen Bebilderung des Geschehens um einen Pfeil, wie die Armbrust in Hagens Hand nahelegt) und aus der sich ein theatralischer Blutstrom ergießt, hat seinen Schild heldentypisch mit grimmiger Gebärde gegen Hagen erhoben. Am Boden liegt eine kleine Trinkschale, die Siegfried wohl zum Schöpfen des Quellwassers benutzt hatte; der Held trinkt nicht aus der Flasche, sondern benutzt ein Glas! Auch hier ist Siegfried wie im *Nibelungenlied* mit üppiger Flora umgeben; auffällig ist der Detailreichtum, mit der die an der Quelle wachsenden Pflanzen gezeichnet sind. Siegfried wirkt einerseits gedrungen (vgl. die mächtigen Gliedmaßen), andererseits wird er in heroischer Größe dargestellt. Der Hund Siegfrieds als Inbegriff der Treue hetzt dem fliehenden Hagen bellend nach,

Abb. 5 Peter Cornelius: Siegfrieds Tod (Kupferstich von J. H. Lips)

er attackiert den davoneilenden Mörder, da Siegfrieds Wirbeltechnik offenbar versagt. Auch hier zeigt das Schuhwerk eine auffällige Schnürung, die den Blick auf das wohlgeformte Männerbein lenkt.

Als komisch-tragischer Jesus tritt Siegfried dann bei Karl Philipp Fohr auf (1795–1818). Ein Triptychon befasst sich mit dem Nibelungenstoff, Ganz links wird Siegfrieds Tod dargestellt. Im Vordergrund ist Siegfried zu sehen. Er kniet nicht an der Quelle, sondern steht davor, den Körper auf ein abgewinkeltes Bein gestützt, das auf einem Stein steht. Das arme kleine Lämmchen trinkt aus der hohlen Hand, wobei die Quelle hier bequemerweise in Kniehöhe sprudelt. Im Hintergrund sind mehrere Personen zu sehen, darunter erkennbar ein König (also Gunther). Von diesen Personen abgesondert steht links im Bild Hagen mit einsatzbereiter Waffe. Wie bei Cornelius handelt es sich um eine Armbrust. Man erwartet förmlich den tödlichen Dart-Treffer ins aufgenähte Kreuz.

Picknick im Grünen mit Todesfolge wird dann bei Julius Schnorr von Carolsfeld (1794–1872) präsentiert. *Nomen est omen*, 1825 erfolgte seine Berufung durch Kronprinz Ludwig nach München zur Ausführung von Nibelungenfres-

Abb. 6

Carl Philipp Fohr: Siegfrieds Tod (Ausschnitt aus einem Entwurf für ein Triptychon; Bleistift auf gerippten Bütten)

ken im West-Trakt der neuen königlichen Residenz in München. Das Werk umfasst fünf Räume: Schnorr teilte das *Nibelungenlied* in fünf Akte und füllte mit je einem Thema einen der großen Säle: Hochzeit, Verrat und Rache.

Bei Schnorr geht es gesittet zu, der hübsch frisierte Siegfried trinkt aus einem Trinkhorn und ist adrett-körperbetont bekleidet. Dazu lehnt er mit der linken Hand an eine Linde – eigentlich der typische Baum für ein Stelldichein, wie schon Walther von der Vogelweide wusste. Um die weiße Hose nicht zu beschmutzen, kniet er auf seinem Umhang; ein reinlicher Held! Nur schade wegen des vielen Blutes später. Einige Schritte hinter Siegfried steht Hagen mit wurfbereitem Speer. Seine Physiognomie ist durch ein grimmiges Gesicht mit blitzendem Auge und Räuberbart gekennzeichnet. Auffällig ist auch hier der Detailreichtum, mit dem die umgebende Natur dargestellt wird; Heldentum und üppige Vegetation scheinen assoziativ gekoppelt, vielleicht ausgelöst durch

Abb. 7 Julius Schnorr von Carolsfeld: Hagen ermordet Siegfried (Aquarell über Rötel, 1845. Bayerische Verwaltung der staatlichen Schlösser, Gärten und Seen, München)

die Vorstellung des Blutes, mit dem der Held im *Nibelungenlied* die Blumen gießt. Hier trägt Siegfried ansprechende Stiefeletten aus weichem Wildleder.

Es zeigt sich hier und andernorts: Nur ein toter Held ist ein guter Held! Er muss freilich einen überzeugenden Heldentod sterben, der bei Überzeichnung allerdings komisch wirkt; der Held mutiert dann zur Karikatur. Vielleicht wäre das ohnehin der beste Umgang mit solchen Überhelden.

Bildnachweise

Abb. 1: Siegfrieds Tod, Hundeshagenscher Codex. Aus: *Das Nibelungenlied* in spätmittelalterlichen Illustrationen. Die 37 Bildseiten des Hundeshagenschen Codex . MS Germ. Fol. 855 der Staatsbibliothek Preußischer Kulturbesitz Berlin. Faksimileausgabe in zweiter Auflage hg. von Hans Hornung und Günther Schweikle. Farbaufnahmen von Edmund Theil. Bozen 1983.

Abb. 2: Siegfrieds Tod, Wiener Piaristenhandschrift. Aus: Kastner, Jörg: *Das Nibelungenlied* in den Augen der Künstler vom Mittelalter bis zur Gegenwart. Ausstellung in der Staatlichen Bibliothek Passau vom 2.5.1986 bis 12.6.1986. Passau 1986, S. 8.

Abb. 3: Johann Heinrich Füssli: Von Hagens Speer durchbohrt, schleudert Siegfried den Schild auf ihn. Aus: Johann Heinrich Füssli: ›Sivrit, ein beßrer Achilleus‹. Mit einem Text von Gert Schiff. In: Die Nibelungen. Bilder von Liebe, Verrat und Untergang. Katalog der Ausstellung in München, Haus der Kunst, München, 5. Dezember 1987 bis 14. Februar 1988. Hg. von Wolfgang Storch. München 1987 (Kunst bei Prestel), S. 131 und S. 133.

Abb. 4: Peter Cornelius: Siegfrieds Abschied von Kriemhild. Aus: Die Nibelungen. Bilder von Liebe, Verrat und Untergang. Katalog der Ausstellung in München, Haus der Kunst, München, 5. Dezember 1987 bis 14. Februar 1988. Hg. von Wolfgang Storch. München 1987 (Kunst bei Prestel), S. 147.

Abb. 5: Peter Cornelius: Siegfrieds Tod (Kupferstich von J. H. Lips). Aus: Frank Büttner: Fresken und Freskenprojekte. Bd. 1. Wiesbaden 1980, Tafel XXII, Abb. 43.

Abb. 6: Carl Philipp Fohr: Siegfrieds Tod (Ausschnitt aus einem Entwurf für ein Triptychon). Aus: Carl Philipp Fohr. 1795–1818. Städelsches Kunstinstitut Frankfurt. Frankfurt/M. 1968, T 68 und T 69.

Abb. 7: Julius Schnorr von Carolsfeld: Hagen ermordet Siegfried. Aus: Die Nibelungen. Bilder von Liebe, Verrat und Untergang. Katalog der Ausstellung in München, Haus der Kunst, München, 5. Dezember 1987 bis 14. Februar 1988. Hg. von Wolfgang Storch. München 1987 (Kunst bei Prestel), S. 155.

Jan Drees

sam zwei wildiu pantel sie liefen durch den klê

Barbarischer Sport und höfische Wettkämpfe im Spiegel unserer Zeit

Was an der *Nibelunge nôt* geht als sportliche Betätigung durch? Kann man von einem Sportmärchen sprechen, wo Muskeln im Glanz erstrahlen? Der Text, irgendwann zwischen 1190 und 1205 entstanden, ist von den letzten Olympischen Spielen der Antike rund 800, von den ersten Olympischen Spielen der Neuzeit rund 700 Jahre entfernt. Nicht jeder Ritt durch den Wald kann daher mit den Reiterwettbewerben im antiken Hippodrom, keinesfalls alle Rennen mit Usain Bolts 100-Meter-Sprints abgeglichen werden. Was im *Nibelungenlied* an heutige Sportarten erinnert, ist durch Deutungen und Umdeutungen überdeckt, sodass es zunächst nicht offensichtlich erscheint, verschiedene Disziplinen zu isolieren, die vom Ritterspiel zur Trimm-dich- und Body-Building-Bewegung, vom Minnedienst zu den Spielerfrauen führen.

Der Drachentöter Siegfried ist ein Recke *par excellence*, von dem seit seiner Jugend die wunderbarsten, vor allem körperliche Taten berichtet werden. Er ist mit *ellenthaftem muot* ausgestattet, kampfgewandt und eloquent. Am Wormser Hof gibt Siegfried das Großmaul und reizt König Gunther im harschen Ton:

> Ich bin ouch ein recke und solde krône tragen. [...]
> Nu ir sît sô küene, als mir ist geseit,
> sone ruoch ich, ist daz iemen líep oder leit:
> ich wil an iu ertwingen, swaz ir muget hân:
> lant unde bürge, daz sol mir werden undertân.
>
> (Ich bin auch ein Krieger und hätte schon die Krone tragen sollen [...] Da ihr so tapfer seid, wie mir gesagt worden ist, so habe ich die Absicht, Euch, ganz gleich, ob es jemandem gefällt oder jemanden stört, alles abzuzwingen, was Ihr besitzt. Euer Land und Eure Burgen sollen mir untertan sein.)

Es ist eine Kampfansage, die mehr nach Muhammad Ali als nach *pugil doctus* Wladimir Klitschko klingt, denn während Muhammad Ali einst in bester Rappermanie rüpelte – »I done wrestled with an alligator, done tussled with a whale / I handcuffed lighting ... thrown thunder in jail / yesterday I murdered a rock, injured a stone, hospitalized a brick / I'm so mean ... I make medicine sick« – reichte es Klitschko, vor seinem WM-Kampf gegen den französischen

Boxer Mormec zu beteuern, er werde »alles in die Wege leiten, um dich, lieber Jean-Marc, auszuknocken.«

Ein Kampf aber, wie ihn Siegfried fordert, wird nicht stattfinden – in einem schnöden Wettlauf mit (und nicht *gegen* Hagen) zur Quelle im Wald wird er unterliegen. Helden werden grundsätzlich aus dem Hinterhalt ermordet, mit Dolch- oder Degenstößen, hier ist es eine Lanze, die Hagen in jene Stelle des Schulterblattes treibt, auf die einst das Lindenblatt fiel, als Siegfried nach dem Knock-Out in Drachenblut badete. Heute gibt es allenfalls Champagnerduschen aus gesponserten Mumm Cordon Rouge-Flaschen und die Boxer rüsten sich mit einem Tiefenschutz, Ballspieler mit Schienbeinschonern aus.

Das Rennen selbst gewann Siegfried, vielleicht, weil er sich gegen ein störendes Suspensorium entschieden hat, der Held des *Nibelungenliedes* ging überraschend sorglos mit seiner Schwachstelle um. Der edle Siegfried wartete an besagter Quelle auch noch höflich auf Hagen, ganz anders als etwa der spätere 800-Meter-Weltrekordhalter Sebastian Coe, der seine läuferische Überlegenheit als Teenager demonstrierte, indem er als Führender kurz vorm Ziel stoppte, bis seine Konkurrenten endlich nahten, um erst dann über die Linie zu treten, selbstverständlich als Erster – wofür er von seinem Trainer und Vater Peter N. Coe zwei Ohrfeigen kassierte. Der Recke aus dem *Nibelungenlied* bezahlte sein Höflichkeit mit dem Leben, der weniger edle Mittelstreckenathlet aus Chiswick gehört dagegen seit 2000 als »Peer auf Lebenszeit« dem House of Lords an, einen Gentleman nennt man ihn jetzt, sogar die Olympischen Spiele hat er als Komiteevorsitzender nach London geholt.

Bemerkenswerter Weise wird der Sportler Siegfried als reiner Tor inszeniert, dem *ellenthafter muot* und freche Worte in keiner Weise nützen, sobald der intrigante Hagen das Hirn einschaltet. Vielleicht gehört es ja seit jener Zeit zum Topos intellektueller Sportbetrachtungen, körperlich Tüchtigen ein Dummsein zu unterstellen. Erst jüngst hat der Philosoph Gunter Gebauer in einem *F.A.Z.*-Interview darauf hingewiesen, dass Spitzensport und Studium inzwischen unvereinbar geworden sind: »Sportler sehen mit zwanzig Jahren, dass sie die doppelte Belastung nicht schaffen werden und entscheiden sich mittelfristig eher für ein Studium und eine Berufskarriere. [...] Der ehemalige Spitzensportler, der als 35-Jähriger nur noch rumhockt und die nächsten vierzig Jahre von seiner Vergangenheit erzählt, ist eigentlich ein sozialer Krüppel.«

Die Ermordung Siegfrieds ist mithin eine Niederlage des Körpers über den Geist, wodurch Juvenals *mens sana in corpore sano* um eine hellsichtige Interpretationsvariante erweitert wird.

Nichtsdestotrotz delektierte sich die edle Gesellschaft am Hof mittels zahlreicher Turniere, bei denen erstaunlich viel geritten wurde. Übrigens galten die

Deutschen als überaus schlechte Reiter und sollen von den wiederum sehr gut reitenden Franzosen während des Zweiten Kreuzzuges Mitte des 12. Jahrhunderts eben deshalb verspottet worden sein. Mit einem Pferd, das keine Reiter abzuwerfen wagt, sondern lederbezogen und stumm rumsteht, hat später dann Friedrich Ludwig Jahn das harmlosere Turnen später vom *turnei* des Mittelalters hergeleitet.

Die Turniere im *Nibelungenlied* erinnern an heutige Sportveranstaltungen, Wehrübung, Minnedienst und Spektakel sind der SKY-Gegenwart nicht unähnlich, wo Sportsoldaten, Spielerfrauen, Red-Bull-Events den Ertüchtigungskosmos auf mannigfaltige Weise beleben.

Doch schon Anfang der siebziger Jahre verwies Erwin Niedermann auf Parallelen zur Gegenwart: »Nach mittelalterlicher Sitte geht mithin dem sportlichen Wettkampf des Turniers ein festliches Zeremoniell voraus, wie wir es nach antikem Vorbild heute noch finden. Baron de Coubertin erfand jenen festlichen Einzug in das Stadion der modernen Olympischen Spiele, der auch bei größeren und kleineren Sportwettkämpfen zur Gepflogenheit wurde. Nach der festlichen Sammlung sind aber die sportlichen Kämpfer kaum mehr im maßvollen Rahmen der höfischen Gesellschaft zu halten. Endlich kommt der sportliche Wettkampf, zu Ehren! Alles läuft zu den Pferden (man denke hier an die ›laufenden‹ Rennfahrer bei modernen Autorennen) und beginnt mit dem Turnier.« (*Sport als Motiv im Nibelungenlied,* 1972)

Im *Nibelungenlied* wird immer wieder von *vil manigen bûhurt* berichtet. Man schont sich nicht, denn der:

bûhurt wart sô herte [...]
vil schilde hôrt' man hellen [...]
die schefte liezen vliegen mit trunzûnen dan
hôhe über die schilde von guoter ritter hant!
von den tiuschen gesten wart dürkel manic schildes rant.

(Wie ritterlich ließen die Gefolgsmänner Dietrichs die Speere mit ihren Splittern hoch über die Schilde fliegen, geschossen von der Hand vorzüglicher Ritter! Von den deutschen Gästen wurden viele Schilde durchsiebt.)

Es gab den Zweikampf in der *tjost* (wo das aus Ritterfilmen allbekannte Lanzenstechen stattfand), aber auch die Massenkämpfe, ausgefochten als *bûhurt*; wo zwei Mannschaften gegeneinander antraten. Dass solches zu jener Zeit stets eine gefährliche Sache war, gleichgültig, ob mit Schwertern oder um einen Ball gekämpft wurde, beschreibt Wolfgang Behringer in seiner Kulturgeschichte des Sports: »Eine um 1200 entstandene Chronik berichtet von einer Fußballschlacht zwischen zwei Dörfern in Flandern Anfang des 11. Jahrhunderts auf einer breiten und ebenen Wiese. Wie die Steinschlachten dauerte der mittelalterliche Fußball von morgens bis zum Einbruch der Dunkelheit. Weder war die Anzahl der Teilnehmer begrenzt, noch gab es große Beschränkungen beim Körpereinsatz – nur Mord und Totschlag waren verboten.«

Im *Nibelungenlied* sind diese Turniere jedoch zumeist Ausdruck unbändiger Lebensfreude. Die Frauen schauen angeregt zu, wenn Ritter zum Schwerte greifen – auch Kriemhild wird Siegfried zuerst in einer Trainingsepisode erblicken. Am Hofe Etzels, kurz vor dem Untergang der Nibelungen, ist aber das Spielerische fort: Dietrich untersagt den Burgunden die Teilnahme am *bûhurt*, um jeglichem Kampfgeschehen aus dem Wege zu gehen. Es wird ihm wenig nützen – was als sportlicher Wettkampf begann, endet im Apokalyptischen.

Normalerweise ging es bei ritterlichen Turnieren fair zur Sache, wenn beispielsweise ein Kämpfender stürzte, so wartete man höflich, bis er sich gefangen hatte. Beim entscheidenden Minne-Kampf um Brünhild aber nutzen beide Parteien Hilfsmittel: Jungfräulichkeit garantiert die Übermacht der schönen Brünhild gegenüber allen Männern der bekannten Welt, Gunther hat als Kampfgefährten Siegfried verpflichtet, dessen Tarnkappe die Kraft von zwölf Männern sichert und zugleich den Betrug verdeckt. Eine Art »mystisches Doping« also, das das künftige Unglück nicht nur jener frühen Sünder heraufbeschwört.

Man denke nur an den für Bayer angetretenen Uwe Beyer, der an den Folgen seines massiven Anabolikakonsums gestorben war, auch andere Athleten leben wenige Jahre nach Karriereende nicht mehr, Goldmedaillen werden nahezu wöchentlich retourniert, Bankrotte vermeldet.

Vergessene Recken, nur die Vermeldung ihres frühen Todes weckt Erinnerungen an einstige Heldentaten. So gelten weiterhin die letzten Verse aus Dietrich von Berns abschließender Nibelungen-Klage:

Ine kán iu niht bescheiden, waz sider dâ geschah:
wan ritter unde vrouwen weinen man dâ sach,
dar zuo die edelen knehte ir lieben friunde tôt.
hie hât daz mære ein ende: daz ist der Nibelunge nôt.

(Ich kann euch nicht berichten, was später noch geschehen ist, nur, dass man Ritter, Damen und auch die edlen Knappen den Tod ihrer lieben Freude beweinen sah. Hier hat die Geschichte ein Ende. Das ist ›Der Nibelungen Not‹.)

fitzgerald kusz

siechfried

wennsd im bloud
vo emm drachn baddsd
daßd unväwundboä wersd
moußd dou dämiid rechnä
dass vonerm bamm (es mou
ned unbedingd ä lindn saa)
ä bladd rundäfälld
des genau zwischä dei zwaa
schuldäbläddä hängäbleibd:
mach wos dägeeng!

Franz Hodjak

Kontaktanzeige

Suche gepflegte, halbwegs
gebildete Dame. Leidenschaftliche
Raucherin. Kein Alkohol. Mit
mindestens siebzehn
Enkeln. Am besten Astronautin
in Rente. Riesenarsch. Brunhilde
mäßig. Soll
in der dritten Generation
aus Burundi stammen.

Michael Wildenhain

Siegfried

Er fickte Kriemhild sie schrie und er brüllte
Sie teilten die Welt die den Morgen ausfüllte
Sie teilten den Morgen vor der Jagd
Am Ende waren sie beide matt
Nur Kriemhild schnarchte während er schwieg
Weil aus Kriemhilds Mund Arsch und Schoß
Sah Siegfried der Samen von Siegfried floß
Und Siegfried der neben ihr liegen blieb
Und dachte das ist es dir Siegfried den Sieg
Drückte von Siegfried das zwischen den Beinen
Und sah einen Tropfen blutrot doch nur einen
Und draußen beim Wald war der Morgen schon lau
Und über der Burg war der Himmel schon blau
Dann begann Siegfried sich umzudrehen
Um von der Geliebten weg aufzustehen
Und sich im Jagdgewand anzusehen
Um auf die Jagd und ins Sterben zu gehen
Und hurtig fand Siegfried im Wald seinen Tod
Die Erde um Siegfried war trocken und rot

Sozusagen: der Nukleus der Nibelungen ...

Albert Gier

»Der gute Onkel Hagen / Soll ihn nach Tisch erschlagen«

Die Nibelungen in Parodie und Operette

Ein großer Teil des deutschen Publikums, so schrieb ein Kritiker 1891, habe Wagners Opern nicht in ihrer originalen Gestalt, sondern über parodistische Nachahmungen kennengelernt. Mindestens bis zum Beginn des Ersten Weltkriegs wurden solche Parodien noch häufig aufgeführt; in Berlin gab es seit 1889 sogar ein darauf spezialisiertes ›Parodietheater‹.

Wie gut sich Wagner parodieren lässt, hatte schon Nestroy – mit der »Zukunftsposse« *Tannhäuser*, 1857, und dem *Lohengrin*, 1859 – vorgeführt. Als nach der Bayreuther Uraufführung 1876 der *Ring des Nibelungen* rasch populär wurde (1906 spielten ihn nicht weniger als 33 Theater), ließen sich die Kleinkunstbühnen diese Chance nicht entgehen.

In der Regel beziehen sich die Parodien auf den ganzen *Ring*. Da die Stücke meist nicht abendfüllend sind, besteht ein komisches Missverhältnis schon hinsichtlich der Aufführungsdauer: fünfzehn Stunden Wagner steht etwa eine Stunde Ulk gegenüber. Komik wird auf altbewährte Weise erzeugt: durch Anachronismen (Siegfried überwindet den Feuerkreis um den Brünnhildenfelsen mittels Löschgranaten), die Übersetzung ins Zeitgenössisch-Bürgerliche (Hagen ist Gunthers »Reichskanzler«; »Wodann« hat Schulden beim Bauunternehmer Fasold, weil er sich beim Tanzlokal Walhalla verspekuliert hat, zur Strafe will Fasold seine Köchin entführen) oder illusionsbrechendes Aus-der-Rolle-Fallen (ehe Siegmund mit Sieglinde in den Kulissen verschwindet, fragt er sich: »Die Frau 'nes andern und die Schwester, / Sind das nicht gar zu große Läster? / Im Übrigen, wie Wagner will!«).

Natürlich nutzen die Parodisten dankbar die Möglichkeiten, die ihnen Wagners Stabreim bietet:

> Frühlingsfriesel füllt mich mit Freude,
> Jung ist das Jahr und jach die Jungfrau.
> Mich sehrt die Sehnsucht schon sechzehn Sommer
> Nach Liebe und Lust, nach lockendem Lab.
> Wann kommt der Recke? Wann kommt er zur Keuschen?

fragt sich »Das Ding an sich«, das bei Fritz Mauthner die Stelle Sieglindes einnimmt. Auch bei der Namengebung ist den Autoren einiges eingefallen: die Rheintöchter heißen zum Beispiel Strohbunde, Eigelbe und Blaßrothe. Siegfrieds (beziehungsweise »Siegfritzens«) Eltern sind Siegmaul und Stücksünde, die mit Unding (der »seine Frau stets wichst«) verheiratet ist.

Die Musik der Parodien verzichtet schon deshalb darauf, Wagners Tonsprache zu karikieren, weil die Darsteller Schauspieler, nicht Opernsänger sind. Gesungen werden vor allem Couplets auf simple, eingängige, oft dem populären Repertoire entnommene Melodien, die natürlich in größtmöglichem Kontrast zum Stil von Wagners Musik und Dichtungen stehen.

Ganz anders nun aber *Die lustigen Nibelungen*, eine »burleske Operette« von Oscar Straus: Sie wurde 1904 in Wien, vom Operetten-Ensemble des renommierten Carl-Theaters, uraufgeführt; Straus, der im folgenden Jahr in *Ein Walzertraum* viel konventionellere Töne anschlagen (und einen Welterfolg erzielen) sollte, komponierte dafür melodisch reiche, walzerselige Musik, die dennoch komisch-parodistische Akzente setzt.

Die lustigen Nibelungen veralbern den ›vaterländischen‹ Stoff, und erst in zweiter Linie Wagners *Ring*-Tetralogie: Wichtigster Bezugspunkt ist das mittelhochdeutsche *Nibelungenlied*, das seit der Romantik zum Nationalepos stilisiert wurde. Wagner, der mit den mittelhochdeutschen Dichtungen nicht viel anfangen konnte, hatte in der *Ring*-Dichtung (wie auch in seinen anderen Musikdramen) versucht, die ›Sage‹, oder den Mythos, zu rekonstruieren, den die christlichen Autoren des 13. Jahrhunderts seiner Ansicht nach nicht mehr verstanden hatten; deshalb griff er auf die altnordischen Quellen zurück, die die heidnischen Götter (mit Wotan an der Spitze) in das Geschehen um Wälsungen und Gibichungen eingreifen lassen.

Das Textbuch von Fritz Oliven (besser bekannt unter seinem Pseudonym Rideamus) folgt – bis auf den Schluss, der natürlich vom Tragischen ins Komische gewendet wird – dem *Nibelungenlied*: Brunhilde, die Königin von Is(en)land, und Siegfried sind kein Liebespaar, wenn sie an Gunthers Hof zusammentreffen. Dank seiner Tarnkappe kann Siegfried Gunther im Ringkampf mit der energischen Brunhilde zum Sieg verhelfen; da sie den Kümmerling in der Hochzeitsnacht kurzerhand an einem Nagel in der Wand aufhängt, soll der Held sie zur Raison bringen, dabei werden sie in einer zweideutigen Situation überrascht. Den Ring der Macht und Alberichs Fluch gibt es nicht und kann es nicht geben, denn wer wegen physischer Schwäche oder psychischer Disposition nicht in der Lage ist zu lieben, wird im Operettengenre – siehe Gunther – mitleidlos lächerlich gemacht.

Die Recken von Altburgund mutieren bei Rideamus zu Raffkes und Großmäulern aus der Zeit Kaiser Wilhelms II.: Siegfried betreibt das Drachentöten »kaufmännisch«, was weniger einträglich ist, als man denken sollte, denn »man hat zu viele Ausfälle«:

> Da ist mir's zum Beispiel neulich recht eklig gegangen mit dem Drachen Spuckefeuer. Also der Drache Spuckefeuer, hör' ich, ist ein hochchiker Drache. Frisst täglich 3 bis 4 Wanderer, raubt sich alle Monate 'ne neue Jungfrau und bewohnt einen ganzen Felsen für sich, in der besten Lage von der sächsischen Schweiz. Also ich hin, wie nicht recht gescheut. Die Nacht durch bin ich gefahren, damit mir die Konkurrenz nicht zuvorkommt. Stürzt doch das Vieh auf mich los und brüllt und hat sich und verbreitet einen Geruch um sich, als ob er mindestens ein zehnfacher Millionär wäre. Drei Tag' habe ich mit ihm gekämpft, von früh um 8 Uhr bis abends um 8 Uhr, mit 2 Stunden Mittagspause. Und wie ich ihn endlich gefällt hab' und nach dem Schatz seh' – auf was sitzt der Kerl? – Auf einem alten verbogenen Teelöffel und einem ausgelosten Pfandbrief! Na so was ärgert einen doch.

Immerhin hat der Held den Nibelungenhort, im Wert von »zirka 5 ½ Millionen«, errungen, der natürlich nicht auf einer Sandbank im Rhein – »ein Bardenwitz« –, sondern auf der Rheinischen Bank, zu sechs Prozent Zinsen, angelegt ist.

Gunthers Schwester Kriemhild (nicht Gutrune wie bei Wagner) ist nach der zeitgenössischen Terminologie ein schwärmerisch veranlagter Backfisch. Als Traumprinz ist ihr Siegfried erschienen – nicht in Gestalt eines Falken wie im *Nibelungenlied*, sondern als galanter Ritter, der auch gleich die magischen Worte sprach:

> Du Holde, du Traute,
> O bleibe mir nah',
> Ich spreche noch heute
> Mit Deiner Mama!

Die Violinen, die diese Szene begleiten, evozieren Elsas Traumerzählung im *Lohengrin*. Straus verzichtet hier wie auch sonst auf notengetreue Wagner-Zitate, er kopiert diskret, aber unverkennbar den Stil des Meisters. So auch im Duett der beiden, das als mondän-unverbindliches Geplauder beginnt, ehe sich Leidenschaft à la Siegfried und Brünnhilde (»Leuchtende Liebe, / Lachender Tod!«, *Siegfried*, Schlussduett) Bahn bricht. Hier häufen sich auch die Stabreime, die Rideamus nur an strategisch wichtigen Stellen verwendet:

> SIEGFRIED Chikes Geschöpfchen!
> KRIEMHILD Schneidiger Schneck!
> DIE MAGEN *(höchster Jubel)* Lodernde Liebe
> Liegt in den Lüften!
> Mächtige Minne
> Saust durch den Saal!

KRIEMHILD	Sehrende Sehnsucht!
EGFRIED	Reichliche Rente!
KRIEMHILD	Mächtige Mitgift!
SIEGFRIED	Brüllende Brunst!

Die Welt der Nibelungen ist die des Publikums der Uraufführung (Brunhilde schickt Gunther ein Telegramm und fährt mit der Eisenbahn nach Worms); dabei wird aber die geltende Wertordnung spielerisch-karnevalistisch auf den Kopf gestellt: Siegfried geht seiner Schwiegerfamilie mit seiner »blödsinnigen Körperkraft«, seinem »widerwärtigen Heldenmut« und dem »ekelhaften Gelde« auf die Nerven. Hagens Versuch, ihn hinterrücks zu ermorden, scheitert, was Siegfried aber nicht veranlasst, ihm die Freundschaft zu kündigen:

> Ich weiß, Du hast mich ermorden wollen, aber nicht aus Blutdurst oder Übermut, sondern meines Geldes willen, also aus edlen, lautern und verständigen Motiven. Und so was nehm' ich nie übel.

Übrigens ist es nicht sein Großmut, der Hagen versöhnt (wie es in Tragödie und Oper des Barock bis hin zu Mozarts *Clemenza di Tito* der Fall wäre), sondern die Nibelungenaktien im Depot des Helden sind so stark gefallen, dass »eine Ermordung Siegfrieds nicht mehr die Kosten decken würde«.

Brunhilde beklagt sich, dass ihr der Recke die Ehre geraubt hat – nicht, weil er in ihr Schlafgemach eindrang und dort in einer verfänglichen Situation überrascht wurde, sondern weil er es nur auf Gunthers Bitten hin tat, ohne eigene erotische Ziele zu verfolgen. Folglich kann der Schaden dadurch repariert werden, dass man sich ganz offiziell, angesichts der vollständig versammelten Familie, auf »50 Prozent« einigt – schließlich ist von Siegfried genug für Kriemhild *und* Brunhilde da.

Da dem Helden die finsteren Pläne der lieben Verwandten nicht verborgen geblieben sind, fragt er den Vogel – einen domestizierten Verwandten von Wagners Waldvogel, der spricht, statt zu singen –: »Werd' ich sterben, Herr Vogel?«, worauf der antwortet: »Ach Unsinn! In 'ner Operette! Sie werden leben und gesund sein, Herr Siegfried!« Hier wird deutlich, dass Oscar Straus und Rideamus nicht eine neue Lesart der bekannten Geschichte bieten, sondern einen Kommentar zu den vorhandenen Versionen, speziell zum *Nibelungenlied* und zu Wagners *Ring.*

Im mittelhochdeutschen Epos wie im Musikdrama wird das Handeln der Menschen von Mächten bestimmt, die größer sind als sie. Ursache des Streits zwischen Kriemhild und Brunhild, der letztlich zu Siegfrieds Ermordung führt, ist nicht weibliche Eitelkeit, sondern die hochpolitische Frage, ob Siegfrieds

Königreich unabhängig oder nur eine bessere Kolonie des Burgunderreichs ist. Im *Ring* sind die Menschen Schachfiguren im Spiel der Götter (hier erweist sich Wagner als Bewunderer und Schüler der griechischen Tragiker): Nur Wotan oder Alberich streben egoistisch nach Macht, Reichtum oder Lustgewinn, die Wälsungen (und letztlich auch die Gibichungen) müssen die Konsequenzen tragen. Damit verglichen hat der Egoismus des Operettenpersonals, selbst die Habgier Hagens (die sich in einem als Melodram, zur Musik gesprochenen Monolog gegen seine Gewissensbisse durchsetzt), etwas Erfrischendes. Die Figuren können rücksichtslos ihre Ziele verfolgen, weil wie im Märchen (dessen Gesetze auch für die Operette, zumindest in ihrer komisch-karnevalistischen Spielart, gelten) alles gut ausgeht: Destruktive Gefühle wie Eifersucht sind den Beteiligten unbekannt. Stärkster Antrieb der positiv gezeichneten Figuren ist das erotische Begehren; und eine praktisch denkende Frau wie Kriemhild begreift sofort, dass 50 % von einem lebenden Siegfried besser sind als 100 % von einem toten.

Oscar Straus (den selbst ein Verächter des Genres wie Adorno mit Abstrichen noch gelten ließ) erweist sich in dieser seiner ersten Operettenpartitur als Meister musikdramatischer Gestaltung. Die Fülle seiner melodischen Einfälle treibt dynamisch das Geschehen voran. Haltepunkte gibt es kaum, die meisten Soli werden durch Kommentare der Anwesenden zu Ensembles erweitert. Gunthers Erzählung von Brunhilde (sie beginnt im Versmaß des *Nibelungenlieds*: »Da wuchs in Isenlanden ein starkes Magedin«, und der König begleitet sich dazu auf der Harfe wie die Minnesinger im *Tannhäuser*) ist in den Chor der Magen integriert, die sich über seine schlechte Stimmung wundern. Kriemhilds Traumschilderung wird ständig durch die ekstatischen Kommentare der Familie (»Gott, wie poetisch / Ist unser Kind!«) unterbrochen, ehe ausgerechnet der grimme Hagen den quasi mütterlichen Ratschlag formuliert: »Und in jedem Fall / Zieh' Dich anständig an!«

Scharfe Dissonanzen von Text und Musik, aus denen bei Jacques Offenbach die komische Wirkung resultiert, gibt es bei Straus kaum; selbst in dem munteren Ensemble »Nun so lasst uns den Siegfried ermorden!« mit abschließendem Schuhplattler ist nicht die Musik dem Text, sondern der Text der verhandelten Thematik unangemessen: »Ach, wie wird das lustig sein! / Ach, wie werden wir uns freu'n! / Wenn er sanft entschlafen ist und still!« Dafür ist vieles ein bisschen zu emphatisch, zu ostentativ, als dass man es für bare Münze nehmen könnte: Im oben zitierten Liebesduett von Kriemhild und Siegfried brüllt die Brunst eindeutig zu laut (insofern ist der aufmerksame Zuhörer nicht allzu überrascht, wenn gegen Ende Siegfried und Brunhilde ihr aufkeimendes Begehren auf exakt die gleiche Melodie artikulieren). Die Schönheit der Walzer ist so verlogen, wie Operettenwalzer nach Johann Strauß eben zu sein haben, zumindest bei intelligenten Komponisten. Nur so kann Siegfried (worauf schon Volker Klotz hinwies) seinen Goldschatz Kriemhild auf die gleiche Melodie besingen wie vorher sein Schatzgold:

> Was in Flocken
> Gold'ner Locken
> Ihr um Haupt und Schultern rollt,
> Das sei mein Gold
> Für das Rheingold,
> Für das Nibelungengold.

Der Schlagetot Siegfried, der sich eben noch in seinem Entreelied des Mordes an Mime gerühmt hat (»Ich tat nur meine Pflicht / An dem Plebejerköter. / Und wer mir widerspricht, / Den schlag' ich noch viel töter!«), zeigt sich hier von einer erstaunlich lyrischen Seite. Im übrigen muss man ihm zugute halten, dass er kein Macho ist: Dass er am Ende zwei Frauen statt einer hat, ist nicht seine Schuld (oder sein Verdienst), er ist Brunhilde lediglich (wenn auch nicht gerade widerwillig) bei ihrer erotischen Selbstverwirklichung behilflich – und von Kriemhild lässt er sich widerspruchslos die Tarnkappe wegnehmen, die er im Ehebett als Schlafmütze zu tragen pflegte. Einmal mehr erweisen sich die Frauen als die Stärkeren, wie es sich in einer richtigen Komödie ja auch gehört.

Jörg Birnstengel

Nibelicks

Was gilt der Begriff uns von Treue?
Der Inhalt geriet vor die Säue.
Das Lied von Burgund,
bleibt in aller Mund,
so dass ich den Rückgriff noch scheue.

Der Siegfried, so tapfer und grade,
lag wohlig im Drachenblutbade.
Ein Lindenblatt fiel.
So ganz ohne Ziel?
Es traf ihn am Rücken. Wie schade!

Es konnte Kriemhilde den Hagen
auf Erden nicht länger ertragen.
Auf Rache sie sann.
Am Ende ihm dann
der Schädel getrennt ward vom Kragen.

Ein Epos berichtet von Mut,
von Helden, von Liebe, von Wut,
von Rache und Hass.
Das Buch wurde nass
von all dem vergossenen Blut.

Marc Pommerening

Der Vers, das Lied, das Land

Ein Dichter des 12. bedichtet Vorgänge aus dem 5. Jahrhundert. Viele Dichter des 19. und 20. Jahrhunderts beerben einen Text aus dem 12. Wer im frühen 21. Jahrhundert den Auftrag erhält, die Nibelungen neu zu texten, steht, ob er will oder nicht in einer weitausgreifenden Traditionslinie. Er kann sie ignorieren, ironisieren oder ganz unmittelbar zum Thema machen.

Meine Fassung des Stoffes entstand 2001 als Auftragsarbeit für das Theater der Jugend in Wien. Die listige Vorgabe des damaligen Intendanten Reinhard Urbach, mich auf eine Spieldauer von höchstens zwei Stunden für beide Teile zu beschränken, verhinderte von Vornherein das Aufkommen einer gewissen epischen Behaglichkeit und zwang zur Konzentration auf den dramatischen Kern, die Familiengeschichte. Die mythologischen Elemente, Drachen, Riesen, Zwerge, Tarnkappen zu einer verklärten Vorzeit gehören, die den Figuren selbst sagenhaft vorkommt – ein fernes Gerücht aus vorgeschichtlicher Zeit.

Denn Geschichte ist das Material aus dem der Nibelungen-Stoff besteht. Und mich interessiert die Geschichte seiner Leser und Bearbeiter, ihre Überschreibungen und Übermalungen des alten Textes; gerade und ausdrücklich die Kontaminiertheit des Bodens durch ideologischen Fallout. Die Sage befreien zu wollen vom Gift der Geschichte, nimmt ihr zwangsläufig das Aroma, das spezifisch Deutsche, Dunkle, Pathologische. Die Nibelungen ins betont postheroische Idiom der Jetztzeit übersetzen zu wollen, muss in der Denunziation enden oder in weltkulturkompatibler Fantasy.

Mein Stück ist in Blankversen verfasst. Dieser Umstand bedarf der Rechtfertigung und Erklärung.

Das Versdrama zählt nicht mehr zu den bedrohten und deshalb schützenswerten Arten. Es ist schlicht ausgerottet – in Westdeutschland seit 1945, im wiedervereinigten Deutschland sowieso, obwohl Ronald M. Schernikau noch 1990 seine verblüfften Schriftstellerkollegen beschwor, die »Fähigkeit zu Blankvers« zu verteidigen. Als eine Errungenschaft der DDR. Dort wurde anstatt die Ruinen der Tradition einfach zu planieren, behutsam renoviert. Ein neuer Geist konnte einziehen und nahm das vom Nationalsozialismus ramponierte Erbe der Klassik in Besitz. Mit ihr will man es ja aufnehmen, man benötigt schließlich große Figuren jedweden Standes, man braucht die Geschichte, die deutsche zumal, als Resonanzraum oder ganz unmittelbar als Gegenstand der Fabel. Was da an Theatertextwundern gelang, muss man nachlesen, adäquat inszeniert werden sie kaum. Dass Peter Hacks und Heiner Müller auf den Schultern anderer Riesen stehen und dieser Standpunkt die Weite ihres Horizonts bedingt, sei wenigstens angedeutet.

Der Blankvers also: heimisch durch die Aneignung… durch die Aneignung Shakespeares, glücklich erprobt zunächst von Lessing (man braucht nur die Notation zu beachten, um herauszubekommen, wo genau Nathan, beim Erzählen der Ringparabel, stockt und improvisiert, zaudert oder den Faden verliert – es steht alles drin), sodann zur Höhe geführt von Goethe, an seine äußersten Möglichkeiten getrieben von Kleist – seine Figuren, hätten sie den Vers nicht, müssten bersten oder zerfließen. Leider krankt, sobald alle ihn können, der Blankvers an seiner eigenen Geläufigkeit. Das legendäre Klappern, schon bei Schiller ein Problem, wird unerträglich bei Hebbel, lächerlich bei seinen Epigonen.

Denn um die Deckungsgleichheit von Metrum und Syntax geht es gerade nicht, sondern um die naturgemäße und deshalb produktive Spannung zwischen ihnen.

Der Blankvers kann alles, zwei Dinge aber besonders gut: erhöhen und entlarven. Da jedes einzelne Wort, ja jede Silbe einzeln abgewogen wird, zeigt die Phrase, die im Vers daherkommt, sich als besonders unangemessen und trägt den Jambus wie ein schlecht sitzendes Kostüm. Andererseits gibt der Blankvers Vorgängen Höhe und Figuren Würde, verleiht und fordert Form, verhindert plump psychologische Einfühlung, ermöglicht aber, wenn nötig: Pathos.

Pathos – bei den Nibelungen?

Verfehlt, selbstverständlich, wäre der Versuch einen nationalen Mythos wiederbeleben zu wollen. Die überlebensgroßen Figuren der Sage werden durch die Phantasien und Tagträume der Leser gewissermaßen aufgeladen, sind Mittelalter, wie es das 19. Jahrhundert imaginiert, mit »schimmernder Wehr«, die alsbald rosten wird im Schlamm der Siegfried-Linie.

Da ist Gunther, König wider Willen und »in der falschen Zeit geborener« Drachen und Mythen idealisierender Romantiker; Hagen als preußischer Dandy, der sich mit dem Zivilleben nie so recht anfreunden konnte, seit er Geisel war an Etzels Hof; Gernot und Giselher als heftig pubertierendes, nach Krisen und Kriegen, ihrem eigenen Langemarck sich verzehrendes Paar jugendlicher Schlagetots; Königin Ute als senile Matriarchin und der stets präsente Schatten Etzels, Beherrscher eines Weltreichs im Osten.

Kriemhild, als Einzige, bemüht sich aus diesem deutschen Alptraum zu erwachen, treibt sich herum »am Fluss« bei den Fremden, leidet unter Träumen, die sie bedrängen und den Avancen Hagens, den sie hasst. Siegfried ist einer der Fremden. Doppelt fremd durch seine schwarze Haut, schwarz, so behauptet er, seit seinem Bad im Blut des von ihm geschlachteten Drachen.

Was schwarz auf weiß als Haut mir auf der Haut klebt
Ist, Wunder meiner Unverwundbarkeit,
Mein wunder Punkt. Der Punkt, der weiß blieb (das
Wissen die wenigsten), ist blass vom Blatt
Der Linde, welches mich befiel beim Bad
Im Blut des Tiers. Des Tieres Rache ist,
Dass seine Haut auf meiner weiterwuchert,
Ich seine Haut an mir zu Markte trag',
Als Monster unter Zwergen.

Siegfried wird Wunsch- oder Angstprojektion aller Figuren. Und auch weil er um seine Macht weiß und sie genießt, wird er, schon nach dem zweiten Akt, zum Opfer Hagens. Was für Kriemhild alle Hoffnungen zunichte macht, ihrer romantisch-dunkeldeutschen Welt entkommen zu können:

Die Adler litten nicht des Falken Flug.
Er stürzte mit von Blut verklebten Schwingen
Aus Höhn, in denen er zu Hause war.
Ein Haus das leer steht, zur Ruine wird,
Weil wer drin wohnte, unbekannt verzog,
Ist sein entseelter Leib jetzt. Wie viel Gramm
Wiegt eine Seele? Wie tot sind die Toten?
Der Leib hat ausgedient, sobald Frau Wurm
Und Mutter Made ihre Großfamilien
Im kaum verwesten Körper einquartiern.
Schön haben sie die Leiche hergeschminkt,
Als könnt ich ihn durch streichelnde Berührung
Aufwecken wie aus leichtem Schlaf.

Als nun Hagen hinzutritt und die Wunden des Getöteten abermals zu bluten beginnen, holt Kriemhild die Geschichtswelt ein. Sie flieht zu Etzel, Feind ihrer Feinde, um dort zu enden, wo Hagen begann, im Osten. Leidenschaftlich in ihren Hass verstrickt, sind Kriemhild und Hagen das eigentliche »Paar« des Stücks und provozieren das insgeheim ersehnte Massaker an Etzels Hof.

Die Deutschen haben ihre Chance gehabt

befindet ein alt und zivil gewordener Hunnenkönig. Ute aber, um sich die Leichen ihrer Lieben, doch den Enkelsohn im Arm, verordnet der dezimierten Dynastie einen Erben und der Geschichte einen Sinn.

Hör auf zu weinen, Kind, wir reiten heim
Nach Deutschland.

Und das Kind, so will es die Regieanweisung, weint entsetzlich.

Nine Miedema

Moritz Rinke: *Die Nibelungen*

Die Frage »Hat Moritz Rinke ›die‹ *Nibelungen* geschrieben?« ließe sich am besten mit »*Auch* Moritz Rinke hat ›die‹ *Nibelungen* geschrieben« beantworten; ebenso wie vor ihm der von Rinke gelegentlich wörtlich zitierte Friedrich Hebbel (1862); ebenso wie vor ihnen ein (oder mehrere?) anonym gebliebene(r) Dichter der Zeit um 1200, dem oder denen »das« *Nibelungenlied* zu verdanken ist, das seinerseits in mindestens vier deutlich verschiedenen Fassungen vorliegt; ebenso wie vor ihnen der oder die anonyme(n) Dichter der *Edda*, deren Lieder noch vor dem *Nibelungenlied* entstanden sein dürften, auch wenn sie erst später als das *Nibelungenlied* aufgezeichnet wurden – der Stoff reizt offensichtlich bereits seit Jahrhunderten immer wieder zu Neuinterpretationen. Nach »Originaltreue«, nach »den« *Nibelungen* zu fragen, ist da ein heikles Unterfangen: Welcher Text wäre denn dann das Original?

Rinkes Auftrag war es jedenfalls, für die Wormser Festspiele 2002 eine neue Bühnenfassung von »den« *Nibelungen* zu erstellen (erste Fassung: *Die Nibelungen*). Für die Jahre 2006 und 2007 bearbeitete er den Text eingreifend und verlängerte ihn auf die doppelte Aufführungszeit (zweite Fassung, bestehend aus Teil I: *Siegfrieds Frauen* und Teil II: *Die letzten Tage von Burgund*). Man kann diesen faszinierenden Theaterstücken auf wenigen Seiten kaum gerecht werden; es seien also im Folgenden lediglich zwei auffällige Interpretationsaspekte herausgegriffen.

Rinke folgte Hebbel in einem wichtigen Punkt, abweichend vom mittelalterlichen *Nibelungenlied*, aber vergleichbar mit der *Edda*: Auch bei Rinke steht die isländische Königin Brünhild den Göttern nahe, sie ist eine Walküre. Dies wird besonders in der zweiten Bühnenfassung deutlich, in der Brünhild anfangs ausspricht, sie wolle sich dem »Fügen« des »Himmel[s]« bzw. der »Götter« beugen, welches Siegfried und sie zusammenbringen würde (S. 12, 44). Brünhild ist davon überzeugt, dass sie im Zusammenschluss mit Siegfried eine schicksalhafte Aufgabe zu übernehmen hätte: »Wir sehen einander aus solcher Höhe gerade in die Augen, wie es nur die Spitzen der zwei größten Götterberge können, die das kleine Maß der Erde um ganz andere Welten überragen« (S. 12). Siegfried aber weigert sich, wie bei Hebbel, diese Rolle zu übernehmen.

Insbesondere an Rinkes zweiter Fassung lässt sich zeigen, dass diese Weigerung Siegfrieds der Anlass für alle nachfolgenden Konflikte ist. Hebbel hatte Siegfried unsichtbar vor Brünhild treten lassen, doch »rührte« sie »In aller ihrer Schönheit nicht [s]ein Herz« (V. 646 f.): Das Fehlen eines emotionalen Bezugs zu Brünhild veranlasst Siegfried bei Hebbel dazu, sich unerkannt von ihr abzuwenden. Bei Rinke geht Siegfried dagegen sichtbar auf Brünhild zu und spricht seine Ablehnung explizit aus: »Ich muss gehen« (S. 12), lautet seine schlichte Antwort, nach welcher er den symbolischen Flammenkreis verlässt; es bleibt aber unklar, was ihn zu diesem Handeln veranlasst. Jedoch scheint Siegfried in Rinkes *Siegfrieds Frauen*, anders als bei Hebbel und in Rinkes erster Bühnenfassung, seine Entscheidung in einem gewissen Sinn zu bereuen: Erstens bietet er Brünhild hier einen von drei Ringen an, um sich mit Kriemhild *und* mit Brünhild zu verbinden: »Ich ... Ich bringe diesen Ring. Es gibt nur drei dieser Ringe in dem Schatz. Einen trägt Kriemhild, einen ich. Der letzte soll der Eure sein« (S. 75). Zweitens bezeichnet er sich am Schluss des Textes, sterbend, Brünhild gegenüber als »Dein[en] Siegfried« (S. 107). In dieser Hinsicht hat Rinke die Siegfried-Figur zwischen 2002 und 2006 deutlich neu profiliert: War Siegfried in der ersten Fassung nach seiner Hochzeit mit Kriemhild kaum an etwas anderem interessiert als an der Hirschjagd, so hat er in *Siegfrieds Frauen* durch seine Zweifel an Tiefe gewonnen. Es scheint dies eine konsequente Fortsetzung von Hebbels Textstrategien, die ebenfalls auf eine psychologische Subjektivierung der Figuren zielten. Das mittelalterliche *Nibelungenlied* gerät dabei allerdings völlig aus dem Blick.

An der Figur Hagens lassen sich vergleichbare Unterschiede in Rinkes erster und zweiter Fassung seines Bühnenstücks beobachten; dabei wird zwar ebenfalls besonderer Wert auf eine psychologisierende Plausibilierung der Handlung der Figuren gelegt, diese ist jedoch deutlich besser vergleichbar mit der Figurenzeichnung in der ältesten erhaltenen Fassung des Stoffes, dem *Nibelungenlied*. In *Die letzten Tage von Burgund* gewinnt Hagens Figur an Faszinationskraft, indem Rinke Hagen zum Stiefvater von Kriemhilds erstem, hier namenlosem Sohn macht, so dass er Kriemhild und ihren ersten Sohn an Etzels Hof zusammentreffen lassen kann. Der »junge Hauptmann« kann sich nicht an seine Eltern erinnern und bezeichnet in Kriemhilds Anwesenheit Hagen (statt Siegfried) als seinen Vater. Hagen benutzt ihn, um Kriemhild zu provozieren, vergleichbar mit den gegenseitigen Provokationen Hagens und Kriemhilds im zweiten Teil des *Nibelungenliedes*: »Ja, ein junger Mann, der aussieht wie jemand, den wir beide kannten. Er kämpft auch so, denkt aber wie Hagen, erstaunlich, oder? Es war nicht leicht, dem Jungen zu erklären, was die Mutter mit dem Vater machte und dann einfach ging« (S. 208). Rinke lässt Hagen damit zum wiederholten Mal andeuten, dass Kriemhild durch den Streit der Königinnen und den Verrat von Siegfrieds verwundbarer Stelle *selbst* Siegfrieds Mörderin sei. Kriemhild reagiert bei Rinke auf diesen Schachzug Hagens, indem sie die Gefolgsleute der Burgunden töten lässt, im vollen Bewusstsein, dass sich der junge Hauptmann unter ihnen befindet. Grundzüge dieser Szene werden zwar vom *Nibelungenlied* vorgegeben, dort ist jedoch nicht die Rede davon, dass sich unter den ermordeten Knappen auch Kriemhilds eigener Sohn befände. Rinkes Umdeutung gibt der Tatsache, dass Hagen daraufhin beim Gastmahl Kriemhilds zweiten Sohn Ortliep tötet, größere bzw. explizitere Plausibilität als im *Nibelungenlied*. Rinke erhöht daraufhin noch die Tragik der Figuren Hagens und Kriemhilds, indem er Hagen fälschlich annehmen lässt, Kriemhild habe ihn *bewusst*, als Provokation, neben Ortliep platziert, obwohl über die Sitzordnung nicht Kriemhild, sondern Rüdiger entschieden hat: »Soll ich Hagen ernsthaft tauschen mit Giselher, dann wäret Ihr es, Königin, die mit Hagen ... nein, nein, da dacht ich nun: Mensch, Kinder haben doch etwas Verbindendes! Lass uns in Gottes Namen Hagen an der Seite des Prinzen sitzen« (S. 220 f.). In makabrer dramatischer Ironie werden die Kinder tatsächlich das Verbindende zwischen Hagen und Kriemhild, aber anders, als Rüdiger dies gemeint hatte: Sowohl Hagen, der den jungen Hauptmann wie sein eigenes Kind liebt, als auch Kriemhild verlieren ihre »Söhne«. So endet die letzte Szene von *Die letzten Tage von Burgund* konsequenterweise damit, dass Kriemhild, nachdem die burgundischen Könige gestorben sind, Hagens Namen rufend die Bühne verlässt: Es muss aufgrund der Ebenbürtigkeit Kriemhilds und Hagens offen bleiben, welches Ende die Auseinandersetzungen zwischen ihnen nehmen werden. In *Die letzten Tage von Burgund* werden damit die Analogien betont, die sich zwischen Kriemhild und Hagen ziehen lassen. Gleichermaßen offen, aber mit demgegenüber deutlich positiverem Potenzial, endete dagegen Rinkes erste Bühnenfassung, die nach dem Tod aller Burgunden, einschließlich Hagens, den Blick auf die Analogien zwischen Kriemhild und Brünhild zurücklenkte, wie die

Bühnenanweisung zeigt: »*Kriemhild sitzt irgendwo auf dem Boden, bewegungslos. Brünhild schaut sie an. Dann geht sie* [...] *langsam auf Kriemhild zu. Sie setzt sich nieder. Es ist still. So sitzen die Frauen da*« (S. 102).

Moritz Rinkes *Nibelungen*-Bearbeitungen sind anspruchsvolle Zeugnisse für eine komplexe und sehr reflektierte Auseinandersetzung mit den »Leerstellen« im *Nibelungenlied*, die von Hebbel nur zum Teil psychologisierend gedeutet werden konnten. Ihre Bedeutung erschöpft sich nicht in einer mehr oder weniger gelungenen Wiederholung oder Adaptation des *Nibelungenliedes* oder der *Nibelungen* Hebbels, sondern sie sind literarische Werke eigenen Werts – eben Rinkes *Nibelungen*.

Textzitate nach:

Friedrich Hebbel: *Die Nibelungen. Ein deutsches Trauerspiel in drei Abteilungen*, Stuttgart 2008.

Moritz Rinke: *Die Nibelungen*. Mit einem Nachwort von Peter von Becker, Reinbek bei Hamburg 2002.

Moritz Rinke: *Die Nibelungen. Siegfrieds Frauen. Die letzten Tage von Burgund*. Mit einem Nachwort von John von Düffel, Reinbek bei Hamburg 2007.

Volker Gallé

Das Heldenepos und seine offenen Türen

Kurze Geschichte der Nibelungeninszenierungen in Worms

1755 wurde die Handschrift C des *Nibelungenlieds* in Hohenems wieder entdeckt. Das Entstehen der universitären Germanistik um 1800 aus der Romantik beförderte die Beschäftigung mit der mittelalterlichen Literatur. Den ersten Vortrag zum *Nibelungenlied* konnten Wormser Bürger im Jahre 1816 hören. Der Germanist Georg Lange verwob 1837 erstmals die Stadtgeschichte mit der nibelungischen Erzählung und ersten Überlegungen zu einem Kulturtourismus. Aber erst der Bau des Spiel- und Festhauses im Jahr 1889 gab die Möglichkeit, über Theaterinszenierungen des Stoffes in Worms nachzudenken. Im Rahmen des Rosenfestes 1906 wurden erstmals Hebbels *Nibelungen* (1861 entstanden) aufgeführt. Über die Gründung dauerhafter Nibelungen-Festspiele dachte man 1914 nach, der erste Weltkrieg verhinderte die Umsetzung. Weitere Festspiel-Versuche wurden 1922/23, 1928, 1937–39 sowie 1956 unternommen und wieder abgebrochen. Erst seit 2002 gelang es, jährlich vor dem Dom Nibelungen-Festspiele von überregionaler Bedeutung dauerhaft zu installieren. Mit Moritz Rinkes Bearbeitung des Nibelungenstoffs wurde erstmals seit Jahrzehnten wieder eine zeitgenössische Stimmung gewagt. Über Fragen der Finanzierung, der Stadtentwicklung und des Kulturtourismus hinaus bleibt zu fragen, welcher Zeitgeist diese Entwicklung getragen haben könnte.

Reenactment und *Living history*

Wie die Begriffe *Reenactment* und *Living history* bereits sagen, kommen diese Methoden der Neuinszenierung historischer Ereignisse, Gegenstände und Sachverhalte aus dem englischsprachigen Raum. Das ist insofern bemerkenswert, als die von den Alliierten nach 1945 als Re-Education bezeichnete demokratische Bildungs- und Kulturarbeit im Nachkriegsdeutschland durch ihre rationalistische, antiromantische Färbung in der westdeutschen Kultur und Wissenschaft zunächst zu einem Anpassungsprozess im Gestus einer neuen Sachlichkeit führte, wie bei Konvertiten mit einem übertriebenen Ausschlag in eine Richtung. Das romantische Erbe Europas konnte durch die Deutschen daher auch erst über den erneuten Umweg der englischsprachigen Traditionen aktiviert und salonfähig gemacht werden.

Als Theoretiker von *Reenactment* und *Living history* wird heute der britische Philosoph, Historiker und Archäologe Robin George Collingwood (1889–1943) gesehen, vor allem mit Blick auf sein 1935 erschienenes Buch *The Historical Imagination*. Aufgabe des Historikers ist es nach Collingwood, Geschichte zu rekonstruieren und nachzuerzählen. Um die Motive der historisch Handelnden zu verstehen, müsse man sich in ihre Lage versetzen, eine hermeneutische Methode, die dem Konzept der teilnehmenden Beobachtung in der kulturanthropologischen Feldforschung nahekommt. Einerseits werden alle Möglichkeiten des gegenwärtigen Beobachters eingesetzt, vom analytischen Verstand bis zum Gefühl, andrerseits ist ein Rollenwechsel impliziert, der sich eindenkt, dann aber wieder distanziert, um die Erzählung herzustellen.

Konkret gelangten diese Methoden seit den siebziger Jahren des 20. Jahrhunderts, also in der Generation der Nach-68er, zum einen über den Kulturtourismus und die Vermarktung von Denkmälern, vor allem Burgen, zum anderen über die Alternativbewegung mit ihren Interessen an der Hippiekultur, der Ethnologie sowie Folk- und Weltmusik nach Deutschland.

Das Mittelalter kam vor allem dadurch in den Blick, dass die Protagonisten der deutschen Alternativbewegung die Erfahrungen mit anderen Kulturen in die eigene Kulturgeschichte zurückspiegelten, nachdem man sie auf ihren Reisen gefragt hatte: Was macht ihr hier? Habt ihr nichts Eigenes?

Genauso wichtig wie die Inhalte der Erinnerung aber wurde dabei das Prinzip des Rollenspiels, sowohl in der Zunahme spielerischer Aktivitäten und neuer Spielfelder wie bei den Computerspielen als auch in der sozialpsychologischen Voraussetzung. Die 68er waren nach Martin Dornes »die letzte Generation, die noch gegen unterdrückende Normen rebellierte […] Für die Generation nach ihnen – also die Kinder der Babyboomer – stellt sich die Situation grundlegend anders dar. Sie findet keine Tradition vor, gegen die sie rebellieren muss, aber auch keine mehr, an der sie sich […] orientieren kann. Dadurch ändert sich die psychische Aufgabe des Individuums. Es muss nun nicht mehr sein Selbst gegen Übergriffe verteidigen oder seine authentische innere, aber verschüttete Stimme entdecken, sondern es muss sich selbst erfinden.« Diese Selbsterfindung geschieht auf Zeit und im performativen Akt, kann nach Belieben gewechselt werden und vermeidet essentialistisches Denken und Verhalten.

Als ich 1998 im Auftrag der Stadt das Konzept für die Nibelungenfestspiele verfasste, war es daher konsequent, neben der kulturtouristischen Begründung für die Inszenierung eine Tagung zur Aufarbeitung des Missbrauchs im Nationalsozialismus und die Projektierung eines Mittelaltermarktes ins Auge zu fassen. Und so gibt es bis heute neben den Festspielen mit ihrem klassischen Theaterangebot die Tagungstradition der Nibelungenliedgesellschaft und mit dem Spectaculum Worms einen der großen Mittelalterveranstaltungen im Land mit über 20.000 Besuchern jährlich. Organisiert wird das Spectaculum vom Netzwerk *Lebendiges Mittelalter*, einem lockeren Zusammenschluss von aktiven Gewandeten aus der lokalen Mittelalterszene und hauptamtlichen Akteuren der Stadtverwaltung.

Magisches und mythisches Denken

In seinem 2006 erschienenen Buch *Fetischismus und Kultur – eine andere Theorie der Moderne* folgt Hartmut Böhme »nicht der landläufigen Auffassung, dass Magie der Ausdruck eines primitiven, prä-kausalistischen Weltverhältnisses sei und strikt von der (höher entwickelten Religion) sowie erst recht von der verwissenschaftlichten Welt zu scheiden sei. Magie […] gehört nicht nur zu den Hochreligionen wie dem Christentum, sondern auch zur Moderne und dem aufgeklärten Bewusstsein. Wir denken heute ganz in den Bahnen der Wissenschaft und unterhalten dennoch magische Beziehungen zu Dingen,

Personen, symbolischen Leitbildern, ohne deswegen primitiv zu sein.« Es gibt ein »magisches Milieu« sowie die »szenische Einbettung und situative Präsenz« von Fetischen und Idolen inmitten der detektivisch aufgeklärten Gegenwart. *Harry Potter* (seit 1997) und andere Fantasyromane für Jung und Alt, TV-Serien wie *Charmed/Zauberhafte Hexen* (seit 1998), das Sammelkartenspiel *Magic* (seit 1993) sowie Liverollenspiele (*Conventions/Cons*), an denen sich laut Zeitungsberichten etwa 500.000 Personen in Deutschland beteiligen umreißen die Landschaft magischen Spiels. Parallel dazu kommt mythisches Erzählen wieder zur Geltung. Initiationsriten nach dem Muster der Heldenreise prägen die Potter-Romane, das Filmepos *Star Wars* greift Elemente von Wagners *Ring des Nibelungen* auf, im Mythenlabor des Wormser Nibelungenmuseums werden die Variationen alter Mythen in moderner Popkultur in Kurzfilmen nachvollzogen. Dabei wird erneut deutlich, dass die Dramaturgie erzählten Denkens von großer Bedeutung für die Sinnfindung in menschlichen Kulturen ist. Erzählmuster sind über Körperschemata, die zu den Figuren und Gesten passen, im gemeinsamen Gedächtnis der Individuen gespeichert und können daher auch heute jederzeit abgerufen werden, allerdings ohne die dazugehörige Anleitung, wie sie in früheren Gesellschaften über allgemein verbindliche Initiationsriten vermittelt wurden. Insofern kommt der Reflexion und der freien Entscheidung zum Identitätswechsel große Bedeutung zu, um Manipulationen zu verhindern. Die Nibelungen-Festspiele bringen eine dieser großen Erzählungen auf die Bühne. Eine der darin angesprochenen Schichten ist das Verhältnis von Halbgöttern und Menschen, mithin das Verhältnis von Göttern und Menschen überhaupt.

Reinkarnation und Heroen-Geschichten

Wenn die Selbsterfindung ohne Kern bleibt und die Rollenwechsel sich andauernd fortsetzen, kann der Eindruck einer Kette von wechselnden Identitäten ohne Schmerz entstehen. Diese Illusion führt dazu, dass ewige Jugend zum Leitbild werden kann. So ist es in esoterischen Feldern keine Seltenheit, dass die Menschenleben wie Rollenwechsel imaginiert werden und der Wunsch eines Lebens ohne Tod zur therapeutischen Reinkarnationsfantasie mutiert. Meist entdeckt man dann in den persönlichen Wunschwelten, dass man einmal eine höhergestellte Persönlichkeit war, deren Bedeutung die Kränkungen der Gegenwart leichten Mutes ausgleicht.

Der große Mythenkenner Karl Kerényi sagt, dass »die schweren Schicksale dieser Halbgötter und oft um so mehr leidenden Menschen« dem »spielerischen Sein der leichtlebenden Götter« gegenüberstünden. Im *Nibelungenlied* ist dieser Gegensatz insofern gesteigert, als sich gänzlich götterlos Halbgötter und Menschen begegnen und miteinander messen. Die Halbgötter Siegfried und Brunhild werden durch menschliche List hintergangen und getötet beziehungsweise entmachtet und töten und entmachten ihrerseits die Menschen, die sich ihren Leidenschaften in den Weg stellen. Das *Nibelungenlied* ist eine Erzählung davon, wie man es nicht machen sollte beziehungsweise eine Anleitung zum Untergang, wenn man seine Dramaturgie befolgen möchte. Seine Tragik liegt in der Überschätzung der menschlichen Leidenschaften, wie sie in königlicher Märchenhaftigkeit gern vorkommen. Die Wunschwelten der menschlichen Protagonisten werden in den Bildern und Erzählungen der Halbgötter gespiegelt und verwirklicht. Das Scheitern der gottgleich sein wollenden Menschen wird dadurch programmiert. Wie im Begleitbuch zur Dresdner Ausstellung *Die Leidenschaften* von 2012 im Deutschen Hygienemuseum beschrieben, sind Leidenschaften Gefühle, die überwältigen. Das Gewaltsame in ihnen ist es, was aufmerken lässt und das Leid des Gefühligen ausmacht. Nicht von ungefähr heißt es am Ende des *Nibelungenlieds*: »Das glanzvolle Ansehen war da verloschen und tot. Alle Leute trauerten in Jammer und Elend. Leidvoll war das Fest des Königs zu Ende gegangen, wie stets die Liebe schließlich zum Leide führt.« (nach der Übersetzung von Siegfried Grosse). Letztlich scheitern die Menschen an ihren Götterfantasien. Mir scheint, der lange Frieden nach 1945 birgt heute eine ähnliche Gefahr wie vor 1914, als in einem nicht ganz so langen Frieden Selbstüberschätzung und Risikofreude in Gewaltfantasien keimten und sich dann auch kriegerisch entluden. Moritz Rinkes ironische und unorientierte Leichtigkeit von 2002 und Friedrich Hebbels tragische Gesänge von 1861 sind sich näher, als man gemeinhin glaubt.

Glücklicherweise hat die alte Weisheit vom Leid, das die Liebe notwendig nach sich zieht, ein Gegenbild in der Passion, der jüdisch-christlichen Opferdramaturgie. Diese imaginiert im Schwellenerlebnis des aus Liebe selbst gewählten Opfers die Überwindung des Leides, des Todes und gesellschaftlicher Gewalt. Durch beide Dramaturgien kommt man wieder zum durchaus notwendigen Kern; im Fall des Heldenepos kann der unaufhaltsame Wiederholungszwang des tragischen Helden zur Gegenreaktion des So-Nicht im Publikum führen, im Fall der Passion der freiwillige Gewaltverzicht zum Gefühl des Mitleids. Auch wenn beides auf der Bühne nur Theaterspiel ist, kann meines Erachtens die Erinnerung an die Ohnmächtigen, Zurückgelassenen, Vergessenen der Heroen-Geschichte zu neuen Bearbeitungsansätzen führen, die vielleicht den Zeitgeist in naher Zukunft an anderer Stelle treffen als bisher.

Die vergessenen Figuren – Neue Themen für die Nibelungenfestspiele

In zukünftigen Bearbeitungen des Nibelungenstoffes könnte daher mehr auf die Nebenfiguren geachtet werden, auf das Leben nach und neben der Tragödie, auf kulturelle Perspektivwechsel. Da wären die im mittelalterlichen Text nur angedeuteten Kinder von Siegfried und Kriemhild, von Gunter und Brünhild, die von ihren dem Sterben verpflichteten Eltern ohne Worte zurückgelassen werden. Ihrer traumatischen Erfahrung von Elternlosigkeit könnte zum Ausdruck verholfen werden. Andere Autoren könnten sich dem Leben der Brünhild nach dem Aufbruch der burgundischen Königsfamilie an Etzels Hof zuwenden. Kann sie nach Island zurückkehren? Wenn ja, als was, als Magd einer neuen Herrin ? Oder vertrauert sie ihren Lebensabend auf dem Alterssitz von Königin Ute, die ihrerseits all ihre Kinder verloren hat?

Ein heute noch naheliegender Perspektivwechsel wäre der ins Hunnische, das – anders als in der sonst üblichen europäischen Erzählung von der Gefahr aus den östlichen Steppen – im *Nibelungenlied* von der tödlichen Konsequenz der ritterlichen Gewalt aus dem Westen überrascht wird. Mich würde auch interessieren, wie die Überlebenden die Geschichte nach- und weitererzählt hätten, zum Beispiel Dietrich von Bern. Oder wie sich Rüdiger von Bechelaren zwischen den Stühlen gefühlt haben muss. Ich sehe Potenzial in diesen Seitenwegen, nicht weil sie weniger dramatisch wären als die alte Heroen-Geschichte, sondern weil sie dazu in der Lage sein könnten, bekannte Muster zu brechen. Mir kam ein solches Denken gegen die Logik des Erzählens in überlieferten Texten erstmals in den Sinn, als ich erlebte, dass eine Katze, die mit einer Maus spielte, durch mein Beobachten so gestört wurde, dass die verletzte Maus fliehen konnte. Das widerlegte Kafkas zwingend scheinende kleine Fabel von Maus und Katze aus dem Jahr 1920. Was wäre, wenn ein Fenster in der Mauer wäre oder gar eine Tür? Was wäre, wenn nicht nur ich sie öffnen und durch sie ins Freie könnte, sondern wenn von draußen durch sie jemand eingreifen würde? Und wer könnte das werden? Immerhin sind Türen und Fenster auch nicht ohne Mauern denkbar und neue Nibelungen nicht ohne die alten.

Susanne Schul

Nibelungen – born to die

Im Hier und Heute den *alten maeren* ganz nah

> Schönen guten Abend aus Worms und herzlich willkommen in der Heimatstadt der Nibelungen. Meine Damen und Herren heute gibt es eine große Premiere hier vor dieser prächtigen Kulisse. Vor dem Wormser Kaiserdom können Sie die Ursage der Deutschen live miterleben und zwar so, wie Sie sie garantiert noch nie erlebt haben. *Nibelungen – born to die*, so der Titel und ja es klingt schon ein bisschen nach Heavy Metal und nach Action und davon wird es heute Abend auch jede Menge geben, es gibt Hochkultur als unterhaltsames großes Spektakel für jedermann und zwar live, Open Air und später mit über 1000 Zuschauern hier in der Arena.
>
> (SWR, *Hebbels Nibelungen – born to die.* Live von den Festspielen Worms)*

Mit diesen Worten begrüßt die Moderatorin der SWR-Live-Übertragung die Zuschauer zu der diesjährigen Premiere Der Wormser Nibelungen-Festspiele. Und diese Ansage weckt große Erwartungen. Nichts Geringeres soll an diesem Abend geboten werden als ein Miterleben der Nibelungen, live und am Ort des Geschehens. Doch was ist damit eigentlich gemeint? Mit der Redewendung »live am Ort des Geschehens« sein verbinden wir, medial vorgeprägt, die Vorstellung der unmittelbaren Erfahrung; also persönlich vor Ort zu sein, eben mitten im Geschehen, es hier und heute – unvermittelt und direkt – am eigenen Leib erfahren zu können. Aber wie lässt sich ein solches ›Miterleben‹ nun mit einer jahrhundertealten Sagenüberlieferung in Verbindung bringen? So schnell man diese Frage auch verneint, bestimmt doch gleichzeitig die Sehnsucht nach genau jener unmittelbaren Erfahrung den populären Diskurs über die Epoche, in die der Sagenstoff eigentlich gehört: das Mittelalter. Nicht das faktische, sondern viel eher das fremde, kämpferische, spektakuläre und lebendige Mittelalter fasziniert viele Menschen.

Die Moderatorin macht ganz selbstverständlich Worms zur »Heimatstadt« der Nibelungen, in der wir vor dem Kaiserdom, dem »Originalschauplatz« des Geschehens, nun die »Ursage der Deutschen live miterleben« können. Sie

* Mein besonderer Dank gilt dem SWR-Fernsehen, das so großzügig war, mir für diesen Beitrag den Live-Sendemittschnitt der diesjährigen Nibelungen-Festspiele *Hebbels Nibelungen – born to die* zur Verfügung zu stellen und mir die Bildrechte für die ausgewählten Screenshots zu übertragen.

macht uns glauben, dass die Nibelungen zu einem festen Bestandteil unseres kulturellen Gedächtnisses geworden sind; zumindest wenn sie auf das spezifisch ›Deutsche‹ anspielt, das diesem Stoff zu Eigen sei. Aber wie ›deutsch‹ diese Nibelungen dann jeweils zu verstehen sind, das kommt wohl darauf an, wen man fragt. Den Philologen, also Sprach- und Literaturwissenschaftlern, begegnet das *Nibelungenlied* in der Regel in Mittelhochdeutsch, da steckt ›deutsch‹ immerhin schon irgendwie mit drin. Doch ist es tatsächlich die historische Sprachvariante einer höfischen Literaturkultur, an die wir uns bei der »Ursage der Deutschen« erinnern? Wahrscheinlich eher nicht. Vielmehr sind es die neuzeitlichen Adaptionen des Nibelungenstoffs, die unser heutiges Nibelungenbild nachhaltig beeinflusst haben. Denn erst seit dem 19. Jahrhundert wurde dem epischen Text beziehungsweise eher dem Stoff und seinen Umformungen der Stempel aufgedrückt, ein »Deutsches Nationalepos« zu sein: Dieses Etikett hat sich dauerhaft eingebrannt. Bei diesen meist einseitigen Lesarten geht es allerdings nicht so sehr um die Figuren und Ereignisse des mittelhochdeutschen Epos, sondern um ein bestimmtes Selbstbild der ›Deutschen‹, das durchaus wandelbar ist. Mit dem Aufkommen des Nationalismus im 19. Jahrhundert wurde das *Nibelungenlied* schnell zum ›deutschen‹ Mythos, zum Leittext einer ›deutschen‹ Identitätssuche, obwohl es eine denkbar ungeeignete Vorlage für den Zweck einer nationalen Stilisierung bietet: ein literarisches Werk, das von der völligen Auslöschung einer ganzen Gesellschaft handelt. Trotzdem zeigt sich an der wiederholten Tendenz, diese nationale Deutung über alle Hindernisse hinweg auch im 20. und 21. Jahrhundert fortzuschreiben, wie überlebensfähig ein solches Etikett sein kann. Die langlebige Assoziation einer »Deutschen Illias« taucht auch 2013 in unserer Anmoderation wieder auf.

Doch was hat es mit dem Ort des Geschehens auf sich? Die Stadt Worms als der »Heimatstadt« der Nibelungen, in die der Sagenstoff also förmlich ›hineingeboren‹ sei. Zumindest ist Worms ein Ort, der im *Nibelungenlied* tatsächlich mehrfach als Schauplatz des literarischen Geschehens genannt wird: als Herrschaftssitz der Burgundenkönige, als die Stadt, in der sich Kriemhild und Siegfried zum ersten Mal begegnen und vor dessen Kaiserdom der große Frauenstreit spielt. Wenn man sich im heutigen Worms umschaut, dann hat sich der Sagenstoff auch recht werbewirksam in das gegenwärtige Stadtbild eingeschrieben. Denn wo man in Worms geht und steht, stolpert man förmlich über Nibelungen. Doch neben Worms erheben noch über fünfzig Städte aus Deutschland, Österreich und Ungarn den Anspruch darauf, eine Nibelungenstadt zu sein, so dass sich Worms das Label der »Heimatstadt« wohl nicht als Alleinstellungsmerkmal zuschreiben kann. Dennoch sind für die Wormser Festspiele Nationalität, Regionalität und Erlebnischarakter ganz mit ihrer

Nibelungen-Rezeption verwoben, so dass sie die *alten maere* keineswegs als veraltet oder verstaubt präsentieren. Ganz im Gegenteil, sie richten sich – so die euphorische Ankündigung der Moderatorin – als »unterhaltsames großes Spektakel« mit einem Hauch von »Heavy Metal« und mit »viel Action« an diesem Premierenabend an »jedermann«. Ein so anmoderierter Nibelungen-Abend ruft zum einen ein national geprägtes Bewusstsein des Publikums für ein literarisches Erinnern auf und verweist dabei auf eine so genannte »Hochkultur«, zu der die Nibelungen wohl gehören sollen, und reduziert zum anderen aber sofort den möglichen elitären Beigeschmack durch den direkten Verweis auf den Unterhaltungswert der Geschichte: Liebe, Hass und Mord, das sind Themen ohne Verfallsdatum. Und nicht nur das: angekündigt wird ein direktes »Miterleben« der Geschehnisse; und zwar in einer Form, wie sie die Zuschauer in Worms ebenso wie diejenigen vor den Fernsehern zu Hause »noch nie erlebt haben«. Dabei wird die Trennung zwischen der Aufführung des Open-Air-Theaters und des Schauens vor den Bildschirmen nicht nur aufgehoben, sondern die Fernsehzuschauer scheinen stattdessen noch näher an den Geschehnissen dran zu sein. Denn sie erhalten durch die begleitenden Kommentare der beiden Moderatoren Hintergrundinformationen sowie einen einmaligen Blick hinter die Kulissen. Zumindest kündigt dies die Moderatorin im Gespräch mit Regisseur Dieter Wedel an: »Eigentlich sitzen die Zuschauer mit uns beiden zusammen hier, hinter der Bühne, vor der Bühne, ich glaube das ist ein ganz besonderes Erlebnis.« Und so löst sich die SWR-Live-Übertragung tatsächlich in regelmäßigen Abständen vom Geschehen auf der Bühne und bricht damit die Illusion der Aufführung komplett auf. Nähe und Distanz, Beständigkeit und Wandel, Altbekanntes und Brandneues treffen hier aufeinander und vermischen sich. So wird der Wormser Kaiserdom bei den Festspielen als »Originalschauplatz« zum Träger einer »gegenwärtigen Vergangenheit«, sichert ein »authentisches« Nibelungen-Erlebnis und wird zum Medium einer »gegenwärtigen Erzählung« eines jahrhundertealten Sagenstoffes, der hier immer wieder ins Gedächtnis gerufen werden soll. Das um 1200 von einem anonymen Dichter verschriftlichte *Nibelungenlied* beruht auf mündlich überlieferten Stofftraditionen, es bindet diese aber in einer neuartigen Form zusammen. Auch die Nibelungen-Festspiele erzählen die Geschichte von den Nibelungen jedes Jahr wieder, aber eben nicht immer gleich; wie mittelalterliches Erzählen als ein Wieder- und Weitererzählen bekannter Stoffe, zusammengebunden in einer neuen Form. Von Beginn an ist das Hören, Lesen und Sehen der Nibelungen also als ein Weitererzählen zu verstehen, bei dem der Stoff immer wieder umgedeutet und aktualisiert wird.

Und hier setzt Dieter Wedel als Intendant und Regisseur der Nibelungen-Festspiele auch für sein aktuelles Stück an: *Nibelungen – born to die*. Mit dem martialischen Untertitel *born to die* spielt Wedel mit den Erwartungen seines Publikums – Actionfilme, vielleicht James Bond, oder, wie von der Moderatorin vorgeschlagen, Heavy Metal kommen in den Sinn – und gleichzeitig bleibt er aber dem *Nibelungenlied* recht nah: Dort wimmelt es im Text nämlich geradeso von Vorausdeutungen, die nicht nur den gewaltsamen Tod eines Helden versprechen, sondern den Untergang einer ganzen Gesellschaft ankündigen. Wedel bringt nach eigener Aussage die Nibelungen diesmal als ein lebendiges »Fantasy-Märchen« auf die Bühne, dabei trifft Trash auf ganz große Literatur:

> Wenn ich die Fantasy-Filme und Comic-Verfilmungen der vergangenen Jahre sehe, erinnern sie sehr an mittelalterliche Ritterspiele – und sie bedienen sich gerade auch beim *Nibelungenlied*. Ich habe eine Aussage des Physikers Kurt Gödel gelesen, die gut zur Inszenierung passt: Wenn man sich nur weit genug in die Zukunft vortastet, kommt man womöglich in der Vergangenheit wieder an. Ästhetisch haben wir den Versuch unternommen, das Unvereinbare zwar nicht zu vereinen, aber nebeneinander zu setzen. Also Open Air, Film, Trivialitäten, Pferde – und ganz große Literatur.

Wedel geht es dieses Jahr also nicht so sehr um den Versuch, das *Nibelungenlied* zu aktualisieren, sondern stattdessen darum, zu betonen, dass die Konstellationen immer die gleichen bleiben, ob im Mittelalter, in ferner Zukunft oder jetzt. Ein kleines Beispiel für ein solches Wiedererzählen der immer gleichen, aber doch nicht gleichen Szene ist Gunthers Leidenschaft für die unerreichbare Kriegerkönigin Brünhild als ein zentraler Wendepunkt in der Geschichte. Dieter Wedel beschreibt das ungleiche Paar in einem Interview so:

> Ich habe immer gesagt, auch zu den Schauspielern gesagt, stellt euch vor, ein Wormser sagt plötzlich, ich möchte Angelina Jolie heiraten. Und er reist nach Los Angeles tatsächlich, er findet die auch, er trifft die, er spannt die tatsächlich Brad Pitt aus und bringt die mit nach Worms. Man weiß oder man vermutet, wenn die hier ankommen, das wird nicht gut gehen, weil Angelina Jolie und Worms werden nicht ganz kompatibel sein.

»Nicht ganz kompatibel« – das ist noch mehr als untertrieben, denn Brünhild plagen seit ihrer Ankunft in Worms starke Zweifel, ob es bei ihrer Brautwerbung in Island auch wirklich mit rechten Dingen zugegangen sein kann. Nicht Siegfried der Drachentöter und Hortbesitzer hat dort um sie geworben, sondern Gunther, ein Wormser eben, der nach Los Angeles – nein nach Isenland reist, und nicht nur um sie geworben hat, sondern sie auch gegen alle Erwartungen bezwingen konnte. Eigentlich unmöglich, aber ist doch so passiert. Da kann etwas nicht stimmen. Und diese Zweifel sind ja nicht unbegründet, denn

Brünhild hält Gunther in Ketten

ohne Siegfrieds tatkräftige Unterstützung aus dem Verborgenen heraus hätte Gunther niemals um Angelina Jolie – nein um Brünhild werben können. Denn Gunther, Siegfried und seine Tarnkappe, die ihm die Kraft von zwölf Männern verleiht, sind gemeinsam nötig, um Brünhild im Wettkampf überhaupt überwinden zu können, also ein unfairer Kampf: Drei gegen Eine. Und dieses Problem verfolgt sie bis nach Worms. Denn in der ersten Brautnacht wird nun mehr als deutlich, dass Gunther im Einzelkampf mit seiner Königin nicht mithalten kann. Sie lässt ihn zur Strafe gefesselt von einem Nagel an der Wand des königlichen Schlafzimmers baumeln: *si truoc in zeinem nagel unt hienc in an di want.*

Grotesk und komisch zugleich. Während uns das *Nibelungenlied* noch mit hinein ins königliche Schlafzimmer nimmt, zeigt das Nibelungendrama Moritz Rinkes nur die Resultate dieses Kampfs der Geschlechter. Bei Moritz Rinke wird Gunther nämlich an einer Fahnenstange hoch neben das Burgfenster gezogen und dabei noch gekonnt ausgeleuchtet, wie es die Regieanweisungen im Dramentext ankündigen:

> Hochzeitsnacht. Gunther hängt an der Fahnenstange hoch neben einem Burgfenster und angestrahlt von der Fackel. Seine Hände sind gefesselt. Hagen macht einen Abendspaziergang.

Und in der späteren Inszenierung von Moritz Rinkes *Nibelungen* bei den Festspielen von 2002 hängt Brünhild ihren Ehemann dann schließlich gut sichtbar

Siegfried erzählt von Abenteuern

für alle Zuschauer in einem Baum vor dem Wormser Kaiserdom auf, so dass es wieder der »Originalschauplatz« ist, der ins Zentrum des Interesses rückt. Aber zum Glück ist es in der Aufführung neben den Zuschauern lediglich Hagen, der den König in dieser peinlichen Lage hoch oben schaukelnd entdeckt. Die aktuelle Inszenierung von Wedel setzt da noch einen drauf. Denn nun wird aus der potentiellen Gefahr der Bloßstellung des Königs ein öffentliches Zur-Schau-Stellen seiner völligen Unzulänglichkeit: Brünhild zieht bei ihrem Einzug am Wormser Hof nun Gunther an einer Eisenkette durch den Schlamm hinter sich her und hält ihn dann an den Thron gekettet als ihren Gefangenen.

Doch während es in Hebbels Trauerspiel zwar eine Vorlage für diese öffentliche Erniedrigung in Form eines missglückten Kussraubs gibt, treibt es Dieter Wedel mit dieser sklavischen Unterwürfigkeit des Königs nun auf die Spitze. Denn Brünhild verweigert hier nicht nur einen Kuss, sondern führt stattdessen vor dem ganzen Hof ihre exorbitante Kraft vor: Eine Demütigung, von der sich Gunther nicht mehr erholen dürfte, ein öffentlicher Schauprozess mit König Gunther in Ketten, da können und wollen wir doch nicht wegsehen. Und jedem ist jetzt klar, der kann nicht mit Angelina Jolie – ach nein mit Brünhild, der ist völlig überfordert.

Wenn es also für die Wormser Nibelungen-Festspielen in diesem Jahr heißt »zurück zu den Wurzeln«, dann bedeutet das nicht unmittelbar ein Zurück zum epischen Text, obwohl die Redewendung in doppelter Weise zutrifft. Zum einen

Siegfrieds Gefolge

stehen erstmals seit langer Zeit wieder Nibelungen bei den Nibelungen-Festspielen auf dem Programm. Nach John von Düffels Nibelungenkomödie *Das Leben des Siegfried* von 2009 wurden in den darauf folgenden drei Jahren zwar – wie es heißt – typisch ›deutsche‹ Stoffe mit aktuellen Bezügen verhandelt, etwa zur Finanzkrise oder zur Verfolgung von Minderheiten, aber es wurden keine Nibelungen mehr gespielt. »Zurück zu den Wurzeln« heißt es für die Festspiele aber zum anderen auch mit Bezug auf den dramatischen Text, der der Inszenierung diesmal zugrunde liegt. Denn Dieter Wedel greift als Regisseur nun auf das Trauerspiel zurück, das schon bei den ersten Nibelungen-Festspielen von 1939 gespielt wurde, nämlich auf Friedrich Hebbels *Die Nibelungen. Ein deutsches Trauerspiel in drei Abteilungen* von 1862. Hierdurch stellen die Festspiele erneut den Text zur Diskussion, der die eigene Festspielgeschichte nachhaltig geprägt hat und der seit der Wiedereröffnung der Festspiele 2002 schon mehrfach von Regisseurin Karin Beier in den Jahren 2004 und 2005 unter dem Titel *Die Nibelungen ein ~~deutsches~~ Trauerspiel* gespielt wurde. Demzufolge setzen sich die Festspiele kritisch mit einem Stoff auseinander, der lange Zeit durch die Vereinnahmung der Nationalsozialisten ein Tabu geworden war, deren Lesart der Nibelungen in den Aufführungen auch immer wieder, beispielsweise unter Zuhilfenahme komischer Momente, ad absurdum geführt wurde.

Wedel entwirft im Jahr 2013 nun auf der Grundlage der ersten beiden Abteilungen von Hebbels Trauerspiel (*Der gehörnte Siegfried* und *Siegfrieds Tod*) sein

Mordversuch

»Fantasy-Märchen« mit vielen namhaften Film- und Fernsehschauspielern wie Cosma Shiva Hagen als Kriemhild, Vinzenz Kiefer als Siegfried, Kathrin von Steinburg als Brunhild, Lars Rudolph als Hagen, Bernd Michael Lade als Gunther und viele mehr. Er erzählt dabei die Geschehnisse in ihrer Handlungsfolge ganz anders. Getreu dem Motto *born to die* setzt seine Version am Ende der Heldenhaftigkeit an und beginnt mit dem Mordplan an Siegfried. Auch hier befindet sich, wie in der Hebbelschen Vorlage, die erzählte Welt zwischen den Extremen von Christentum und heidnischem Götterglauben – irgendwo zwischen mythischer Vergangenheit und unbestimmter Zukunft – und mittendrin erfolgt der Untergang des vermeintlichen Helden. Damit zäumt Wedel zwar das Pferd von hinten auf und setzt sich damit bewusst von seiner Vorlage ab; gleichzeitig steckt aber auch noch ganz schön viel Hebbel in seinem Stück. So versteht es Wedel, die pathetische Sprache des 19. Jahrhunderts mit rockigen Songs und Gegenwartsjargon zu durchmischen. Er greift als Regisseur dabei selbstbewusst in die breit angelegte Trilogie ein, um die ersten beiden Abteilungen an einem Abend auf die Bühne zu bringen. Er kürzt, ändert Szenenfolgen, arrangiert den Text um und startet mit einer Schlüsselszene: der Ermordung des Helden.

Doch während die Zuschauer nun einen großen, muskulösen und natürlich kampfbereiten Siegfried erwarten, hat Wedel in diesem Jahr auch von ihm eine ganz andere Idee im Kopf. Kein heroischer Einzelkämpfer, sondern ein eher unscheinbarer Jüngling im hautengen Kostüm kommt in die Schlamm-Arena –

Hagen als Ränkeschmied

dieses Jahr spielen die Nibelungen im Schlamm vor der Westseite des Kaiserdoms; für die Aufführung wurden extra 500 Tonnen Erde vor dem Dom aufgeschüttet –, getragen von einem Gefolge aus zehn Begleitern. Sie alle sind mit goldenen Brustpanzern, Schwertern und federbesetzten Helmen ausgestattet und ergänzen den Helden in Bezug auf Kraft und Sprachvermögen. Denn sie tragen Siegfried nicht nur durch die Gegend, sondern sie übernehmen auch einen Teil seines Heldentums. Als Siegfried nämlich ausführlich von seinen Heldentaten im Nibelungenland zu berichten beginnt, ist es immer wieder sein Gefolge, das das Weitererzählen vom Schwert- und Horterwerb, von Tarnkappe und Drachenkampf übernimmt. Während sich im *Nibelungenlied* an dieser Stelle Hagen zu Wort meldet, um Gunther vor der potentiellen Gefahr zu warnen, die von dem fremden Besucher ausgehen könnte, und es bei Hebbel noch der Alleingänger Siegfried ist, der sich selbst im Erzählen zum zeitlosen Helden kürt, löst Wedel den ›Poser‹ von der reinen Selbstdarstellung ab und verteilt die Erzählung stattdessen auf Siegfried und sein Gefolge: Heldenhaftigkeit wird zur Gruppenperformance.

In imposanter Choreografie und im exakten Sprachchor wird aus Siegfried und seinen Vasallen bis hin zum gemeinsam erlittenen Heldentod eine Einheit. Dieses Sprach- und Szenenkonglomerat ergänzt Wedel durch Filmeinspieler auf den Mauern des Kaiserdoms. Und hier ist der erfolgreiche Filmemacher ganz in seinem Element, denn die Kombination von Aufführung und filmischen Ein-

Volker stimmt die Erzählung an

spielern ist immer wieder Teil seiner Inszenierungen. So sieht man beispielsweise, wie sich Siegfried über Felsen und Wurzeln durch das Nibelungenland kämpfen muss, während er den Burgunden gleichzeitig von seinen Eroberungen berichtet. Hagen ist es dann aber, der die ausgedehnte Heldenerzählung mit dem Ausruf sprengt »Es ist ein Märchen mit dem Drachenblut! Er ist verwundbar!« und damit den Kampf einleitet, an dessen Ende ein totbringender Speerstoß stehen wird.

»You and I have born to die«; mit diesem Lied besingt Kriemhild daraufhin den frühen Tod des Geliebten bei ihrem ersten Auftritt auf der Schlamm-Bühne und leitet zu der Frage über, wie sich dieses Drama um den Tod des Drachentöters denn eigentlich ereignen konnte. Gleichzeitig verweist sie mit ihrem Gesang aber gedanklich auch schon auf den dritten Teil von Hebbels Trilogie mit dem Titel *Kriemhilds Rache*, den Dieter Wedel 2014 in Worms als Fortsetzung der diesjährigen Festspiele aufführt. Dann wird es Kriemhild sein, der die eigenen Rachegelüste schließlich am Hunnenhof das Leben kosten werden. *Born to die* trifft nämlich nicht nur auf Siegfried zu und so deutet Kriemhild mit ihrem ersten Erscheinen schon das tragische Ende des *Nibelungenliedes* an. Doch nun wendet sich das Stück erst einmal wieder Siegfrieds Vorgeschichte zu, die Dieter Wedel nun in Rückblenden präsentiert. Rüdiger von Bechelaren kommt nämlich als Gesandter des Hunnenkönigs Etzel an den Wormser Hof, um für ihn um die Siegfried-Witwe Kriemhild zu werben. Der ist aber von den ungewöhnlichen

Rüdiger verlangt Erklärungen

Umständen, die dort herrschen, völlig irritiert, und fragt immer wieder nach, was das denn eigentlich soll, und bittet schließlich den Spielmann Volker, von Beginn an, also wieder chronologisch zu berichten. Damit wird Rüdiger selbst zu einem Teil des Publikums: Er greift sich einen Stuhl, setzt sich an den Rand und verfolgt gespannt die retrospektive Erzählung des Sängers Volker, die nun erneut in die Aufführung überleitet.

Nun bleibt Dieter Wedel wieder eng an seiner Vorlage und kommt somit zu deren Anfang zurück: nämlich zu einer Wormser Hofgesellschaft, die sich im Umbruch befindet, in einer Gleichzeitigkeit alter und neuer Glaubenstraditionen. Die Krise, in der der Hof steckt, zeigt sich sofort in einer kabarettistischen Szene, in der König Gunther und seine Vasallen den Gottesdienst schwänzen und sich stattdessen vor dem Dom mit Weib, Wein und Gesang vergnügen wollen, während ein Filmeinspieler aber den Blick in den Dom und zur Messe freigibt und so einen parodistischen Austausch zwischen innen und außen ermöglicht. Der Kaplan ist von diesem Gelage völlig schockiert, Hagens Frage nach dem richtigen Verhalten am christlichen Feiertag wird zum Ausgangspunkt einer weiteren Erzählung, nämlich »vom Recken, den du niemals forderst und von dem Weib, um das du niemals wirbst!« Siegfried und Brünhild sind somit bereits zu einem Teil des Sagenwissens geworden, das man sich nun am Wormser Hof zur Unterhaltung vom Sänger Volker vortragen lässt. Und seine Erzählung von der ungewöhnlich schönen wie unbeschreiblich starken Frau

Brünhild als Fremde in Worms

»im tiefen Norden« ist es auch, die zum Auslöser für Gunthers Werbungsbereitschaft wird. Doch weil Brünhild nun einmal so unglaublich stark ist, benötigt der König dabei eine hilfreiche Hand. Nur Siegfried ist in der Lage, Brünhild zu besiegen, doch dieser will viel lieber um Kriemhild werben und so eröffnet sich ein weitläufiges Betrugsgeschehen, in dem Hagen als dunkler Ränkeschmied im Hintergrund agiert. Wedel beschreibt dessen Motive so:

> In diesem Jahr wird es ein Hagen sein, [...] der es einfach nicht mag, wenn jemand größer ist als er selbst. Also ich glaube, die Zeit der Riesen ist nicht nur bei den Nibelungen, sie ist überall vorbei. Das können wir auch beobachten, in Medien, in manchen Firmen, auch in Theatern. [...] Die Riesen sollen weg und es soll bitte nichts da sein, was über mein Augenmaß hinausgeht.

Männerbündnis, Werbungsbetrug, Frauentausch, Brautnachtlisten und ein darauf folgender Frauenstreit, all diese konfliktbehafteten Szenen führen erneut auf das Mordgeschehen zu, mit dem der ›Riese‹ herabgesetzt werden soll und mit dem sich der Kreis von Volkers erzählter Rückschau schließt. Die zweite Heldentötung an diesem Abend überrascht allerdings noch mit einer letzten Variation. Denn während das *Nibelungenlied* selbst keine schicksalhafte Verbindung von Siegfried und Brünhild füreinander kennt, treibt Dieter Wedel auch diese Dreiecksbeziehung, die Hebbel nach nordischem Vorbild entwirft, auf die

Brünhild verspeist den toten Helden

Spitze. Zwei Frauen kämpfen um einen Mann, und ihre Liebe wird so von Eifersucht bestimmt, dass die eine der anderen den Mann nicht gönnt, sondern ihn lieber tot sehen will. Hebbel zeigt Brünhild zuletzt in einer Hass-Liebe zu Siegfried, sie haust nach seinem Tod sogar wie ein »Vampyr« in dessen Grab, um dem Toten weiterhin nahe zu sein. Dieter Wedel belässt es jedoch nicht bei dieser Sehnsucht: Hier verleibt sich Brünhild den toten Helden stattdessen kannibalistisch ein, verschlingt ihn und nimmt seine heroische Kraft nun wortwörtlich in sich auf, sie hat ihn »zum fressen gern«. In einem Feuerkreis, den die Amme Frigga entzündet, findet das schicksalhafte Paar aus einer mythischen Vergangenheit schließlich im Schlamm sein Ende.

Wedels Weiterzählen der Nibelungen bei den Wormser Festspielen bringt Altes und Neues miteinander ins Gespräch. Ein Sinnbild für dieses Durchmischen der Varianten und für die Chance, dadurch neue Lesarten zutage zu fördern, liefert der Umgang mit dem »Originalschauplatz« selbst: Der Boden vor dem Kaiserdom wurde bei der Aufführung mehrmals komplett umgepflügt. Durch dieses Aufwühlen kommen eben nicht nur alte Erdschichten an die Oberfläche, sondern die aufgeworfene Erde wird auch zum Nährboden für ein Weitererzählen. Das Wort-Spiel mit und das Schau-Spiel auf dem vermeintlichen »Originalschauplatz« wird vieldeutig. Es ermöglicht zwar keine direkte Begegnung mit der mittelalterlichen Sage, aber es hält doch bewusst, dass ein ›Hier und Heute‹ nicht ohne ein ›Hier und Gestern‹ auskommen kann.

Zuletzt ist es dann noch einmal Rüdiger, der die Erzählung von den Nibelungen als unvollendet offenbart und einen Ausblick auf den baldigen Untergang beziehungsweise die nächste Inszenierung 2014 gewährt, denn auch da gilt: Nibelungen – born to die.

> Entschuldigung, äh ... ! Moment, äh ... habt's ihr mich denn ganz vergessen. Ich bin gekommen, um zu werben. Im Namen König Etzels, der überall gebietet und befielt und nur vor euch als Bittender erscheint, um Kriemhild deine königliche ... aber das habe ich ja alles schon längst gesagt ...

Heike Geißler

»Insgeheim sind alle müde«

Claudia Binger im Gespräch mit dem Regisseur Nikolas Rufracht

Claudia Binger: *Nikolas Rufracht hat als Regisseur im Frühjahr viel von sich reden gemacht, als er zugegebenermaßen ausgesprochen öffentlichkeitswirksam die Intendanz des Leipziger Theaters ablehnte. Er hatte, als Oberbürgermeister, Kulturbürgermeister und Kulturdezernat ihn mitten in den Gesprächen mit anderen Bewerbern öffentlich zum Favoriten erklärten und dabei auch den jetzigen Intendanten Matthias Brohmer kritisierten und für einen kulturellen Abstieg verantwortlich machten, seine Bewerbung mit einem offenen Brief an die Stadt Leipzig zurückgezogen. In seinem Brief forderte er Respekt und Diskretion für alle Bewerber und vor allem für den amtierenden Intendanten und thematisierte die Willkür, die in Leipzig herrsche.*

Wenige Monate später wurde Nikolas Rufracht die Neu-Inszenierung des Nibelungenliedes *am Chemnitzer Theater entzogen. Unbegründet, wie es schien. Man habe sich über Produktionsdetails nicht einigen können und trenne sich deshalb einvernehmlich. Mittlerweile ist aus dieser abgebrochenen Neu-Inszenierung ein Film geworden. Ein Film von und über die Inszenierung eines Stückes, ein Film über das* Nibelungenlied. *Der Titel des Filmes lautet* Audiodeskription eines Nationalmythos. Oder: Vom Regen in die Traufe und retten, was zu retten ist.

Herr Rufracht, ich begrüße Sie herzlich im Studio, ich freue mich, dass Sie gekommen sind.
Nikolas Rufracht: Guten Abend.

Stand der Titel Ihrer Arbeit zum Nibelungenlied *schon fest, als Sie die Zusammenarbeit mit dem Chemnitzer Theater beendeten?*
(*Lacht*) Nein, damals waren wir, und mit *wir* meine ich vor allem meinen Ausstatter Klaus Wegestreit und die Dramaturgin Nina Blungert, noch nicht so weit. Wir waren da noch dichter am Text. Es war aber schnell klar, dass sich Konflikte mit dem Theater anbahnten, dass wir nicht die Freiheit hatten, die uns anfangs zugesichert worden war.

Was waren das für Konflikte?
Es lief eben darauf hinaus, dass wir alles gedurft hätten, wenn wir uns nur hätten entschließen können, Hagen als tumben Machtmenschen und Kriemhild als ausschließlich rachsüchtige Frau darzustellen. Natürlich hätten diese beiden Figuren in einem modernen Umfeld wandeln sollen, man sah in Hagen einen skrupellosen Kommunalpolitiker und in Kriemhild eben hauptsächlich eine junge Frau, die vernetzt genug war, ihren persönlichen Amoklauf der Rache in die Hände ihrer Bekannten und Freunde zu legen. Man wollte die Kämpfe als Kommentare zum Crowdsourcing sehen.

Sie sahen das anders?
Anfangs nicht unbedingt, ich finde, man kann das machen, und es spricht immer auch für einen Text, wenn er dermaßen inspiriert und sich in die Gegenwart wirft, wenn er mit aktuellen Prozessen zu überlappen scheint. Aber wir hätten dann einen Transfer inszenieren müssen, das *Nibelungenlied* in Gesamtheit ins Jahr 2012 übertragen müssen, was uns nicht erstrebenswert vorkam.

Ist das Nibelungenlied *für uns noch von Bedeutung?*
Das muss jeder Leser selbst entscheiden. Ich habe im Lauf der Inszenierung des Stückes eine ambivalente Haltung dazu entwickelt. Was das *Nibelungenlied* zum deutschen Nationalmythos machte – das Heldenhafte, das grundsätzlich Treue, das unendlich Starke – kam mir wirklich nicht mehr interessant vor. Das sind schier übermännliche Werte, die zu diskutieren mir so müßig erscheint, dass ich lieber für ein Publikum inszeniere, das derlei Werte und Normen und Verhaltensweisen als patriarchal und systemkonservierend zu erkennen weiß und im eigenen Verhalten nicht länger pflegt.

Kann sich ein Regisseur sein Publikum aussuchen?
Ich versuche es implizit und meine: Ja. Aber ich würde auch niemanden wegschicken, der mir nicht zu passen scheint. Man weiß ja weniger über die Menschen als man denkt.

Wir lassen jedenfalls alles weg, was uns stört. Das ist auch eine Textkritik oder es ist eine Lesart.

Was bleibt vom Nibelungenlied, *das man kennt?*
Eine andere Quintessenz als die übliche.

Sicherlich gehen wir später noch genauer darauf ein. Lassen Sie uns aber zuerst auf die Frage des Mediums zu sprechen kommen. Sie präsentieren uns ein Theaterstück als Film. Sehe ich das richtig?
Schon. Aber während des Schnitts haben sich einige Veränderungen ergeben, wir haben quasi am Schneidetisch das Stück uminszeniert. Es sollte dann ja ein Film werden und nicht ein Mitschnitt.

Der Film lief nun gerade auf der Berlinale, mit guter Resonanz. Wir haben ein paar Einspieler vorbereitet. Erzählen Sie uns mehr über den Film.
Wir sehen hier eine Szene vom Anfang des Filmes. Hier wird eine spätere Szene vorweggenommen. Wir lassen die Bahrprobe nicht an Siegfried durchführen, sondern an Kriemhilds Traum. Da liegt Kriemhild auf dem Bett, neben ihr sitzt ein Falke. An ihnen gehen alle Personen des Stückes vorbei. Als Siegfried erscheint, erhebt sich die schlafende Kriemhild, ergreift den Falken und geht mit ihm davon. Das ist der Anfang.

Der Vogel taucht im Nibelungenlied *ja im Traum auf.*
Richtig, der Vogel wird von zwei Adlern gerissen, was bedeuten soll, dass der künftige Mann Kriemhilds getötet werden wird. Wir konnten schwerlich die Deutung des Traumes verändern, die ist etwas wie ein Topos. Wir haben einfach den Traum verändert, oder anders gesagt: Wir stellen Kriemhild als Partnerin ihres Traumes vor, als Organisatorin ihres Traumes, als in ihrem Traum Handelnde. Der Traum widerfährt ihr nicht einfach nur, sie macht ihn, sie träumt ihn vollkommen aktiv und entschieden, gewissermaßen mit traumwandlerischer Sicherheit inszeniert Kriemhild ihren Traum.

Hier sehen wir nun, wenn ich mich nicht täusche, Brünhild.
Genau. Wir sehen Brünhild im Bühnenhimmel agieren, das ist auch ihr Platz, von dort aus hält sie Reden, von dort aus kommentiert sie das Geschehen.

Sie haben Brünhild, sagten Sie im Vorgespräch, eine prominente Gesprächspartnerin an die Seite gestellt, die Courasche von Grimmelshausen.
Sehen Sie, Brünhild brauchte eine Verbündete. Dringend. Sie brauchte eine, die gewitzter ist als sie, verschlagener. Die Courasche sieht man nicht, aber Brünhild agiert mit ihr, zitiert sie, antwortet auf deren Fragen, nimmt Szenen aus dem Leben der Courasche heran, um sie mit Szenen ihres Lebens zu vergleichen, um zu verstehen, um sich sozusagen fortzubilden und eine Draufsicht auf ihre Situation zu erlangen.

Agiert sie der Draufsicht wegen aus dem Bühnenhimmel?
Ja, und diese Draufsicht ist ein Geschenk unserer Inszenierung an Brünhild, diese *Nibelungenlied*-Brünhild. Wir nehmen ganz und gar Partei für sie, unsere Herzen schlagen für Brünhild, wir versuchen da etwas gutzumachen, etwas, wofür wir natürlich nichts können.

Kann man sagen, das Stück rettet Brünhild, und wenn ja: Warum?
Das kann man genau so sagen, auch wenn es pathetisch erscheint. Brünhild ist vermutlich keine, die auf Anhieb Sympathien weckt. Wir weichen hier gänzlich vom Ursprungstext ab. Man muss wissen, dass Brünhilds Hochzeit mit Gunther auf Lug und Trug basiert. Da stimmen die Voraussetzungen einfach nicht. Jener Forderung Brünhilds, dass der sie heiraten dürfe, dem sie im Wettkampf unterliege, wird ja keinesfalls entsprochen. Brünhild begehrt Siegfried, und tatsächlich stünde ihr Siegfried zu. Diese stärkste Frau wird übertölpelt, mehrfach, was ausgesprochen bedauerlich ist.

Wir waren im Übrigen sehr verlockt, Gunther für die volle Länge eines Aktes am Nagel hängen zu lassen, denn natürlich hängt er dort richtig. Wir haben dann aber auf diese und viele andere Szenen verzichtet. Es erschien uns besser und klüger, Brünhild und die Courasche ins Gespräch kommen zu lassen. Brünhild erzählt der Courasche alles. Brünhild weiß auch alles. Wir lassen sie in unserem Stück über nichts im Unklaren. Sie weiß, dass sie ein Mittel zum Zweck war. Mir war beim Inszenieren, als hätte man sie einfach schon viel zu lange für dumm verkauft.

Sprechen Sie über Kriemhild. Wir sehen hier einige Szenen im Zeitraffer erzählt.
Wir konzentrieren uns auch bei Kriemhild auf das Wesentliche. Wir zeigen ihr Aufwachsen und die erste Zeit mit Siegfried in Snapshots. Uns lag nicht daran, eine große Liebe zu inszenieren. Denn es geht im Kern von Kriemhilds späterer Rache und folglich im Kern des *Nibelungenliedes* ja gar nicht primär um Liebe. Es geht also eigentlich auch gar nicht um Siegfried, selbst er ist eher ein Mittel

zum Zweck. Wobei er nicht Kriemhild ein Mittel zum Zweck ist, sondern dem Text, der Histoire. Siegfried ist das wesentliche Movens all dessen, was wir vom *Nibelungenlied* gemeinhin wissen, und sicherlich ist er beeindruckend, aber er hat auch etwas Trübes, Uninteressantes. Was wir an und mit Kriemhild zeigen wollten, war der Selbstbetrug oder die Verwechslung, der sie unterliegt. Ihre Rache hat etwas Innerliches, sie ist zu einem nicht unerheblichen Teil gegen Kriemhild selbst gerichtet.

Erklären Sie das bitte genauer.
Das tue ich gern. Wir wissen ja, dass Kriemhild nach Hagens Aufforderung Siegfrieds Kleidung an jener Stelle mit einem Kreuz bestickte, wo sich Siegfrieds verwundbare Stelle befand. Hagen hatte versprochen, Siegfried und vor allem seine verwundbare Stelle zu schützen. Wir zeigen Kriemhild nun ohne Unterlass stickend. Sie stickt an dieser Stelle herum, bis das Kreuz allzu deutlich ist, bis vor allem klar wird: Auch Siegfried muss diese Stickerei bemerkt haben.

Sie sagen also, Siegfried habe von dieser Markierung und folglich von seiner Gefährdung gewusst?
Richtig, und dabei geht es vor allem darum, Kriemhilds Ausflüchten in Träume, in Warnungen an Siegfried, nun bloß nicht den Hof zu verlassen, nicht Tribut zu zollen. Ihr also jene Ausflüchte nicht zu gönnen, und Siegfried nicht die Ahnungslosigkeit, sondern eine Situation zu schaffen, in der beide Bescheid wissen. Siegfried weiß, dass Kriemhild seine verwundbare Stelle markiert hat. Kriemhild weiß, dass Siegfried es weiß. Wir wollen dem Raunen und den Ahnungen keinen allzu großen Raum geben, wir versuchen nicht, von Andeutungen zu profitieren.

Bedeutete das letztendlich nicht auch, dass durch diese Darstellung, in der beide alles wissen, Kriemhilds Rache überflüssig würde? Dass Kriemhild nun nicht mehr den Tod eines heimtückisch und ahnungslos ermordeten Gatten zu beklagen hat, sondern vielmehr den Tod eines Mannes, der alles, was auf ihn zukommen sollte, wusste?
Ja, das wird es bedeuten, wenngleich ich das nicht so bewusst entschieden habe. Es war im Lauf der Inszenierung einfach klar, dass ich die Schauspieler nicht dermaßen ahnungslos und mit Heimlichkeiten agieren lassen konnte. Wir gehen hier mit einem alten Text um, den viele kennen, manche sehr genau, andere weniger genau. Der Leser weiß von Anfang an, dass nichts gut ausgehen wird. Der Leser wird gut auf alle anstehenden Tode vorbereitet. Es kam uns überflüssig vor, diese letzte Begegnung Siegfrieds und Kriemhilds aufzuwerten durch ein tragisches Aneinander-vorbei-Agieren, durch Kriemhilds nicht ausge-

sprochene Hoffnung, Siegfried würde ihren Träumen glauben und bei ihr bleiben, und durch Siegfrieds schnellen Abschied. Solche Szenen kennt man, nicht zuletzt aus aktuellen Fernsehfilmen. Ich habe entschieden: wir wollen solche Abschiede nicht mehr sehen.

Bei uns trennen sich zwei, die wissen, was sie ereilen wird, und jeder weiß, dass der andere weiß, wenngleich beide darüber kein Wort verlieren.

Die Rache Kriemhilds bedarf tatsächlich gesonderter Betrachtung, und man muss sagen, dass diesen Textstellen unaushaltbar sind, nicht lesbar, erst recht nicht darstellbar. Zu viel Blut, zu viel Inferno, zu viel Unstoppbarkeit.

Das Töten und Sterben und Bluten und Dahinsiechen im sickernden Blut ist nicht darstellbar oder bühnentauglich. Es bringt nichts, das zu zeigen, und es bringt auch nichts, das zu lesen. Das mag für manche unterhaltsam sein, für andere ist es quälend wie *Inland Empire* von David Lynch. Bei Lynch ist die Quintessenz der Qual, dass man sich als Zuschauer in keinerlei Hinsicht weniger gequält fühlt als die Protagonistin Nikki Grace, dass man also mittels dieses extremen Mitleidens Teil des Films zu werden scheint, oder, schlimmer noch, der Film den sicheren Ort der Leinwand verlässt und ins Leben seiner Zuschauer wuchert.

Wie man auf Blut und Sterben reagiert, ist sicherlich eine Frage des persönlichen Verfasstseins. Aber wem es gelingt, die Figuren als Menschen zu sehen, was ja möglich ist, denn so geschickt ist der Text, so gut und ausführlich, der wird nicht wollen, dass alle sterben, der wird auch diesen Aufwand suspekt finden. Sie wissen als Leser, dass fast alle, die sie kennenlernen über kurz oder lang getötet werden.

Böte sich heutzutage nicht eine metaphorische Lesart an?
Vielleicht, aber man hätte es dann mit Metaphern zu tun, die sich sehr bemüht zeigten, keine zu sein. Das Blut im *Nibelungenlied* ist Blut. Die abgeschlagenen Köpfe sind abgeschlagene Köpfe.

Was tun Sie also mit Kriemhilds Rache?
Wir lassen keine Schlachtung stattfinden. Kriemhild monologisiert. Sie breitet sich in einer Rede aus, die sie vor ihren Brüdern und vor Hagen hält. Wir knüpfen da an traumwandlerische Szenen des Textes an. Man kann sich fragen: Spricht sie das oder hören da alle nur, was sie wollen oder fürchten. Kriemhilds Rache, so wie sie im *Nibelungenlied* beschrieben wurde, ist natürlich so fürchterlich, weil Kriemhild sich nicht frei von Schuld wähnt. Es ist eine dubiose Schuld: Die Schuld, den Betrug zugelassen und über diesen im entscheidenden Moment geschwiegen zu haben. Das ist keine zertifizierbare, justiziable Schuld, aber es

ist etwas, das Kriemhild als Stigma mit sich schleppt. Es erschien uns unsinnig, aus diesem Umstand ein großes Sterben zu machen. Wenngleich auch bei uns gestorben wird, das will ich nicht verschweigen.

Zeigen Sie ein Nibelungenlied *ohne Kämpfe?*
Wir zeigen eine *Nibelungenlied*-Adaption, die auf die Kämpfe nicht ganz verzichtet. Wir lassen jedoch die Schwerter gegeneinander antreten. Wenn die wichtigen Schwerter schon Namen haben, dürfen sie auch eigenständig auftreten. Im Übrigen konnten wir für diese Schwertszenen auch die US-amerikanische Choreografin und Tänzerin Jen Rosenblit gewinnen, die erstaunlich ist. Ich will da aber nichts vorwegnehmen. Das muss man alles im Film sehen. Rosenblit vollbringt Wunder, sie ist, meine ich, sogar eine Brünhild der Jetzt-Zeit.

Wenn ich mich nicht täusche, spielt Hagen kaum noch eine Rolle. Liege ich da richtig?
Er ist als Figur konsistent, er hat die wenigsten Brüche, er ist klar zu verstehen. Womöglich eine ehrliche, wenn auch durchweg amoralische Haut. Seine Konsistenz ist interessant, aber wir hatten bei der Inszenierung einen anderen Fokus.

Hagen wirkt wie ein positiver Held ex negativo, verbessert, uns angedient, wenn er gegen seinen Rat mit den anderen an Etzels Hof reist, um Kriemhilds Einladung anzunehmen.

Ich finde auch beeindruckend, wie und dass er den Pfarrer über Bord wirft. Natürlich präsentiert sich da das Böse Hagens erneut. Doch zugleich wissen wir und weiß er mit Klarheit: von nun an reist er seinem Tod entgegen.

Hagen ist eine der überzeugendsten Figuren des *Nibelungenliedes*, aber wenn man sich an einem Abend der Rettung widmet, was wir ja offensichtlich tun, muss man sich nicht ausführlich mit Hagen beschäftigen.

Haben wir es denn noch mit dem Nibelungenlied *zu tun?*
Ja und nein. Das Stück und der Film funktionieren, ob man nun das *Nibelungenlied* kennt oder nicht. Aber wer es kennt, hat sicherlich mehr Freude an meiner Interpretation.

Haben Sie den Text auch historisch gelesen? Oder, anders gefragt: Wie relevant war das Mittelalter für Ihre Inszenierung?
Ich bin kein Experte, aber ich habe mich belesen, bis ich mir nahezu wie einer vorkam. Ich habe den Text dann noch mehrfach hauptsächlich wie einen aktuellen Text gelesen, habe alles Fachwissen beiseitegeschoben und nach den Motivationen und Gesprächen und Handlungen gesucht, die mir vertraut vorkamen. Es ging mir hauptsächlich darum, dem Text das zu entlocken, was für

mich und heute interessant ist. Angelegenheiten der Ewigkeit vermutlich. Also alles, was über die Kämpfe, die Tugenden, das mittelalterlich Ehrenhafte und Treue hinausgeht. Das Historische wollte ich nicht einfach abbilden, würde es aber gern demnächst thematisieren. Nehmen wir zum Beispiel die Treue, die für heutige Leser nicht so leicht verständlich ist. Man kann diese Treue in Frage stellen, sollte sie sehr in Frage stellen, führt sie doch zu ausweglosen, absurden, überflüssigen Situationen. Und zugleich, natürlich zeigt beispielsweise der seinem Herren treue Rüdiger am Ende des *Nibelungenliedes* etwas, was einigen Politikern der letzten Zeit abgesprochen wurde: Hingabe, Demut und Entschiedenheit, woraus auch Glaubwürdigkeit resultiert. Denken Sie an den Moment zurück, als Philipp Rösler gleich zu Beginn seiner Ministertätigkeit ankündigte, er wolle nicht dauerhaft Minister bleiben. Der quasi das Private als Zielpunkt des Politischen darstellt, als Endpunkt. Das ist, wenn ich mich nicht täusche, nichts, was wir im *Nibelungenlied* finden.

Man wirft Ihrer Inszenierung Anbiederung an den Zeitgeschmack vor.
Das ist albern. aber wer es sagen möchte, soll es gern sagen. Wir haben den Text einfach benutzt. Wer das Original vermisst, soll das Original konsultieren. Dem Original wird kein Schaden zugefügt. Man könnte es ja auch so sehen: Wir beschäftigen uns mit Themen, die in der auf die üblichen Motive konzentrierten Rezeption untergehen, zum Beispiel mit der Zeit.

Was im *Nibelungenlied* viele Jahre sind, machen wir zu wenigen Tagen. Zugleich inszenieren wir Ewigkeit, und das ist dann auch jene Ebene des Traumes, der Hellsichtigkeit, der Ahnungen. Wenn zum Beispiel Hagen Eckewart vor sich sieht und Eckewart ihn davor warnt, nun weiter zu reiten, ihm sogar sagt, es sei Kriemhild selbst, die ihn da warne, und sie richte aus, da warte der Tod im Hunnenland, hören wir auch, dieser Eckewart warte schon seit tausend Jahren.

Da kommt viel Zeit in den Text, und diese Zeit, diese tausend Jahre, die eine Ewigkeit meinen, scheint nicht weiter wichtig zu sein. Aber wir dachten: Eckewarts tausend Wartejahre betreffen die Zeit aller Menschen. Insgeheim sind alle müde, sind des Kämpfens und Hassens und Aufrechnens müde, und sie sind so, weil sie Menschen sind. Oder anders gesagt: Unsere Inszenierung, unser Film ist für Menschen, die des Hassens und Kämpfens und Tötens und Verderbens müde sind.

Sie sprachen vorhin von Brünhilds Rettung durch und in dieser Inszenierung. Ihr Stück heißt ja: Audiodeskription eines Nationalmythos. Oder: Vom Regen in die Traufe und retten, was zu retten ist. *Auch da wird von Rettung gesprochen. Was bewog Sie, zum Retter zu werden?*

Ich bin leider kein Retter. Ich kann diese Figuren des *Nibelungenliedes* nicht retten. Das liegt nicht in meinen Händen. Wenngleich ich mir, aus mir unerfindlichen Gründen, genau das wünsche.

Vor einer Weile sah ich den Film *Wagner and me* von Stephen Fry. Fry, ein wirklich großer Fan von Richard Wagners Musik sagt darin, er wünsche sich so sehr, zu jenem Moment zurückreisen zu können, in dem Richard Wagner seinen Text *Das Judenthum in der Musik* schrieb. Stephen Fry, selbst Jude, wünscht sich, Wagner, den er verehrt, die Feder aus der Hand zu reißen und ihn zu warnen. Er will ihm eine Warnung aus der Zukunft überbringen. Fry weiß, wie der Brief gelesen werden wird, wie er sich auf die Rezeption von Wagners Musik auswirken wird. Und er möchte Wagner retten, ihm ins Gewissen reden, ihn zu Bedächtigkeit überzeugen. Und so versteht sich auch mein Wunsch. Ich möchte zurückreisen in der Zeit und das *Nibelungenlied* umsortieren, indem ich an wesentlichen Stellen korrigierend eingreife. Die Ausweglosigkeit des Textes betrübt mich außerordentlich. Und wenngleich keinesfalls alles konstruktiv sein muss, möchte ich doch sagen: Dieser Text ist kein bisschen konstruktiv. Der Text erzählt von Tod und Zerstörung, indem er selbst zerstörerisch agiert.

Sie wären vermutlich gern ein Gott der Texte.
(*Lacht*) Vielleicht. Und sicherlich ist das vermessen. Der Wunsch wäre ja nicht, den Text ungeschrieben zu machen. Der Wunsch wäre, einzuschreiten, mit jener Klarheit Gunthers zu agieren, als dieser nun nicht gleich auf Siegfrieds anfängliche Provokation einging, sonder sich die Zeit zur Frage nahm, warum er nun gegen Siegfried, den fremden Gast, um das Land kämpfen solle, das schon seinem Vater rechtens gehört habe. Und der Wunsch wäre, mehr von Gernots Gelassenheit in den Text zu wirken, die er bei dieser ersten Begegnung mit Siegfried an den Tag legte, als er diesem Heißsporn Siegfried vorschlug, nicht zu kämpfen, sondern einander Gastgeber und Gast, einander wie Brüder zu sein. Diplomatie, Weitsicht und Feinsinnigkeit waren ja vorhanden. Aber das alles ging schließlich verloren und gipfelte beispielsweise in jener Szene am Ende, wo Rüdiger, Gunther, Giselher, Volker und Hagen einander gegenüberstehen und Rüdiger nicht umhin kommt, die Treue zu Etzel und Kriemhild zu halten. Wenngleich Giselher Rüdigers Tochter heiraten will, und wenngleich Rüdiger Hagen seinen Schild schenkt, um diesen nicht wehrlos zu lassen, sind sie Gegner. Ich würde ihnen allen gern etwas erfinden, vielleicht ein Rollenspiel, das es jedem von ihnen ermöglichte, jemand anderes zu sein. Ausgehend von jenem Moment kurz vor dem Kampf, wären sie alle irgendwann in der Zukunft als Überlebende dieser Kämpfe, dieses Gemetzels, anzutreffen: lebendig, und bestenfalls, wenn nicht in schierer Freundschaft, so doch einander friedlich

verbunden. Von dieser Zukunft aus könnte jeder von ihnen, so wünsche ich es mir, sich vollkommen eigenständig einen Weg zurück zu jenem Zusammentreffen vor dem Kampf bahnen und andere, nicht todbringende Entscheidungen treffen.

Vermutlich ist es albern, sich dergleichen zu wünschen. Aber so ist es eben.

Es gibt, so vermute ich, bescheidenere Wünsche.
Aber vor allem gibt es bedeutend anspruchsvollere.

Herr Rufracht, ich bedanke mich sehr für Ihren Besuch und das Gespräch.
Ich danke.

Der Film Audiodeskription eines Nationalmythos. Oder: Vom Regen in die Traufe und retten, was zu retten ist *läuft ab übermorgen in den deutschen Kinos.*

Volker Gallé

das scheitern der frauen

die argumente sind gut: ja, ja, siegfried wurde ermordet!
auch die gefühle sind überzeugend. wirklich großes welttheater.
aber muss man deswegen gleich zwei völker in den untergang jagen?
das ist doch nun wirklich privatissime! und keine staatsaffaire.
und sagte siegfried nicht bei seiner ankunft in worms: her mit der macht!
mit dem geld, mit dem zepter, mit den frauen!
auch nicht gerade die feine art.
ein held mit mindestens zwei gesichtern, ein mannmensch eben.

keine frage auch, dass brünhild betrogen wurde.
aber warum hat sie sich überhaupt auf die liebe eingelassen. von der doch jeder weiß, dass sie leid gebiert. dass ihr traum verfliegt. dass sie verraten wird.
warum diese einzigartigkeit der männer?
warum machen die frauen die männer unmenschlich? stellen sie auf den sockel.
wie gockel. denkmalen sie.
klar auch, dass brünhild gekränkt wurde. aber doch von einer frau. von kriemhild.
und worum streiten die beiden heldinnen des untergangs am münstertor?
um männer und um deren einzigartigkeit. schließlich.

und für wie einzigartig halten sich im grunde genommen doch die frauen. hinter vorgehaltener hand. dass sie den prinzen verschlingen dürfen. mit haut und haaren. wie ein frosch die fliege. ein krododil. deswegen also diese taschen.
immer wollen sie angeschaut werden. und in licht getaucht. statt selber zu strahlen.
kein wunder, dass die enttäuschung nur rache gebiert. alles verschlingend.

die gegenentwürfe zum hof der burgunderrömerstaufer bleiben ohnmächtig.
rüdiger. zwischen zwei stühlen. tot.
dietrich. desillusioniert. am leben.
keine frauen. das ist vielleicht der einzige fehler des dichters. keine frauen mit gegenentwürfen. und keine kinder. vor allem keine kinder. und keine alten.
da hätte es schon möglichkeiten gegeben.

heiligung der natur. des einzelnen. des dinges. im salomonischen sinne. schon christlich. vielleicht. die mutter im kreidekreis. freigebend. licht. der heiligenschein eben. körperlos am körperlichen. in kenntnis des verrats. palaver der brüder am feuer. ausreden lassen. abwägen. statt überhebliche heißspornigkeit. einfühlen ins denken. spielen. wortbilder in den abendhimmel blasen.
aus der friedenspfeife.

das gelächter über die helden ist hinlänglich bekannt.
das gelächter über die heldinnen muss noch erlernt werden.

Henning Boëtius

Siegfrieds Dilemma

Als 1959 der Altgermanist Weber in Frankfurt am Main den Hörsaal der Johann-Wolfgang-Goethe-Universität betrat, sich auf einen Stuhl setzte – er stand nicht wie andere am Katheder, sondern bevorzugte, ob aus Gebrechlich- oder Bequemlichkeit, die sitzende Position – , und, während er seine Vorlesung über das *Nibelungenlied* begann, sich ständig mit der linken Hand über die Glatze strich, als sei sie die für einen Geisteswissenschaftler natürliche erogene Zone, da wurde manchen von uns, in die engen Rüstungen von Nylonhemden eingezwangten Studenten, klar, dass jener gewisse Siegfried jemand war, den wir alle abgrundtief beneiden mussten. Wir wollten alle wie Siegfried sein und nicht mehr unsere Verklemmtheit als Tarnkappe tragen. Er war ein Womanizer vom Feinsten, einer, der es verstand, mit beiden archetypischen Frauenbildern zurechtzukommen, die in unseren Köpfen und Hoden ein seltsames Doppelleben führten. Krim- und Brunhild, die Blonde und die Brünette, die Sanfte und die Harte, wir wollten ja beide irgendwann einmal zur Deckung bringen, und zwar im doppelten Sinne des Wortes. Wenn unsere Ehen später regelmäßig in die Brüche gingen, zumindest meine, dann, weil die jeweiligen Damen entweder zuviel von der einen oder der anderen hatten, oder aber zu wenig. Siegfried aber hatte offenbar im Drachenblut einer großen Menstruation gebadet. Das Lindenblatt, das ihn verletzlich machte, haftete übrigens nicht an seinem Rücken, sondern bedeckte sein Geschlecht. Genauso war es bei uns. Der schwarze Ritter Hagen war natürlich niemand anderes als der eigene Vater, dieser düstere

Vergewaltiger einer gewissen Mutter, die weder Krim- noch Brunhild war, sondern so etwas wie ein weiblicher Gunther. Oder war sie in Wahrheit der Drache? Hatte Rimbaud seine Mutter nicht ›der Drache‹ genannt oder war es ›das Krokodil‹? Und Siegfried war bei aller Attraktivität offenbar ein noch *tumberer* Tor als Parzival. Eher ein Niederlagenfried. Heute wird er nur noch von männlichen Blondinen, wie Heino oder Dieter Bohlen, verkörpert, dessen dunkelhaariger Kollege übrigens in den Medien als Bösewicht dargestellt wird. Welch ein Niedergang! Schade übrigens, dass ich damals die Lebenshilfe nicht begriff, die von jenem geilen, alten, geschwätzigen, seine Glatze massierenden Mann neben dem Katheder ausging, der sich offenbar mit Hilfe seiner Kopfhaut befriedigte. Mancher Umweg im Reich der Durchschnittshunnen wäre mir erspart worden. Der Nibelungenhort, dieser sagenhafte Goldschatz des Glücks, war das, was uns für alle Zeiten zu vergeblichen Expeditionen im Niemandsland des Lebens verführte. Wir verstanden auch anderes falsch. Das Wort *Âventiure* zum Beispiel. Meinte das Abenteuer mit anderen Frauen? Anmache in Kneipen von Barhocker zu Barhocker? Und diese alten Mären, waren das die Pferde der Phantasie, die oft genug mit uns durchgingen? Bedeutete Nibelungen nicht ›Nie gelungen‹? Ja, so war es: es klappte nie, weder mit der Karriere noch mit der Liebe, noch mit der Kunst. Noch ein Wort zum legendären Nibelungenschatz, dem Nibelungenhort. Man nimmt an, dass es ein enormer Goldschatz war, den gewisse mächtige Leute am Fiskus vorbei, rheinaufwärts in die Schweiz, schaffen wollten, Schwarzgold sozusagen. Dabei kam es zur Katastrophe. Das überladene Schiff ging irgendwo vor dem Rheinfall mit seiner kostbaren Ladung unter. Die Goldbarren wurden im Laufe der Zeit von den mitgeführten Sedimenten des Flusses bedeckt und sind bis heute unauffindbar. Es gibt aber auch eine andere Erklärung: Der Nibelungenhort war eine frühe Kita, in der die Kinder der Ritter betreut wurden, wenn sie auf Kreuzzügen und Fehden unterwegs waren. Die Kleinen spielten natürlich am liebsten Ritterspiele. Sie trugen Rüstungen aus Blech und traktierten sich mit hölzernen Schwertern und Lanzen. Der höllische Krach, der dabei entstand, war weithin zu hören und machte umfangreiche Lärmschutzvorrichtungen nötig. Dies war der eigentliche Keim für die Legendenbildung von einem verborgenen Schatz. Während Professor Webers Glatze immer mehr anschwoll und an Glanz gewann, während uns das Schwert des eingebildeten dunklen Ritters kastrierte, während wir am Brunnen des Lebens niederknieten und klares Wasser tranken im Wahn, uns dadurch zu stärken, während wir in Wirklichkeit nur der Tatsache huldigten, dass wir zu siebzig Prozent aus Wasser bestehen und deshalb unsere Substanz hin und wieder erneuern müssen, so wie man einen Tank mit einem Loch nachfüllen muss, machten sich Krim- und Brunhild daran, die Frauenquote im Reich der germanischen Götterwelt zu erhöhen, und Frau Merkel schwang ihren Speer, um sämtliche grauen Hagens in ihrer Umgebung zu durchbohren. Jener Weberknecht mit seinen spinnenartigen Armen und Beinen und seinem kugelrunden Kopfkörper wollte uns damals weismachen, dass die Welt hauptsächlich aus zwei Farben besteht: aus weiß und schwarz, aus gut und böse, eben aus Siegfried und Hagen. Dieser platte Dualismus ist albern angesichts der Dominanz der grauen Farbe heute. Siegfried und Hagen sind in Wirklichkeit ein und dieselbe Person, beides ziemlich graue Typen, gunterbunt also, wie echte Kanzlerkandidaten. Der gescheckte Feirefiz , Halbbruder des Parzival, von dessen Vater mit einer »Mohrenkönigin« gezeugt, war da noch relativ gut davongekommen als jemand, in dem sich das weiße und das schwarze Prinzip nicht einfach nur vermischen. Vielleicht ist ja Obama so etwas wie die Reinkarnation dieser Gestalt. Was ich damals leider nicht verstand, sondern nur ahnte: die Geistesgeschichte ist in Wahrheit eine Geistergeschichte. Was in alten Mären *wunders vil geseit* wurde, ist neuhochdeutsch nur zu verstehen, wenn man begreift, dass *geseit* ethymologisch *geseicht* viel näher steht als *gesagt*. Bleibt nur eine Hoffnung: das Wort ›Not‹ im Titel jenes *Ulysses* des 12. Jahrhunderts, der ›Nibelunge Not‹. Dass sein Autor bis heute unbekannt ist, ist ein wahrer Segen. Ein Autor oder eine Autorin dieser Qualität muss einfach unbekannt bleiben. Die Silbe ›Not‹ ist übrigens bis heute in vielen Wörtern enthalten: in Notausgang, in Notzucht, in Notar, in Notstand zum Beispiel. Und vielleicht deshalb ist das *Nibelungenlied* bis heute ganz oben in den Charts der Bildungsgüter, als längste Büttenrede, als Gassenhauer aller Zeiten, als Ohrwurm für die Ewigkeit.

Peter Wiechmann

Warum gerade Ritter?

Ein Erklärungsversuch

DAS WÜTEN von Sturm und Sintflut macht konfus und wirr im Kopf ... Die Gedanken hetzen zur Flucht in alle Richtungen, doch wir verharren stocksteif. Zwischen Blitz und Donner liegen jetzt nur noch Wimpernschläge: Das Gewitter ist direkt über uns.

Im zuckenden Licht ducken sich verdrehte Baumkronen, rudern Äste wie hilfesuchende Riesenarme. Alles ist Grün in Grün lackiert vor pechschwarzer Wand. Im Mund der Geschmack nach Metall.

Dann rast der Blitz in die Eiche. Ohrenbetäubend explodiert der Stamm und reißt der Länge nach auf … Die Haare stehen uns nicht zu Berge, denn der Wasserfall presst sie an den Kopf. Die Stimmen finden wir zwei achtjährigen Waldläufer erst in der Sonne wieder.

Ich muss eigentlich nie hinterfragen, wie die Menschen unserer Breiten einst zu ihren Göttern fanden. Die Vorstellbarkeit eines hammerwerfenden Donnergottes Donar liegt mir aus eigener Erfahrung nahe genug.

In den ersten Nachkriegsjahren erbe ich in schöner Regelmäßigkeit – Weihnachten, Geburtstag – Abgelegtes: Lederhosen, Schulranzen und vor allem die Bücherschätze meiner Vettern, deren Kinderträume schon länger zurück liegen. Robinsonaden, Abenteuer aus Prärie, Karibik und natürlich Göttergeschichten. Letztere erlebe ich anfangs in der nacherzählenden Übersetzung meines Vaters. Auf Spaziergängen, im Sitz vor seinem Fahrradsattel, als Gute-Nacht-Erzählung.

Er möchte mich eigentlich für den Irrfahrer Odysseus begeistern, aber der bleibt mir mit seinen stets beschworenen, aber ewig hinausgeschobenen Heimkehrbemühungen fremd.

Das große Neuland sind dann die Heldensagen. Siegfried bewirkt sogar meinen unbedenklichen Verrat am Götterhimmel zugunsten der wahren Heroen meiner Vorstellungen. Für sie meistere ich sogar die vertrackte Frakturschrift. Ich lese die Heldensagen – besser: Ich erlebe sie!

Beim Heidelbeerpflücken steuert mein Papa gereimte Ritter-Geschichten bei. Eine beschreibt den Auszug von Vater und Sohn, den Drachen zu erschlagen. Der

Vater wird nicht müde, dem Sohn die schwere Kunst des Drachentötens des Langen und Breiten zu erklären. Hitze und Harnisch bewirken den Rest: der Vater streckt sich zur kurzen Ruhe. Als er nach Stunden erwacht, hat der Sohn dem Lindwurm längst das Haupt vom Rumpf getrennt. »... derweil Ihr eben schliefet!«

O, das gefällt mir!

HELDEN sind die heimlichen Gefährten meiner Kindheit. Heimlich, weil man sie irgendwie schlecht in die tagträumerischen Spiele einbeziehen kann.

Tom Sawyer, Huck Finn lassen sich auf unserem Floß, mit einer Angelleine und stinkenden Buchenblätter Glimmstängeln vorbildgerecht nachleben – und selbst für einen schnellen Szenenwechsel zur *Schatzinsel* sind bei diesen Gegebenheiten keine Fantasie-Verrenkungen nötig.

Aber Ritter mimen? Als Helm einen Blechtopf überstülpen ... Steckenpferd spornen, Holzschwert schwingen und Taschentuch-Banner hissen? Da streikt selbst die üppigste Vorstellungskraft. Zu greifbar ist die vordergründige Lächerlichkeit. Nein, die geheimnisvolle Welt der Treuen und Tapferen, der Männer in Eisen entfaltet sich nur in der Vorstellung. Als fortgesetzter Traum ... nachdem das Buch zugeklappt ist.

Das Buch aber, welches ich so oft aufklappe, dass selbst meine Mutter – ›*Lies nur, Peter – lesen bildet*‹ – unruhig wird, trägt in roten Lettern den Titel *Dietrich von Bern*.

Siegfried hat da schon erheblich an Glanz eingebüßt. Zu groß ist mir der Widerstreit meiner Zuneigungszweifel: ist der grimme Tronjer wirklich nur

der abgefeimte Finsterling? Ich kann mich nicht des unbehaglichen Gefühls erwehren, dass Siegfried – Lichtgestalt hin oder Mordopfer her – ursächlich erhebliche Schuld an der *Nibelungen Not* trägt ...

Aber mit Gustav Schalks Nachdichtung habe ich nun meinen Recken – mit etwas Fehl vielleicht, aber mit viel Adel – ganz nach meinem Gusto: Heldenhaft stark, aber nicht unbezwingbar. Er wird in Versuchung geführt und verstößt in aufbrausendem Jähzorn nicht nur einmal gegen das Rittergelöbnis. Dietrich steht nicht – ehern aus der Gussform genommen – fertig vor dem Leser. Er ändert sich. Er überrascht durch seine Fähigkeit zum Wandel und durch seine so verletzliche Ritterschaft! Man kommt gar nicht dazu, ihn wegen erstarrter Ehrsamkeit langweilig zu empfinden.

Kürzer gesagt: Ich verehre diesen Ritter mit der entflammbaren Zuneigungsfähigkeit meiner zehn Lebensjahre.

ZWEI JAHRZENTE später bringt es mein erzählender Beruf mit sich, den Großteil von Hal Fosters epischem Prinz Eisenherz mit neuem Text zu versehen und zu publizieren. Tag für Tag sitze ich in meiner Redaktionsklause (die ehemaligen Schloss-Kapelle) und darf – es hat sich so gefügt – nach Herzenslust den überbordenden Fundus meiner Kindheit und Jugend plündern. Mir fallen die

Geschichten zu. Ich muss sie nur aus dem Gedächtnis-Archiv abrufen und in Drehbücher gießen. Comic-Zeichner in Spanien und Italien setzen sie in filmische Handlungsabläufe um. Und aus dem Verlag im Schloss zu Grünwald gelangen sie – getextet, gefärbt und schließlich gedruckt – in Magazinen, Heften, Taschenbüchern, Alben zu den Lesern.

Auf diese Weise haben wir uns – Sie und ich – bestimmt schon über das Lesen meiner Geschichten kennengelernt, ohne konkret voneinander zu wissen. Bei den monatlichen Millionenauflagen ist das zumindest wahrscheinlich …

NEIN, ich habe Dietrich von Bern nie aus dem Blick verloren! Sein doppelter Auftritt steht in diesem Hofbericht und Heldenlied sogar dicht bevor.

Wir schreiben das Jahr 1980. Ich bin mittlerweile selbständiger ›Comicologe‹ In münchen und im Aufbruch nach Spanien begriffen. Konsequent alle Brücken abreißend, um mit Familie, aber ohne Sprachkenntnisse auf Dauer über die Pyrenäen zu ziehen. Der überdurchschnittlichen Zeichner-Dichte wegen direkt nach Barcelona. Fuß fassen im fremden Land, ein Studio gründen, Kundenaufträge in Gebärdensprache an Zeichner vermitteln, das Spanien der Nach-Franco-Ära verstehen lernen. Beim Auspacken der Bücherkisten fällt mir Gustav Schalks Dietrich von Bern wieder in die Hände – arg vom Alter mitgenommen, aber mit unverminderter Ausstrahlung.

Das Buch ist meine Inspiration. Seit einigen Monaten entwerfe ich an dieser Vorlage entlang den roten Faden eines Dietrich-Dramas in getreuer Weiterführung der uralten Tradition des Wandels durch das Weitererzählen. In Deutschland begonnen – in Spanien fortgeführt.

José Rafael Méndez Méndez ist mit seiner zeichnerischen Umsetzung bereits auf der Seite 189 des Epos'. Herrliche Bilder, packende Szenen. Er schafft mit seiner Kunst auf wunderbare Weise genau den Dietrich meiner Vorstellung.

EIN AMBITIONIERTER VERLAG will mit unseren bewegenden, sprechenden Bildern Buchbände für Erwachsene auflegen. Vorauseilend avantgardistisch, aber die Zeit der Verklärung von Comics zu ›Grafik Novels‹ ist da noch fern – Alt-Comicleser sind noch nicht reif für die nostalgische Rückerinnerung und für die Rolle des begüterten Comic-Käufers. Doch dann gibt der Verlag seine Experimentier-Sparte auf. Das – damals so viel verheißende – Projekt wird leider in stummer Verzweiflung (meinerseits) zu Grabe getragen – gerade als im Fortgang der Geschichte Herr Dietrich sein grausiges Gastspiel am Hofe Etzels geben soll.

Denn dem Freiberufler droht nun das Ungemach, die Zeche all der fertigen Originalseiten nicht begleichen zu können und das würde bedeuten: ich muss die Zelte in Spanien abreißen. Doch der Verlag verschafft dem Artwork schließlich doch den einmaligen Auftritt in einer Taschenbuchreihe für ... Kinder.

Damit sind die Produktionskosten gesichert – es darf tief durchgeatmet werden.

WIEDER DREI JAHRZEHNTE SPÄTER, also in unserer Jetztzeit, feiert das Mittelalter fröhliche Urständ in den deutschen Landen. Ritterfeste, Märkte, Turniere, Burgtheater, Mittelalter-Musik – eine ultimative Prinz-Eisenherz-Ausgabe beglückt die Sammler mit außergewöhnlicher Qualität. Schwertschwingende Rittersleut' überall als werbende Blickfänge für lokale Bedeutsamkeiten. Der Gedanke an die Renaissance ›meines‹ Ritters liegt somit sehr nahe.

In Andreas Mergenthaler finde ich einen Verleger, dem inhaltsbezogene Buchgestaltung am Herzen liegt. Er unterstützt vor allem auch meine Idee, die klare Grafik der Dietrich-Zeichnungen nicht durch Farbe zu verschleiern. 2010/11 werden die drei Bände *Ruhm – Verrat – Rache* schließlich in monochromen Teakbraun auf mattem, leicht rauem Papier gedruckt. Vorausgegangen ist meine rigorose Neubearbeitung des gesamten Textes.

Die Dietrich-Trilogie umfasst – samt meiner Redaktionsbeiträge über Waffen, Rüstungen, Ritualen, Ruhm und Elend der Ritterschaft und die erstaun-

liche kurze Dauer der Ritterzeit – bereits 600 Seiten. Die Leser folgten mir freundlicherweise auf dem Erzähl-Weg ohne zu wissen, dass die Saga eigentlich noch ein gutes Stück forterzählt werden sollte.

Mein Freund und hochgeschätzter Comic-Könner Rafael Mendéz Mendéz konnte seine Arbeit in der eigentlich epischen Länge nicht beenden. Er musste von einem Tag zum anderen die Feder für immer aus der Hand legen.

An seiner Krankheit trägt er nun seit über drei Jahrzehnten.

Nie wieder brachte er eine Zeichnung zu Papier.

Harald Gröhler

Kriemhild, hinten von einem Jüngeren betrachtet

... und bricht auch mir diese Schittgeschichte das Genick? Das hieße ja noch einmal einen Menschen nach all den Jahrhunderten zu verderben; und es wäre nicht der *Nibelunge Nôt*, sondern mehr meine Not.

Was? Obacht; sagt mir mein Instinkt.

Neunerlei Not erkenne ich, wenn ich mir's recht überlege, und ich bringe da einige andere Nöte mehr ans Licht, als ihr euch denkt. Von dem Dilemma der geografischen Lokalisierung will ich gar nicht erst anfangen: Worms ist dann nicht Worms, sondern Waremme; die belgische Zitadelle Waremme führt noch heute den flämischen Namen Worm. Das ja nicht vorhandene »Zusammenfallen von Donau und Rhein« (die Burgunden checkten und entdeckten es auf dem Ritt in ihre Vernichtung) ist die frühere Mündung der Dhünn in den Rhein; sie liegt unter dem heutigen Leverkusen. Dietrich von Bern: Bern ist nicht Verona, sondern Bonn. Der Name Niflungen leitet sich von der Burg Nivelles südlich Brüssel her. Da also gehören die Nibelungen hin. Dort hin?

Der Zores ging schon los, als die Männer noch nirgends Not sahen, mit der Unterhaltung von Kriemhild und Bruni, dem angeberischen, affigen, arroganten Geschwätz der beiden Königinnen. Aus dem Gerede heraus entwickelte sich ein Automatismus, dem kaum mehr zu entrinnen war ...

»Und doch musst du zugeben, dass Gunther deinen Siegfried an Würde zehnmal in die Tasche steckt.« Sagte Bruni zu Siegfrieds Kriemi.

Kriemhild zu Königin Brunhild: »... du saudumme Kuh.«

Erwidert Brunhild der Königin Kriemhild: »Also Kuh oder Sau? Da gibt's einen Unterschied. Nur damit du das mal lernst.«

Etwas danach Königin Kriemhild zu Brunhild: »Du hast's gewagt, meinen Siegfried zum Lehnsmann zu erniedrigen. Jetzt sollen mal alle sehn, was ich wag'. Ich werd' vor König Gunthers Frau, vor dir, in den Dom gehn.«

Die zwei Frauen: Mit beiden konnte ich einstens, als dreizehnjähriger Junge, nicht viel anfangen. Dass Kriemhild sauber ausgesehen hatte, – registrierte ich ja zwar. Aber nur schön und keine Leistung, das war mir zu wenig. Kriemhild? Bekloppterweise dem Hagen Siggis einzig verwundbare Lindenblatt-Stelle zu offenbaren? Wie konnte sie bloß? Brunhild, die Kraftmeierin, passte mir ebenfalls nicht. Diese Muskeltante, Brunhild. Brunis Schönheit unterschlug ich dabei. Ich fand's auch zuviel, dass die Brunhild gleich jeden Heiratskandidaten, der halt weniger weit schmeißen konnte als sie, abmurksen ließ. Auf was war die denn aus? Übertrieben das. Verklemmt. Und dass Germanisten Brunhild als dämonisch ansehen – mit geheimnisvollem dämonischen Hintergrund von noch früherer Zeit her –, als düster rätselhafte Frauengestalt, wusste ich damals noch nicht. So eingefärbt, hätte mir die Brunhild wieder mehr imponiert. Brunhilde Wilmes war außerdem die Schwester meines Mitkonfirmanden W. und war zwar nett zu mir, war auch recht hübsch, aber benahm sich doch reichlich hochmütig. Wahrscheinlich war dieses Schulmädel selber von dem *Nibelungenlied* beeinflusst, bei solchen namengebenden Eltern. Ihr Bruder erwähnte vor mir mehrmals die Nibelungen.

Kriemhild Seifert war eine dumme Pute von Fahrschülerin. Eine fade Person, wie ich fand und wie ich damals überall herumposaunte. Sie hat zu meiner geringen Meinung von der Nibelungenkriemhild beigetragen und gleichzeitig mir und meinen Schulfreunden dies *Nibelungenlied* um vieles realer gemacht. Wenn ich heute das *Nibelungenlied* lese, fühle ich mich immer wieder auf meine damalige Werteskala zurückgeworfen. Und die Unbedarftheit der jungen Burgundin Kriemhild hatte mir die genozidansteuernde Rächerin des Endes praktisch ausgeblendet. So wirkte sich bei mir die Verschmelzung der zwei Ursprungs-Epen aus.

Das *Nibelungenlied* gewinnt durch starke Frauen. Ich habe einst die Kriemhild fälschlich als banal angesehen. Schon, dass Kriemhild ihren kleinen Sohn anderen einfach überlässt und nicht zu ihm zurückkehrt. Kriemhild, die dem unüberwindlichen Kämpen Hagen zuletzt persönlich den Kopf vom Rumpf haut und die zuvor das komplette Burgunderheer samt allen ihren Verwandten und außerdem eine unübersehbare Zahl von Hunnen in den Tod schickt, fade ist die nicht. Brunhild freilich ebenso wenig, wie sie der Kriemhild ohne Unterlass Zunder gibt und Kriemhilds Siegfried immer wieder als ollen Lehnsmann bezeichnet, Königin Brunhild, die der Königin Kriemhild vor dem Wormser Domportal scharf zuruft, »bleib stehn und warte, bis ich hineingegangen bin« – vor aller Ohren dies –, und die vor den vielen Umstehenden von ihrem Gemahl Gunther verlangt, dass er sie von dem Vorwurf der Siegfriedsvögelei reinwasche: hart drauf ist die.

Das zumindest spürte ich schon damals, so ahnungslos ich ansonsten auch war. Ich verstand gar nicht, warum Siegfried unbedingt ein Schwert zwischen sich und Brunhilde hinlegen musste, und ich fragte das in der Klasse sogar den Deutschlehrer. Der eierte dann herum. Es gab noch weitere Mitschüler, die das mit dem Schwert überhaupt nicht begriffen, und die anderen, die's begriffen, getrauten sich nicht einmal zu lachen. Andere Zeiten.

So, wie sich diese Königinnenfrauen wechselseitig runterputzten, mochte und möchte ich nichts und null mit ihnen zu tun haben, heute nicht, einstens nicht – und jetzt beschäftige ich mich mit denen doch dezidiert, ich kann nur fluchen. Aber Königinnen bringen so manches Mal irgendjemanden Drittes mit ihren Verfügungen in Schwulitäten; gerne sogar andere Königinnen, und gerade dringt wieder Derartiges an mein bürgerliches Ohr.

Am 30. April 2013, dem Tag der dreiunddreißigsten Wiederkehr ihrer Thronbesteigung, hat dieBeatrix abgedankt und sie machte ausdrücklich ihrem Sohne Willem Alexander den Königsthron (Oranien, Niederlande) frei. Damit fuchste die Königin der Niederlande, jener »Niederlande«, in denen der Xantener Siegfried König war, die Elizabeth The Second von nebenan. Jeder dritte der Elizabethschen Untertanen rauft sich die Haare und fragt sich, ob Elizabeth nicht endlich auch ihrem Charles, der komischerweise immer älter wird, ein bisschen Platz machen soll. Thronfolger Charles hatte sich da ja vor dreißig Jahren schon mal schüchtern erkundigt. Er hatte offiziell bei Mama angefragt. Elizabeth damals unverblümt, »no« (das ist englisch). Die Beatrix musste doch jetzt kapieren: Durch den Rücktritt, durch ihre Abdankung stellte Beatrix die Elizabeth bloß.

... überrascht sehe ich: es geht auch weiter. Elizabeth hat nur wenige Tage nach dem 30. April '13 ihren Charlessohnemann mit zwei Besuchen in Neuseeland und Kanada betraut. In beiden Ländern erlebt das englische Königshaus zurzeit viel Intransigenz. Die Londoner Brünhilde denkt sich vermutlich: Sollen sich die Monarchiemotzer mal lieber am Charles abarbeiten.

Mit den starken Frauen Kriemhild und Brunhild bekamen die Zuhörerinnen jedenfalls schon um 1210 bewiesen, wie viel von den Frauen abhing. Wie wirkungsmächtig sie, die Zuhörerinnen seien. Das sollten die Frauen auch gezeigt bekommen, denn die vornehmen Frauen waren ein wesentlicher Teil der Zuhörerschaft. Den Einfluss jeweils der Männer und der Frauen auf den Plot haben die höfisch-staufischen Dichter des *Nibelungenlieds* in ein adäquates Verhältnis zu setzen gewusst.

Oder doch nicht? So ausbalanciert ist im *Nibelungenlied* das Weiblich-Männlich-Verhältnis gar nicht; wenn weniger als ein halbes Dutzend Frauen namentlich erwähnt werden, gegenüber locker zwei Dutzend namentlich präsenten Mannen. Die Frauen – außer Brunhild und Kriemhild – sind auch nicht dermaßen selbstbewusst und zäh. Sie sind nicht handlungssouverän.

Herr Richard Wagner hat das Männer-Frauen-Zahlenverhältnis konsequenter austariert und in seine *Ring*-Version ein paar mehr Weiblichkeiten hineingebracht, zwanzig nämlich, und die weiblichen Wesen haben oft lange Partien. Das wichtige Gold landet schließlich auch wieder bei den Rheintöchtern; Wagners Hagen lässt es nicht unauffindbar im Rhein verschwinden wie im Nibelungenliede. Wagner hat mit dem *Ring des Nibelungen* dem Patriarchat ein paar Mal eins reingewürgt. Er hat im *Ring* die Dekonstruktion des Patriarchats schon mal vorweggenommen. Daher denn auch der Emanzipationsüberschwang, den es im Gefolge einer *Ring*-Aufführung in Los Angeles zum Beispiel gab, vor knapp einer Generation, Ihr erinnert Euch eventuell. Richard Wagner hat seinen *Ring* auf ein denkbar großes Publikum hin geeicht, auf Frauen ebenso wie auf Männer, gerade in der Handlungsgestaltung. Die anonymen Dichter Ende des zwölften Jahrhunderts, die sich den damals sechsjahrhundertealten Heldenstoff vornahmen, achteten allerdings genauso auf ihr Publikum, ihr höfisches Publikum, und mir wird jetzt der Nibelungen ärgste Not klar: Die Dichter ließen jederzeit Textstellen weg. Bereits in den Jahrhunderten vor 1200 fliegen Handlungsabschnitte raus. Not für die Nibelungen: Sie müssen sich den Rezipienten fügen, den Geschmäckern der Zuhörer. Und diese Not reißt für die Nibelungen nicht ab; dieser Gefahr entgehn die nie, in keinem Jahrhundert. Ihre Taten und ihr Wesen werden dadurch hin und her geschoben und gedergelt und gequetscht; in meiner jahrhundertekleinknetenden Zusammenschau wird mir das jetzt deutlich. Hier ist der Schwachpunkt der fiktiven Gestalten.

Zumal beim Textbearbeiter Wagner sind die Hörer schon eine besondre Sorte Mensch. Die Männer Manager oder Banker oder Fabrikbesitzer, die Frauen wohlhabend, bannig wohlhabend. Wagner hat Zuhörerinnen *en masse*.

Wagners Hörer sind sinnlich. Diese Hörer brauchen scharfe Kost; das erspürte Herr Wagner. Er hat selber einen etwas derben Geschmack. Grandios, dass in der Nordüberlieferung zufällig das Sinfjötli-Ergebnis vorliegt. Einen Inzest – das muss Wagner mit verbraten. So eine Abweichung, so eine Kurve: just das, was er braucht. Damit wird er manchen Zuhörern den Atem stocken lassen. Und soll ich den nordgermanischen Wälsungeninzest meiner eigenen Schwester erzählen oder soll ich das lieber nicht? Da sind wieder nicht nur die Nibelungen in Not; ich mit.

Wagner, der ließ sich ein bisschen fetischistisch Seide kommen in all den Jahren der Abfassung des *Walküre*-Abends, vor 1862. Seide aus der Stadt Paris, und Wagner entwarf für sich Negligés, gleichzeitig während der Kompositionsarbeit an der verzehrenden Chromatik des Walküren-Liebesmotivs. Diese Gleichzeitigkeit – da ist für mich einmal ein Hinweis, als ob Wagner genial hantiert habe. Ich beruhige mich selber sofort: Lediglich sein Simultan-Vorgehen stufe ich als so genialisch ein.

Freilich entspricht dieses Simultan-Arbeiten auch komplett der Linie, dass Wagner seinen Nibelungenstoff überfrachtet, ihn ekelhaft überlädt. Das störte mich schon seinerzeit mit dreizehn. Heute ergänze ich höchstens noch: Überzogen ist die Handlung, bei oft weichgespült-zerdehnter Musik. Neue Not der überforderten Burgunden.

Die ältere *Edda* betrachtete er als ergiebigen Steinbruch, er schmiss auch Götter und Menschen zusammen, das tat der christlich angehauchte Nibelungendichter der Stauferzeit nicht; und seiner Stauferzeit-Fassung kam dies dramaturgisch zugute. So sehe ich das jetzt. Herr Wagner – der in seinem Leben mehrfach Pleitegegangene – sparte an nichts; er bediente sich hemmungslos gottähnlicher Überwesen und meta-physischer Wunderwirkungen; weit mehr als der Stauferzeitdichter. Damit vereinfachte sich Wagner die Handlungssteuerung immens. Wagner baute Knalleffekte noch und noch ein.

Ich gefalle mir in der entgegengesetzten Methode, ich verabschiede mich von immer mehr Nibelungenpersonen. Mir sitzt ja nicht der Zwang im Nacken, dass ich ein großes Publikum bei Laune halten muss. Ich trenne mich sogar von dem sonnigen Siegfried; auch der hat mir, als ich das erste, also das entscheidende Mal mit ihm bekannt gemacht wurde, schon nicht behagt. An mir ist die Rechnung mit Siegfried nicht aufgegangen, ich fühle mit Siegfried nicht mit. Seine Siege rühren mich nicht. Der Siegfried war mir, als ich aufs Gymnasium ging, zu selbstgefällig, zu selbstgewiss, zu langweilig-glückbegünstigt.

Womöglich empfanden das die anonymen Sänger des Mittelalters ähnlich. Ob sie deshalb dem Siegfried immer größere, weitere, Kopfnicken einfordernde, menschenmaßübersteigende Kraftakte zuschrieben? Und mit jedem Baumstammschlag auf den Doppelwurm wurde der Sonnyboy für mich noch lahmer und ferner, unerreichbar-gleichgültiger. Strahlaugen? Für lau.

Der Mann erschöpfte sich ja nie. Wie spannend. Hagen, der war klug und gerissen. Das zog mich an. Hagen war zwar 'n falscher Hund, aber er faszinierte mich. Allein deshalb schon hat mich Siegfrieds Schicksal nicht mitgenommen; den Tod hab ich Siegfried trocken gegönnt. Mehrmals habe ich mir den Lindenblattanschlag vorerzählen lassen und selber gelesen, weil ich nicht begriff, dass andere Leute diesen Speerstoß so mies fanden.

Ich fand ihn in Ordnung. Zu lesen aber immer bloß: *die düstere Härte Hagens*? Ist Hagen nicht von einer geradezu neuzeitlichen Intelligenz, einem postmodernen Realismus, einer coolen Desillusioniertheit? Hagen ist aktuell.

… wir entdeckten eine Fläche unter einer Buche, wo Farbe verspritzt war, und ich hob ein Buchenblatt auf. Drunter war keine Farbe. Ein Buchenblatt hatte etwas abgedeckt.

War Siegfried hier gewesen?

Sigurbjörg Thrastardóttir

Fackelzüge

*
meine
zuflucht
sind bücher, nein, hütten

**
die saga von göngu-hrólf
erzählt von zwei wackeren männern und einem großen
drachen, sie waren sehr
kampfeslustig und es kommt zu einer verfolgungsjagd und
ich denke darüber nach
wie alle geschichten zusammenhängen und ich lege meine
wange an sein schulterblatt
während er inhaliert und ich spüre wie es sich ausbreitet doch
den drachen sehe ich nicht
denn er liegt jetzt zwischen uns, der mit dem schulterblatt

mit dem schulterblatt wie einem überrest von einem flügel
denn einst waren
auch wir
fliegende drachen

***
und
weiter oben
am gletscher den er angeblich nicht richtig sieht
erhebt sich der glanz eines alten tages den er angeblich nie
vergisst
doch das stimmt nicht ganz

was erinnerst du von hier, schreibe ich später aber
da hat er anderes zu tun und sagt mir
ich solle bei offenem fenster schlafen

sapperlot und natterblitz

Aus dem Isländischen von Kristof Magnusson

Ingrid Bennewitz

Siegfried Unchained, oder: Die gefährliche Brautwerbung des Quentin Tarantino

1 Every German knows the story?!

Dass die Nibelungen niemanden mehr loslassen, den sie einmal in ihren Bann gezogen haben, ist bekannt und scheint sich schon an den ersten Wieder-Entdeckern der mittelalterlichen Handschriften des *Nibelungenliedes* im 18. Jahrhundert zu bewahrheiten. Nicht zuletzt diesem Umstand ist es wohl zu verdanken, dass das *Nibelungenlied* neben Walther von der Vogelweide zu den letzten erinnerten Spuren mittelalterlicher Literatur im kulturellen Gedächtnis der Deutschen zählen dürfte. Zu der Behauptung freilich, dass »jeder Deutsche diese Geschichte kenne«, würden sich wohl nur die wenigsten Germanisten hinreißen lassen, und der darin zutage tretende Optimismus mag allein schon als Hinweis auf den Ursprung dieser Behauptung im Land der (früher einmal) unbegrenzten Möglichkeiten zu deuten sein. So dürften wohl auch nur bekennende Verehrer von Hollywoods Starregisseur Quentin Tarantino darauf gefasst gewesen sein, im Kontext seiner jüngsten Produktion (*Django Unchained*, 2012/13) gemeinsam mit dem schwarzen Helden seiner Erzählung – zugleich einer längst fälligen filmischen Abrechnung mit der Geschichte der amerikanischen Sklavenhaltung – eine intensive Begegnung mit europäischer Bildungsgeschichte in Form einer komprimierten, von Richard Wagner inspirierten Version des Nibelungenmythos zu erleben.

Die Tatsache, dass Tarantino nicht vor der Darstellung der unbeschreiblichen Grausamkeiten der Sklavenhaltung zurückschreckt, hat erwartungsgemäß zahlreiche Kritiker auf den Plan gerufen. Dass diese Gewaltszenen zumeist durch ihren Zitatcharakter, zuweilen auch durch erkennbar parodistische Verfahren in ihrem Inszenierungscharakter deutlich werden, mag den Schmerz des emphatischen Zusehers nicht lindern, kennzeichnet aber das Niveau der Filmkunst Tarantinos ebenso wie es möglicherweise genauso zum Missfallen vieler keinen Zweifel daran lässt, dass die Geschichte der amerikanischen Sklavenhaltung letztlich nichts anderes als eine historische Vorwegnahme der Unmenschlichkeiten des europäischen Faschismus und des deutschen Nationalsozialismus darstellt. Eine derartige Querverbindung legt nicht zuletzt auch die Abfolge von *Inglorious Basterds* (2009) und *Django Unchained* nahe. Ein vergleichbarer impliziter Verdacht wurde im Übrigen bis hin zur jüngsten Forschungsgeschichte auch an das *Nibelungenlied* herangetragen: ob nämlich nicht der Text selbst quasi Schuld trage an seiner Vereinnahmung durch nationale und nationalsozialistisch gesinnte Interpreten. Ganz abgesehen von der merkwürdigen Verzerrung der Täter-Opfer-Perspektive, die solcherart auf Texte und Filme projiziert wird, bleibt die Frage nach der Tragfähigkeit einer Geschichtskonstruktion, die literarisches und filmisches Geschehen als quasi Verantwortliche, nicht aber als (künstlerische) Reaktion auf eine ungeachtet aller *turns* immer noch reale, körperliche Erfahrung von Gewalt und Leid wahrnimmt.

2 Brunhilda

Schrittweise bereitet Tarantino die ZuseherInnen auf die Einbeziehung seiner durchaus eigenwilligen Nibelungen-Version vor. Der Film beginnt zunächst mit der wahrhaft kuriosen Geschichte des ehemaligen deutschen Zahnarztes Dr. King Schultz (gespielt von Christoph Waltz, wobei sich im Übrigen allein über die »sprechenden Namen« in *Django Unchained* nicht nur ein Beitrag verfassen ließe), der seine ursprüngliche Profession längst aufgegeben hat und sich stattdessen seine zukünftige Altersversorgung als erfolgreicher Kopfgeldjäger in Amerika verdient. Für seinen (vorgeblich) letzten Coup ist er angewiesen auf die persönliche (Leid-)Erfahrung eines schwarzen Sklaven namens Django (gespielt von Jamie Foxx), der als einziger Überlebender zwei der von ihm gesuchten Übeltäter identifizieren kann und nur (!) deshalb, nicht etwa aus Mitleid, von ihm angeworben wird, nachdem er zuvor seinen »Besitzer« ermordet hat. Das Kopfgeldjäger-Duo erweist sich als überaus effizient; Django winkt als Lohn für seine Unterstützung die spätere Freilassung, und eigentlich scheint die Geschichte hier bereits einem guten Ende zuzusteuern, wäre da nicht ... Brunhilda. Auf seine Nachfrage hin erfährt King Schultz zunächst zu seinem Erstaunen, dass sein schwarzer Geschäftspartner verheiratet ist, und erfragt im nächsten Schritt den Namen seiner Frau: Brunhilda (im englischen Original Broomhilda, gespielt von Kerry Washington), woraufhin er sich auf der Stelle als klassischer deutscher Bildungsbürger entlarvt (»Waren ihre Besitzer Deutsche?«). Dies – dass Namen nicht nur Geschichten evozieren, sondern möglicherweise gleich einen ganzen Mythos in eine Erzählung hineintransportieren – versetzt wiederum Django in großes Erstaunen (und unterstelltermaßen: wohl auch einen großen Teil von Tarantinos Publikum). Auf Djangos Wunsch hin verwandelt sich King Schultz nun selbst in einen Geschichtenerzähler, der gleichsam in einer Art »Gute-Nacht-Geschichte« unter freiem Himmel und Sternenglitzern, in einer Felslandschaft, die auch als Eingang zu Fafnirs Höhle dienen könnte, eine neue Variante des Nibelungen-Mythos entwickelt, die an Richard Wagners »Ring« orientiert ist, ohne in ihm aufzugehen, und zugleich auf den schwarzen Helden Django zugeschnitten ist: Der Held Siegfried befreit die »Prinzessin« Brunhilda, die von ihrem (warum auch immer: zornigen) Vater auf einen Berg unter Bewachung eines feuerspeienden Drachen verbannt wurde und in einem Kreis aus »Höllenfeuer« eingeschlossen wurde: Siegfried »klettert den Berg hoch, weil er keine Angst davor hat. Er erschlägt den Drachen, weil er keine Angst vor ihm hat. Und er geht durch das Höllenfeuer, weil Brunhilda es wert ist.« Damit freilich beginnt nun die neue, die »eigentliche« Geschichte von Django und King Schultz in bester Manier der Doppelwegstruktur eines arthurischen Romans: Die erfolgreiche Beendigung der gemeinsamen Kopfgeldjagd und die Freilassung Djangos waren nur ein vorläufiges Zwischenergebnis; ihr gemeinsamer Kampf gilt nun der Befreiung Brunhildas durch den schwarzen Drachentöter Django und seinen deutschen Brautwerbungshelfer Dr. King Schultz.

3 Gefährliche Brautwerbungen

Quentin Tarantino erzählt die Geschichte seines schwarzen Siegfried nicht nur nach dem strukturellen Muster eines arthurischen Doppelwegs; er bedient sich darüber hinaus eines zweiten, für die Literatur des europäischen Mittelalters wesentlichen Strukturprinzips: dem der sogenannten gefährlichen Brautwerbung; eine Vorgabe, die – wie Hugo Kuhn schon vor vielen Jahren gezeigt hat – so unterschiedliche Texte wie das *Nibelungenlied* oder *Tristan und Isolde* miteinander verbindet. In beiden Fällen rückt neben dem eigentlichen Brautwerber (also etwa Gunther oder Marke), der Brautwerbungshelfer (nämlich Siegfried bzw. Tristan) ins Zentrum des Geschehens: Ohne sie würde der Werber niemals die Braut erringen; zugleich freilich werden sie – dank ihrer übermenschlichen Fähigkeiten und notfalls mit Unterstützung von Minnetränken – letztendlich nolens volens zu Konkurrenten des späteren Ehemannes. – Zwar ist in *Django unchained* die Braut bereits verheiratet, doch muss sie aufgrund ihres Verkaufs als Sklavin erneut dem »feuerspeienden Drachen«, ihrem neuen Besitzer also, abgerungen werden. Nur Dr. King Schultz kennt die Wege zu ihr (in Form der Ausforschung ihres neuen Besitzers); er allein ersinnt die mörderischen Listen, die schlussendlich zwar zum Erfolg führen, zunächst aber die Gewalt eskalieren lassen (durch die vorgeschobene Behauptung, mit Unterstützung Djangos auf der Suche nach »Kampfnegern« zu sein); er selbst – nicht etwa der schwarze Ehemann – gibt sich als potentiell erotisch interessierter Käufer aus und erhält durch Kauf die »Braut«. In Variation von Tarantinos Nibelungen-Version: Nicht nur der Bräutigam und zugleich Ehemann Django, nein, auch sein Werbungshelfer King Schultz »klettert die Berge hoch, erschlägt den Drachen und geht durch das Höllenfeuer, weil Brunhilde es wert ist.«

4 »Hören Sie auf, Beethoven zu spielen«

Dr. King Schultz hat den neuen Besitzer Brunhildas, Calvin Candie, den Besitzer von Candyland (gespielt von Leonardo di Caprio), endlich so weit gebracht, dass er für eine immense Summe Brunhilda an ihn (!) verkauft. Der Vertrag wird mit einem Festessen gefeiert, das die repräsentative Freude des (Südstaaten)-Hofes garniert mit der sadistischen Freude an der physischen und psychischen Erniedrigung der anwesenden Schwarzen durch Calvin Candie. Ganz offensichtlich will Brunhildas »Besitzer« durch fortwährende Eskalation von Gewalt Dr. King Schultz dazu bringen, seine Maske als angeblich »Gleichgesinnter« und Sklavenhändler fallenzulassen. Der bewahrt mühsam die Contenance, bis schließlich die musikalische Darbietung von Beethovens *Albumblatt fur Elise* durch die Schwester des Plantagenbesitzers (im Übrigen eine ganz offensichtlich wieder von Wagner entlehnte Geschwister-Verbindung mit inzestuösem Anstrich) die Gewalt eskalieren lässt. Erst die Konfrontation scheinbar »privater« Hausmusik mit der gleichzeitig real praktizierten Gewalt der Sklavenhalter-Dynastie provoziert bei Dr. King Schultz über die Erinnerung an die Greueltaten der letzten Tage – Candie hat u. a. seinen auf der Flucht ertappten Sklaven d'Artagnan von Hunden zerfleischen lassen – den Widerstand gegen ein auch nur gespieltes vorgebliches Arrangement mit der Sklavenhalter-Mentalität seines Gastgebers: Er verlangt jäh ein Ende der musikalischen Darbietung und erteilt angesichts der Bibliotheksbestände auf Candyland eine Lektion in Sachen Literatur: Ausgerechnet Alexandre Dumas' Werke stehen da in Prachteinbänden, doch ihr Besitzer scheint weder zu wissen, was sie mit dem Namen d'Artagnan verbindet, noch das Paradoxon in Bezug auf den Autor Dumas zu kennen: »Dumas war ein Schwarzer«. Das ist nicht ganz, aber fast korrekt, jedenfalls aber als Skandalon zur Infragestellung der Südstaatenwelt geeignet. An zunehmender beklemmender Unerträglichkeit gewinnt diese Szene durch die fortwährende, gezielt eingesetzte Ästhetisierung von Gewalt (z. B. Beethoven als Begleitmusik zur Zerfleischung von Sklaven, Whitecake als Lieblingsdessert des in elegantem Weiß gekleideten Sklavenhalters, Alexandre Dumas bzw. die Bibliothek als »Bildungsstaffage« und schlussendlich der tödliche Befreiungsschlag als dezenter Schuss durch die weiße Nelke im Revers von Calvin Candie). Ähnlich wie das *Nibelungenlied* entwickelt Tarantino Alternativen, die jedoch stets »verspielt« werden: Der von Calvin Candie zuletzt eingeforderte Handschlag – gut mittelalterliche Versöhnungs- und Rechtsgeste – könnte die Befreiung Brunhildas abschließend sichern und eine friedliche Zukunft des jungen schwarzen Paares ermöglichen, freilich aber auch eine friedliche Zukunft für die weißen Sklavenhalter. Mit der Verweigerung des Handschlags verspielt King Schultz wissentlich diese Alternative (er entschuldigt sich bezeichnenderweise auch bei

Django: »Ich konnte nicht widerstehen«) und gibt mit der Ermordung Calvin Candies das Signal für den Beginn eines Untergangsszenarios, das den Vergleich mit dem Ende des *Nibelungenlieds* oder Wagners *Ring* nicht zu scheuen braucht.

5 Götterdämmerung

Nach dem quasi selbst provozierten Tod von Dr. King Schultz scheint Djangos und Brunhildas Sache verloren zu sein: Brunhilda wird in ein Verließ gebracht, Django gefoltert und erneut als Sklave verkauft. In letzter Sekunde besinnt er sich seiner Rolle als Siegfried: Er entkommt, befreit Brunhilda und richtet ein Inferno unter der Familie und dem Gesinde der Candies an. Die weißen Götter werden entthront, ihre »Burg« bzw. die luxuriöse Villa geht in Flammen auf; der schwarze Siegfried übernimmt den Herrschaftsgestus des weißen Helden im Westerngenre: Er lässt sein Pferd mit spanischem Tritt Brunhilda umwerben, bevor sie beide in Richtung der untergehenden Abendsonne entschwinden.

6 Epilog

Quentin Tarantinos filmische Umsetzung des Nibelungen-Mythos bietet weit mehr als ein weiteres Beispiel für die Rezeption des Mittelalters in Kunst und Kultur unserer eigenen Gegenwart. Sie demonstriert mit Nachdruck, wie – mit oder ohne wissentliches Zutun des Autors/ Regisseurs – ein mittelalterlicher Mythos die strukturelle Vorgabe für das Verständnis einer völlig anderen historischen Konstellation liefert und gerade durch seine Fremdartigkeit und zeitliche Distanz zu ihrer Interpretation beitragen kann. Der schwarze Held Siegfried besiegt den Drachen der Sklaverei dank der Unterstützung durch seinen deutschen, an den Mythen des europäischen Mittelalters und Richard Wagner geschulten Helfer – nicht der schlechteste Grund, mit Stolz auf das *Nibelungenlied* als ein zentrales Dokument aus den Anfängen deutscher Literatur zurückzuschauen.

Paul Alfred Kleinert

Zur Neugewinnung alter Erzählstoffe

Das Filmszenarium *Der Nibelunge Not* von Franz Fühmann

In einem Arbeitsgespräch mit Werner Neubert beantwortete Franz Fühmann (1922–1984) im Jahr 1970 die an ihn gestellte Frage nach seiner Arbeit am Nibelungenlied wie folgt: »eine eingefahrene Tradition von falschen Zweckinterpretationen [...] war zu durchbrechen. Das Nibelungenlied sollte ja nach dem Willen deutscher Turnlehrer vom ersten Tag seiner Wiederentdeckung an die Funktion einer deutschen Ilias haben, also d i e deutsche Heldensage sein, das heißt der historische Beleg für das, was man Deutsche Tugenden nannte: Deutsche Treue, Deutsche Tapferkeit, Deutsche Frauenkeuschheit, na und so weiter. Von da an wurde der Text systematisch voreingenommen interpretiert [...] Aber das Nibelungenlied ist, wenn man es nur unvoreingenommen liest, eben nicht mehr die naive und unproblematische Heldendichtung der Völkerwanderungszeit, sondern ein groß angelegter, souverän erzählter und in sich unheimlich konsequenter Roman der feudalen Gesellschaft und ihrer Machtstruktur. Nur so, dicht am Text, kommt man zu einer richtigen Interpretation.« (*neue deutsche literatur* 12/1970)

Franz Fühmann unternahm es Anfang der 1970er Jahre, das Nibelungenlied neu zu erzählen und damit den Versuch, das mittelalterliche Epos in einer Umwelt, die (weitgehend aus ideologischen Gründen) darauf verzichten wollte, erneut (doch anders als bislang) zu etablieren. Gleichzeitig erwog er auch die Möglichkeiten einer filmischen Gestaltung des Nibelungenstoffes: »Es gilt heute, das Nibelungenlied als Erbe überhaupt erst in Besitz zu nehmen. Dabei könnte ein Film eine hervorragende Rolle spielen. Es wäre ein Beitrag, den nur die sozialistische Nationalkultur leisten könnte.« (*Der Nibelunge Not,* S. 53) Dergleichen mag man als Phrase abtun, um die filmische Umsetzung zu legitimieren, ganz sicher ist es freilich nicht, ob Fühmann nicht meinte, was er schrieb.

Bereits 1971 kommt es zu einem Vertrag mit der DEFA, in einem Schreiben von dort vom 09.02.1971 wird bereits der 1. März 1971 zur Abgabe eines Typoscripts zur »Erarbeitung einer Konzeption für einen Filmstoff ›Nibelungen‹ nach freier Bearbeitung des historischen Materials« avisiert. Fühmann solle dafür 3.000.– Mark erhalen, die eine Hälfte bei Vertragsabschluss, die andere bei Lieferung der Konzeption (Archiv der Akademie der Künste Berlin, Mappe 1243). Am 29.08.1973 schreibt Fühmann seinem langjährigen Lektoren Kurt Batt (1931–1975): »Zu meiner tollen Freude macht Heiner Carow die Nibelungen, wie es aussieht, geht er sofort jetzt dran, mit einem hohen, Pardon Hohen Ministerii Segen. Wir sind nach einer ersten Aussprache völlig einig im Stoff wie im Ästhetischen.« (*Briefe 1950–1984*).

Seine Hoffnung wird zwischenzeitlich immer wieder von Signalen einer doch erfolgenden Aufnahme des Projektes seitens der DEFA geschürt. So schreibt die Dramaturgin Thea Richter am 12.04.1975, dass es in Sachen Nibelungen »endlich wieder etwas neues zu berichten« gebe, das Ganze jedoch zunächst noch einmal im Ministerium mit der Kulturplanung beraten worden und die Realisierung für 1975/76 oder 1976 geplant sei. Es gebe keine »inhaltlichen, konzeptionellen oder kulturpolitischen Vorbehalte«, sondern »ökonomische Probleme«. (Nach Thea Richter – Dramaturgin bei der DEFA – im Brief vom 12.04.1975, in: Mappe 1148, Archiv der AdK Berlin. Der Briefwechsel mit der DEFA in Mappe 1243 zeigt anschaulich das Auf und Ab über die Jahre hin).

Aus dem Ganzen wird dann nichts, doch gibt Fühmann das Projekt »Filme« unter der Regie von Heiner Carow nicht auf, neben den *Nibelungen* liegt u.a. ein Szenarium zu *Simplicius Simplicissimus* vor (vgl. Brief an Kurt Löffler vom 28.11.80 – allerdings gebe es »im Archiv von Heiner Carow zum Projekt keine Korrespondenz«, so Nicky Rittmeyer am 04.03.2013 auf eine entsprechende Anfrage des Autors dieser Zeilen an das Archiv der AdK Berlin). Aber auch dies bleibt unrealisiert.

War Fühmann in seiner Nacherzählung im Wesentlichen dem Erzählstoff der mittelalterlichen Vorlage gefolgt, so gliedert er sein Filmszenarium in drei Teile und ein zweigeteiltes Zwischenspiel, welches dem II. Teil angegliedert und in fortlaufender Szenenfolge nummeriert wird:

I.1-17	»Die Werbung«,
II.1-33	»Siegfried«
	(Zwischenspiel: II.34-37 und nach dem Zwischenspiel
	II.38-67) und
III.1-28	»Das Ende«.

Fühmann weicht in seinem Szenario von den 39 Âventiuren des Nibelungenliedes sowohl in der Anordnung derselben als auch durch Hinzufügungen und Auslassungen ab: so fehlen die Xanten-Ereignisse, die Königskinder Siegfried (Brynhilds und Gunthers Sohn) und Gunther (Kriemhild und Siegfrieds Sohn) – s. 11te Âventiure – werden, wie schon in der Neuerzählung von 1971, nicht erwähnt, den angreifenden Dänen und Sachsen werden Goten hinzugefügt, die Werbung Siegfrieds um Kriemhild geschieht ohne die im *Nibelungenlied* geschilderten Umschweife – auch Kriemhild kennt hier keinen Umweg (ihre Führung Siegfrieds, der in einer ihm nicht gemäßen Ordnung »… wie blöd dasteht« ist ebenso köstlich als »leitmotivisch« unter II.4 dargestellt), geschichtliche Anklänge (Gero!) aus späterer Zeit, das durative Geschehen der zu Grunde liegenden Ausrichtungen des Liedes bedeutend, werden eingefügt – um nur einige Beispiele zu nennen (germanistischer Fleiß hat die Abweichungen und Erweiterungen aufgezeigt: so im *Dialog am Abend* in *Mitteilungen. AdK der DDR 5/1973;* vgl. auch Peter Göhlers *Bemerkungen zum Szenarium der Nibelunge Not* von Franz Fühmann, Gutachten für die DEFA, Typoscript vom März 1974).

Als szenische Mittel verwendet Fühmann Symbole wie das des Glockenstuhls als christliches Zeichen (üb)erhöhter und transzendenter Kunde (I.3.,16., II.6.,18.,23,. II.40.,44.,50.,56, III.28 – ob dies ein bewusstes oder unbewusstes Zitat von Fritz Langs Film *Die Nibelungen* [1924] ist, sei dahingestellt), oder das der Fledermaus, welches für Traumgeschehen, Vorzeit, das Dunkle im Gegenüber zum Licht und für das ahnende Grauen steht (I.3.16, II.6.23, II.36h und III.28). Die Durcharbeitung im sprachlichen Bereich lässt sich an den Anmerkungen Fühmanns im Typoscript zum Szenario ablesen: so denkt Fühmann etwa daran, »für das Hunnische eine konkrete Sprache, vielleicht das Tschuwaschische, (zu) wählen und etwas im Lautstand abzuwandeln.« (Archiv der AdK Berlin, Mappe 782). Zur Sprachgestaltung der hunnischen Priester wählt Fühmann »wogulische Formeln«, »da von hunnischer und ungarischer Urreligion keine Zeugnisse überliefert sind« (Ebd., s. a. Peter Göhler).

Begannen in Fühmanns Neuerzählung von 1971 die einzelnen Kapitel noch mit der Anfangsstrophe der jeweiligen Âventiure im mittelhochdeutschen Textbestand, so finden sich im Filmszenario Strophen des *Nibelungenliedes* im Original nur noch sehr selten, zum Beispiel in der durch die Schilderung des Endes unterbrochenen Verbindung von Anfang und Ende des Epos.

Fühmann arbeitet zudem an anderer Stelle Textabschnitte zur Werbungsfahrt Gunthers um Brynhild, aus der sechsten Âventiure, ein, um in Zusammenstellung mit dem Beginn des Nibelungenliedes (erste Âventiure) die eigentlich die geschichtlich verortete Handlung des Nibelungenliedes Tragenden, die Burgunden aufzurufen.

Hier ist nicht der Ort, dem Entsprechungsgeschehen der bezeichneten Textstellen oder der Symbolik und ihrer Funktion im Einzelnen nachzugehen, dazu mögen Germanistik und Theologie das ihre beitragen, doch stehe die Erwähnung hier, um aufzuzeigen, in welcher Art und mit welchen Mitteln Fühmann zu arbeiten beabsichtigte.

Auch das mythische Element in der Literatur kommt in Fühmanns Szenario nicht zu kurz: Szenen wie II.16ff., Zwischenspiel.34ff., III.24f. (hier ist es jeweils die Gestalt Alberichs – eines Uralten, über die Geschichte hinaus und in diese hinein ragenden – welche in den Szenen erscheint) oder III.4, wo der

Fühmann sammelte zu jedem der von ihm in Angriff genommenen Projekte entsprechende Literatur, um diese für jenes zusammen zu stellen, so auch zu dem der Nibelungen. Die hiesige Abbildung zeigt den größten Teil einer solchen Zusammenstellung (ein kleinerer ging in den Zeitläuften verloren). Zu sehen sind u.a.: Wilhelm Grimm: *Die deutsche Heldensage* (1867), August Lübben: *Wörter zu der Nibelunge Not (Liet)* (1877), Karl Simrock: *Die Edda* (1927), Hans Naumann: *Deutsches Dichten und Denken von der germanischen bis zur staufischen Zeit* (1938), Franz Saran: *Das Übersetzen aus dem Mittelhochdeutschen* (1953), Helmut de Boor: *Das Nibelungenlied: zweisprachige Ausgabe* (1959), Karl Heinz Ihlenburg: *Das Nibelungenlied: Problem und Gehalt* (1969). Derzeit findet sich das Abgebildete in der nachgelassenen Arbeitsbibliothek Fühmanns in den Historischen Sammlungen der ZLB Berlin aufgestellt.

Tod (als nichtendes Prinzip) die Szenerie überschaut (hier niemandem sonst als dem weit blickenden und auch in transzendenten Gefilden heimischen Tronjer Hagen sichtbar).

Der Germanist und Mediävist Helmut de Boor (1891–1976) schrieb in der Einleitung zu seiner Übertragung des Nibelungenliedes, die Fühmann neben der Prosabearbeitung von Manfred Bierwisch und Uwe Johnson sowie einem eigenen Übertragungstext als seine Quelle nutzte: »Das Geschehen im Nibelungenlied ist […] über das dualistische Denken der Zeit hinausgewachsen. Die Gestalten sind nicht nach gut oder böse oder gar nach gottgefällig und teufelsverfallen aufgeteilt. Beide Parteien stehen unter demselben fordernden Schicksal, beide erfüllen die Forderung der sittlichen Selbstbehauptung bis zum letzten. Darin steht das Nibelungenlied im Kreis der höfischen Dichtung allein, dass es Spieler und Gegenspieler, Kriemhild und Hagen, in gleicher Größe und Würde sieht. Der Dichter kennt keine Parteinahme, er schauert vor den dunklen Taten Hagens wie Kriemhilds, aber er macht keinen von beiden zum Bösewicht«, wobei (im Blick auf die angesprochenen Parteien) »das ganze Werk ... auf die beiden beherrschenden Figuren ... Hagen und Kriemhild« gestellt sei und die Größe desselben und seines Dichters darin liege, dass »er nicht verurteilte, sondern auch das Maßlose groß zu sehen vermochte [...] Heroischen Stoff und heroische Gestalten zum Gegenstand eines ritterlich-höfischen Epos gemacht zu haben, ist das Besondere des Nibelungenliedes im Kreise der staufischen Dichtung.«

Wenn Fühmann das Nibelungenlied als »eben nicht mehr [...] naive und unproblematische Heldendichtung der Völkerwanderungszeit«, sondern als »einen groß angelegten, souverän erzählten und in sich unheimlich konsequenten Roman der feudalen Gesellschaft und ihrer Machtstruktur« beschreibt, so weiß er sich also in dieser Beurteilung mit einem der besten Kenner des Epos einig.

Dieses zu Grunde liegende Einordnungsverhältnis ist nicht unwichtig für das Projekt, da es Fühmann zu den folgenden szenischen Überlegungen veranlasste: »Es soll ein großer Film werden in dem Sinne, dass seine Menschen und das Stück deutscher Geschichte, in dem sie agieren, groß und würdig behandelt werden. Wir haben weder Anlass, unsere Figuren kleinlich zu karikieren, wenn wir sie tadeln, noch sie ebenso kleinlich zu beschönigen, wenn wir sie anerkennen wollen. Wir brauchen auch weder im Negativen noch im Positiven moralisierend mit dem Finger auf das zu zeigen, das seine Größe wie Greuel selbst zeigt, indem es sie abhandelt. Da wir sie nah und genau zeigen, brauchen wir auch kein Massenaufgebot; es ist ein Film mit wenigen Menschen, die allerdings, und das muss an zwei, drei Stellen deutlich werden, die Macht haben, über Massen zu gebieten (Sachsenkrieg, Fest der Doppelhochzeit, Heerbann), Bei solchen Szenen dürfen wir nicht sparen. Ansonsten hat unser Film weitgehend den Charakter eines Kammerspieles; freilich: eines Spiels in der Königskammer.« (*Der Nibelunge Not*, S. 160)

Zentral für Fühmann wurden die Punkte der »Auffassung der Kriemhild« und die »des Mordes an Siegfried durch die Burgunden«: »Noch ein Wort zu Kriemhild. Dieser Siegfried, der als leibhaftiger Anachronismus die politische Balance durcheinanderbringt, musste beseitigt werden. Das war ein sehr harter, gewiss grausamer, aber auch bedeutender Kalkül, und ich glaube nun fest daran, dass auch Kriemhild da mit einbezogen wurde. [...] also sehe ich sie als die große burgundische Prinzessin, die genau weiß, was Politik und Staatsdenken erfordert, und die selbst danach handelt – zum Teil sogar gegen sich selbst, gegen ein Stück ihres Ich.« (*Dialog am Abend*)

Dass die eigenen biographischen Bezüge Fühmann immer wieder zu Fragestellungen wie Eigenerleben versus Ideologismen/Unterdrückung von Eigenem oder Eigenwertigkeiten im Dienste einer Ideologie und Wirkmächtigkeit dieser Unterdrückung im Unterbewusstsein/Unbewussten führen, lässt sich an der Akzentuierung der Textgestaltung ablesen, wobei auch in diesen Fällen das Dictum Fühmanns gilt: »Mein Ziel war, wie bei allen meinen Adaptionen: ich will zum Original hinführen, ich setze das Original zu meinem Maßstab, gehe von seiner Existenz aus und fühle mich ihm verpflichtet. Ich kann mir aber auch vorstellen, dass man mit all diesen literarischen Vorlagen wie mit Mythen verfährt – den Ausdruck Mythos jetzt einmal als reinen terminus technicus gebraucht – und dass man sie lebendig hält, indem man sie weiterbildet, umbildet, neubildet. Das könnte man auch mit dem Nibelungenlied, mit einzelnen seiner Helden machen«. (*Dialog am Abend*) Im Szenario *Der Nibelunge Not* ist Franz Fühmann seiner Ansage gefolgt.

Dass Fühmann der gesamte Fragekomplex bis zu seinem Tod befasste, lässt sich an den Anmerkungen im Typoscript ablesen (AdK, Mappe 782), die seiner Familie mit den weiteren Hinterlassenschaften von der Charité im Juli 1984 zugestellt wurde.

Textausgaben:

Franz Fühmann: *Simplicius Simplicissimus, der Nibelunge Not und andere Arbeiten für den Film* Hrsg. von Ingrid Prignitz, Rostock 1987

Franz Fühmann: *Der Nibelunge Not. Szenarium für einen Spielfilm.* Mit einem Nachwort von Peter Göhler, Berlin 1993

Franz Fühmann: *Briefe 1950–1984.* Hrsg. von Hans-Jürgen Schmitt, Rostock 1994

Danksagung: Dank gilt Frau Barbara Heinze vom Archiv der Akademie der Künste Berlin für die kurzfristigen Bereitstellungen der Texte Fühmanns vor Ort nach der langen Schließung des Fühmann-Archivs aus konservatorischen Gründen, Peter Göhler für die freundliche Überlassung solcher und eigener aus dem nämlichen Grunde und Volker Scharnefsky für die Ermöglichung der Arbeit an der nachgelassenen Arbeitsbibliothek Fühmanns innerhalb der Historischen Sammlungen an der Berlin.

Redaktionell mit Einverständnis des Autors gekürzt.

Werner Nell

Siegfried und die »Nebeljungen«

Einige Nibelungen-Motive im Schatten des Nationalsozialismus

Nibelung, der Name des Königs, wird in der Encyclopédie Hachette mit »Nebelsohn« übersetzt: »›fils du brouillard‹, c'est-à-dire du monde souterrain« (»Sohn des Nebels, also der Unterwelt«). Neben dem Nebel gibt der Nachsatz also auch noch den Hinweis auf die Unterwelt, womit zwei Bildbereiche angesprochen werden, die nicht nur in der französischen Deutschlandwahrnehmung eine Rolle spiel(t)en, sondern im Rekurs auch wieder das Selbstbild der deutschen Gesellschaft ansprechen, soweit sie sich im Spiegel »Anderer« sehen beziehungsweise in historischen Bezügen auch reflektieren will. Im Besonderen gilt dies für die Auseinandersetzung mit dem Nationalsozialismus. Dessen Monstrosität als Faszinosum und Verbrechen ist bis heute noch stets eher irritierend als verständlich. Nicht zuletzt deshalb wird offensichtlich immer wieder auch auf mythisch besetzte Bildbereiche zurückgegriffen, wenn es darum geht, die nicht überwindbare Unzugänglichkeit von dessen Durchsetzungskraft und Resultaten zu bestimmen, gegebenenfalls aufklären zu wollen. Immerhin handelt es sich dabei doch um einen Vorgang, in dem sich eine reich entfaltete »Kulturnation« in einem Prozess der Entzivilisierung zunächst in eine »aggressive Raubgemeinschaft« (Michael Wildt) und darüber dann in eine »genozidale« (Jan Philipp Reemtsma) »Volksgemeinschaft« verwandelte, die ihr Ziel der »Weltherrschaft« nur auf dem Weg der »Judenvernichtung« erreichen zu können glaubte und dieses irre Ziel wiederum an den Preis eines ansonsten drohenden eigenen Untergangs – wie Siegfried und die Nibelungen – anzubinden suchte.

Vom Tod der Söhne Nibelungs, die von Siegfried im Streit erschlagen werden, und dem Untergang des Burgundischen Hofes, präfiguriert und motiviert durch Siegfrieds Tod und Folge einer durch Trauer nicht so sehr gemilderten als vielmehr langsichtig vorgehaltenen Rache- und Untergangssucht, führt hier der Weg der Bilder und Vorstellungen über die den Deutschen schon zu Zeiten des Ersten Weltkriegs unterstellte Todessehnsucht zu den Massenmorden und der in die Tat umgesetzten Vernichtung ganzer Bevölkerungsgruppen während des Nationalsozialismus. Immerhin boten Rückbezüge auf Siegfried und die Nibelungen für solcherart »Wir-Konstruktion« mehr als nur eine propagandistische Bebilderung, vielmehr Identifikationsmuster und Legitimation zugleich: »Der Tod – ein Meister aus Deutschland«. Der Nibelungen-Stoff, zumal in seiner durch Wagners Opernzyklus (1848–1874) ebenso popularisierten wie zum Nationalmythos gesteigerten Form (als Musikstück und Gesamtkunstwerk) boten so schon im späten 19. und dann im beginnenden 20. Jahrhundert jede Menge Raum und Ansprache-Möglichkeiten für ein ebenso in die Vergangenheit wie in die Vergeblichkeit projiziertes Heldentum, für historisch-mystische Legitimation ebenso wie für frei flottierende Aggression und nationales Sonderbewusstsein, welches noch die Möglichkeit des eigenen Untergangs als Beweis »eigentlicher« Bevorzugung sehen wollte. Dies gilt mehr noch für einzelne Motive wie die mit den Nibelungen verbundenen Namen, Orte und Symbole, von den Rheintöchtern bis zu den Walküren, von Walhalla bis zur Unterwelt, selbstverständlich für Siegfried und Hagen, den Streit der Königinnen und nicht zuletzt das Motiv eines Verrats aus treuer Liebe. Kampfbegeisterung, Treueschwüre und Liebesverrat, katastrophische Verblendung und Todeskult führten so über die durchaus selektiv genutzte Bildersprache des Nibelungenstoffes nicht nur bis zu den vermeintlich altgermanischen Urzeiten zurück, sondern boten, zumal im Schatten der Reichseinigung von 1871 und eines durch ebenso sehr beschleunigte wie disparate Modernisierung gefährdeten und zugleich herausgeforderten Selbstverständnisses der Ton angebenden bürgerlich-adligen Schichten schon für das zweite Kaiserreich einen Rahmen, in dem sich kulturelle Selbstverortung, nationale Selbstbestimmung und ein in der Mobilität und Ambivalenz der Moderne grundiertes Krisenbewusstsein artikulierten und geschichtsmythisch überhöhen konnten.

Schon für die zeitgenössischen Betrachter, ebenso aber auch für Thomas Manns *Dr. Faustus*-Projekt, standen dabei weniger die 1914 europaweit verbreitete Kriegsbegeisterung und Kampfgesinnung im Vordergrund, noch der zeitgenössische Imperialismus oder die Verwerfungen des Krieges und der Niederlage von 1918, wenn es um die Voraussetzungen der zu Beginn der 1930er Jahre dann sich abzeichnenden nationalsozialistischen Gewaltherrschaft (und der von ihr ausgehenden Massenfaszination) ging. Vielmehr kommt dabei ein spezifisch den Deutschen zugeschriebener Todeskult zum Vorschein, was in den Deutungsversuchen und Analysen zum »autoritären Charakter« bis hin zu Joachim C. Fests Hitler-Biographie (1973) oder Bernd Eichingers daran anschließenden Film *Der Untergang* (2004) immer wieder angesprochen wird. Eine Lust am »Untergang« wird erkennbar, die sich nicht nur im Mythos um »Langemark« und in Walter Flex' Kultbuch *Der Wanderer zwischen beiden Welten* (1916) wiederfinden lässt, sondern auch im Kriegerdenkmals- und Gedenkstättenkult der Zwischenkriegszeit und im Besonderen in der bis zum Kitsch hin ästhetisierten und kommerzialisierten Todespropaganda der Nazis und deren ebenso bedingungs- wie gewissenloser Umsetzung in Massenmord und Selbstzerstörung. »Es gibt in der deutschen Seele«, so zitiert Christian von Krockow den französischen Politiker und Widersacher der Deutschen in der Zeit des Versailler Vertrages Georges Clemenceau, »eine Art Unverständnis für alles, was das Leben [...] ist, für das, was seinen Reiz und seine Größe ausmacht, und an dessen Stelle eine krankhafte und satanische Liebe zum Tod. [...] Der Deutsche liebt den Krieg als Selbstliebe und weil an dessen Ende das Blutbad wartet.«

Clemenceau hätte als Belegmaterial für seine Beobachtungen aus den Erinnerungen Albert Speers zitieren können, die Jahrzehnte später Saul Friedländer für seine Untersuchungen der Anteile von Kitsch und Tod am ästhetischen Widerschein des Nationalsozialismus herangezogen hat. Im Angesicht eines gemeinsam auf Hitlers Terrasse im August 1939 beobachteten Polarlichts berichtet Speer: »Der Schlussakt der Götterdämmerung hätte nicht effektvoller inszeniert werden können. Gesichter und Hände eines jeden von uns waren unnatürlich rot gefärbt. Das Schauspiel rief eine eigentümlich nachdenkliche Stimmung hervor. Unvermittelt sagte Hitler zu einem seiner militärischen Adjutanten gewandt: ›Das sieht nach viel Blut aus. Dieses Mal wird es nicht ohne Gewalt abgehen.‹« (S. Friedländer). Kultivierung und Habitualisierung des Todes treten hier ebenso in den Blick wie die Verlagerung politischer Entscheidung und Verantwortlichkeit über die Sprache naturmystischer Zeichen ins Nebel- und Schicksalshafte.

Gerade wer die Strahl- und Bannkraft des Nationalsozialismus über seine Macht-, Raub- und Zerstörungsimpulse hinaus erkunden will, kann freilich vor der »Kraft seiner Emotionen, in den von ihm geweckten Bildern und Phantasmen« (S. Friedländer) nicht Halt machen. Durchaus vertraute kulturelle Codierungen erscheinen dort in einer gefühlsbesetzten, massenkompatibel zugerichteten und entsprechend gefühlsbesetzt abrufbaren Weise, als Kitsch also, dessen Ausgestaltung in Versatzstücken aus den Bereichen der Trivialliteratur Friedländer noch einmal an Speers Präsentation Hitlers im Schein des Polarlichtes erläutert: »Er hat das Gesicht dem Nachthimmel zugewandt, den ein seltsames Rotlicht in die Farbe des Blutes taucht – er ist der Dichter am See, kurz vor dem Ausbruch des Sturmes, er ist der Mörder auf der Flucht unter einem fahlen, von Blitzen durchzuckten Himmel.« Zu allem Überfluss erwähnt der Autor auch noch den ›sagenumworbenen‹ Unterberg – noch einmal also auch der Verweis auf eine mythisch besetzte Unterwelt, diesmal statt der Nibelungen mit Barbarossa-Bezug. Im Zentrum dieser Bilder und der von ihnen getragenen, von ihnen anzusprechenden Emotionen steht freilich eine Ästhetisierung des Todes, des Sterbens, vor allem aber auch – mit Michel Foucault zu sprechen – eine durch artifizielle Muster ebenso verstärkte und legitimierte wie kaschierte und überformte Weise des »Sterben Machens«, in dem sich ältere politische Muster des Ausnahmezustandes als eines Raums der Verfügung über Leben und Tod mit neuen Formen der Biopolitik (»Leben machen«) verbinden, innerhalb deren ein vermeintlich wissenschaftlich fundierter Rassismus die Grundlage und Legitimation für jedwede Art eines »experimentellen« Umgangs mit Menschen abgibt. In der Verknüpfung von Kitsch und Tod, mythisch grundierter und artifiziell (gegebenenfalls mit modernen Techniken) erzeugter Ansprache atavistischer und grundlegender, das immanente Selbstverständnis der Moderne ebenso unterlaufender wie sie überschreitender Strebungen und Ängste, konzentriert auf das Tremendum und Faszinosum (W. F. Otto) des Todes, hat Friedländer wohl zwei Komponenten aufgefunden, die es ermöglichen, den mythischen Schleier, der mit der Herrschaft und den Verbrechen der Nazis verbunden ist und der deren rationale Verstehbarkeit begrenzt, zumindest ein wenig aufzuheben, diesen selbst wenigstens in den Blick zu bringen.

In dem Maße, in dem der Nationalsozialismus sich seinerseits in seinen Vorlagen und Vermittlungen auf mythische, auch literarische Vorgaben bezog, hat es freilich auch an Versuchen einer literarischen Aufarbeitung des Unfassbaren der nationalsozialistischen Gewaltherrschaft, auch eines Phänomens namens Hitler, nicht gemangelt. Von Thomas Mann über Michel Tournier bis zu Thomas Pynchon und Jonathan Little reicht die Reihe jener Gestaltungs- und Deutungsversuche, die in ihren Erklärungen, Motiven und Analysen auf Denkmuster, Leitbilder und Vorgänge mythischer Herkunft und Qualität zurückgreifen, um im Spiegel mythischer Quellen – und seien es erfundene – daran zu arbeiten, die Unfassbarkeit des Geschehens und seiner Motive, zumal aber auch die von bis dazu unvorstellbaren Verbrechen und der diesen zugrunde liegenden Gesinnung offensichtlich ausgehende Faszination zu erkunden, gegebenenfalls auch zu vermitteln. Dass dabei weder die Nibelungen-Erzählungen noch Wagners Opern einlinig der Propaganda-Maschine zuzurechnen sind, vielmehr die in diesen Werken vorhandenen Ambivalenzen und Widersprüche einer eindimensionalen Instrumentalisierung zur Propaganda für Massenmord auch im Wege standen, ist in der neueren Nibelungen-Forschung von Helmut Brackert bis zu Herfried Münkler hinreichend ausgearbeitet worden. Bedenkenswert ist aber auch, dass es möglicherweise gerade die Deutungsbreite, auch die Widerständigkeit und Unanpassbarkeit des Stoffes und seiner Rezeptionen gewesen sein mag, die zugleich als Impuls und Stärke ihrer weitergehenden ideologischen Verwertbarkeit und Wirkung zu sehen ist.

Der Vorstellungs-, Gefühls- und Deutungsraum, der mit Namen und Begriffen wie Hagen und Siegfried, »Untergang« und »Blut«, »Rache« und »Schicksal« angesprochen wird, war offensichtlich weit genug, um eine auf Gefühlsansprache ausgerichtete »Breite« und unspezifisch emotionale wie manipulative

Wirkung erzeugen beziehungsweise tragen zu können. »Wo im Rahmen mythischer Wirklichkeitswahrnehmung gedacht, entschieden, gehandelt wird, tritt das Denken, Entscheiden und Handeln der Menschen zunehmend unter mythischen Bann, wird es zum Verhängnis im Sinne des autonomer Verfügung Entzogenen und entwickelt sich mit schicksalhafter Unaufhaltsamkeit. Eine als Siegfriedschicksal und Nibelungengeschick wahrgenommene und verklärte Geschichte wird zuletzt tatsächlich zu dem, als was sie gedacht wird,« schreiben die Politologen Herfried Münkler und Wolfgang Storch in ihren unter dem Titel *Siegfrieden* zusammengestellten Studien zur *Politik mit einem deutschen Mythos* (1988). Es liegt dann nahe, dass Schriftsteller und andere Künstler, ebenso aber auch analytische Versuche wie der hier vorliegende, das vorhandene mythische Inventar gegenläufig auch als Instrument der Aufarbeitung, gegebenenfalls Abarbeitung an der mit dem Nationalsozialismus verbundenen Unfassbarkeit seines Erscheinens und seiner Verbrechen zu nutzen suchen.

Spätestens seit Wagners *Ring* und vor dem Hintergrund der Wagner-Begeisterung des späten 19. Jahrhunderts stellen Götterdämmerung und Todessehnsucht, Nebel und Unterwelt, Siegfried und die Nibelungen, Heldenwahn und Liebesverrat zentrale Bildbereiche und Sinnbezüge, Schlüsselbegriffe und Tarn-Namen zur Verfügung, wenn es darum gehen soll, den Strebungen und Gemütslagen, zumal den Ängsten und Erwartungen »der« Deutschen eine Stimme zu geben, sie im Blick von außen (aber auch von innen) in einer Spezifik zu fassen, die darauf zielt, den vielleicht vorhandenen, vielleicht zugeschriebenen Zwiespalt zwischen Größenwahn und Minderwertigkeitsgefühlen, die Gefühle der Unbehaglichkeit und Ungeborgenheit, auch eines Zu-kurz-gekommen-Seins in »dieser« Welt, zu beschreiben. Dienten die Rückbezüge auf die Nibelungen vom späten 19. bis in die Mitte des 20. Jahrhunderts dabei zunächst weitgehend affirmativ einer ideologischen Besetzung, um »deutsches«, deutschnationales Selbstverständnis – zumal im Blick auf seine »Feinde« – anzusprechen, so haben diese Konzepte nach 1945 aber auch wohl ihre mobilisierende Kraft verloren. Dies hängt sicherlich mit dem Ende des Nazi-Wahns und den spätestens dann erkannten Verbrechen zusammen und wurde im Zuge des Aufbaus einer pluralistischen demokratischen Gesellschaft gestärkt, nicht zuletzt durch eine in den 1960er Jahren aufkommende sozialgeschichtlich und ideologiekritisch ausgerichtete Literaturwissenschaft. »Seit 1945«, so konstatieren die bereits genannten Politologen zum Ende der 1980er Jahre, »haben die Nibelungen keine Gewalt mehr über die Köpfe der Deutschen, und die Deutschen sind keine Nibelungen mehr.« In welchem Maße und in welcher Weise im Einzelnen Personal und »Schicksal« der Nibelungen freilich immer noch Möglichkeiten einer affirmativen oder kritischen Anspielung bieten, noch immer auch Thema der literarischer Auseinandersetzung und Gestaltung sind, soll im Folgenden an zwei Beispielen angesprochen werden.

Leider hat weder Konersmann in seinem *Wörterbuch der philosophischen Metaphern* einen Eintrag zu Nebel, obwohl er bei Kant und Diderot zur Sprache kommt, noch das Historische Wörterbuch der Philosophie. Dort findet sich aber immerhin ein Eintrag zum Begriff der »Nebularhypothese«, mit dem Georgs Bruder Ludwig Büchner in den 1880er Jahren eine von Kant und Laplace am Ende des 18. Jahrhunderts aufgestellte Hypothese zur Entstehung des Universums aus Nebelschwaden bezeichnete und die – unabhängig vom deutschsprachigen Diskussionszusammenhang – zeitgleich bei Herbert Spencer als »doctrine of nebular genesis« auftritt. Es geht bei dieser Metapher also auch um Weite und Horizont, ungewissen Anfang und Unterwelt, Nebelgeburt und, da die Nibelungen in der französischen Enzyklopädie auch als »possesseurs de richesses« (»Besitzer von Reichtümern«) angesprochen werden, natürlich auch um Reichtum und Macht: Siegfried, auch das bietet der enzyklopädische Eintrag bereits, ist derjenige, der – »unverwundbar« (»invulnérable«) – als Person (und Held) aus dieser Nebelwelt hervortritt, nachdem er den zwergenhaften »Nebelkönig« tötete und so zum Herren des Schatzes werden konnte. Immerhin können mit Nebel, Macht/Tod und Geschichte bereits aus diesem Eintrag drei Motive benannt werden, die – aus der Geschichte der Nibelungen hervorgegangen – eine analytische, reflexive und ggf. auch imaginative Beschäftigung mit dem Rätsel und der Unfassbarkeit der Nazi-Verbrechen und der diese tragenden deutschen Gesellschaft anstoßen können.

Mit dem Nebel wird zunächst ein Motiv aus dem Zeitalter der Aufklärung aufgenommen, das verbunden mit der Schilderung eines rauen Klimas, das »anfangs die Seele mit Traurigkeit« erfüllt, schon im Deutschlandbuch der Madame de Stael (*De L'Allemagne*, 1813) eine Rolle spielte. Unterschiedliche Funktionen in unterschiedlichen Denktraditionen sind überdies erkennbar: Bei Kant ist die Nebelwelt Ausgangslage und Rahmen- beziehungsweise Grenzsetzung einer letztlich für das Auge und so auch für die Erkenntnis undurchdringlich bleibenden Situation, während sich bei Diderot am Ende des *Nachtrags zu Bougainvilles Reise* der Nebel immerhin lichtet. In dieser Zwischenwelt des Nebels setzt dann auch das leider wenig bekannte, im Jahr 2000 erschienene Buch *Fils du brouillard* (*Sohn des Nebels*) von Georges Moustaki und Siegfried Meir an, dem der eingangs zitierte Eintrag aus der *Encyclopédie Hachette* als Motto vorangestellt ist. Gerahmt von der Lebensgeschichte des am 3. Mai 1934 als Sohn einer griechisch-jüdischen Familie in Alexandria geborenen, weltbekannten Sänger-Poeten bietet das Buch in seinem Hauptteil den Lebensbericht des am 4. Mai 1934 in Frankfurt am Main in einer deutsch-jüdischen Familie geborenen

Siegfried Meir, ebenfalls Sänger. Als solche lernen sich beide 1954 in Brüssel kennen, nehmen einander – ein Tag Unterschied bei der Geburt – als Zwillingsbrüder an und werden Freunde.

Während Moustaki, der zu Beginn des Jahres 2013 in Nizza gestorben ist, in seinen autobiographischen Reflexionen von einem unbeschwerten Aufwachsen in einem multikulturellen und toleranten Alexandria, einer Jugend weit entfernt von den europäischen (später auch afrikanischen) Schauplätzen des Zweiten Weltkrieges und seiner daran anschließenden Karriere als Musiker und Sänger in Frankreich (unter anderen mit Edith Piaf, Barbara und Juliette Gréco) berichten kann, später sogar von Konzerten und Erfolgen in der Bundesrepublik der 1970er Jahre, bietet Meirs Leben eine andere Geschichte, berichtet aus einer anderen Welt: Er wurde siebenjährig zusammen mit seiner Familie nach Auschwitz deportiert, wo die ganze Familie ermordet wird. Als Kind und unter dem Schutz eines ebenfalls dort gefangenen spanischen Antifaschisten und damals bekannten Fußballers, kann Meir überleben, bleibt freilich für den Rest seines Lebens von den Erfahrungen des Lagers gezeichnet: »Ce que je n'ai pas compris et ne comprendrai jamais, c'est qu'au nom d'une guerre, on massacre tout une catégorie de gens.« (»Das was ich nicht begreife und niemals begreifen werde, ist, dass man unter dem Namen eines Krieges eine ganze Kategorie von Menschen massakriert.«) Die von der Sonne durchleuchtete Welt des Mittelmeers, damit auch der Toleranz und kultureller Vielfalt, steht so gegen die Nebelwelt des (deutschen) Nordens, für die die Dunkelheit und Untergangsgestimmtheit der Nibelungen den Ton angibt.

Es ist aber nicht nur die Familie, die der Junge im Lager verliert. Vielmehr sind es das Vertrauen in die Möglichkeit menschlicher Beziehungen, auch die Möglichkeit des Glaubens an einen Gott, denn auch der Vater, der »n'avait que Dieu à la bouche« (»der niemanden als Gott in seinem Munde führte«), wird in Auschwitz ermordet. Zerstört wird auch die Hoffnung auf eine Zugehörigkeit der Juden zur deutschen Gesellschaft, die sich nicht zuletzt darin ausdrückte, dass die Frankfurter jüdische Familie ihren Sohn zeitgenössischer Mode folgend »Siegfried« nannte, sowie die damit verbundene Vorstellung gesellschaftlicher Normalität: »Je ne me sens toujours pas intégre dans la vie normale. « (»Ich fühle mich für immer aus dem normalen Leben ausgeschlossen.«) Moustakis gegenläufiger Bericht und so auch das Buch im Ganzen zielen dabei auf zweierlei: Zum einen kann Moustaki davon berichteten, dass unter anderen Bedingungen ein anderes, menschlicheres Leben möglich war und so auch gegenüber den lebenszerstörenden Impulsen des Nationalsozialismus einzufordern ist. Zum anderen stellt die Unabgegoltenheit, die Unabgeltbarkeit der Lagererfahrungen Siegfried Meirs nicht nur eine Last der Vergangenheit, sondern eine

Herausforderung für die unbeschwerte Lebenserfahrung Moustakis dar, die dieser bestenfalls positionieren und gegebenenfalls dazu nutzen kann, um seinen Freund aus der Bannung durch seine Lagererfahrungen zu befreien – was nicht gelingt.

Das Buch endet vielmehr, gerade vor dem Hintergrund der mit Moustakis Leben verbundenen »anderen« Lebensmöglichkeiten, mit der Konstatierung der Unentrinnbarkeit der einmal erfahrenen Lagergewalt und Vernichtungsdrohung: »Son besoin, [...] son ardeur à m'aider dans ma recherche de témoignages [...] me fait conclure que même les rescapés des camps de la mort continuent d'êtres victimes de leur bourreaux nazis.« (»Sein Bestreben, [...] seine Leidenschaft, mich in meiner Suche nach Zeugnissen zu unterstützen [...], hat mich zur Einsicht gebracht, dass die aus den Todeslagern Entkommenen die Opfer ihrer Nazi-Henker bleiben«) In dieser Hinsicht stellt das Buch, so dann auch der Titel *Nebeljunge*, zunächst das Porträt eines Menschen dar, dessen Leben ähnlich wie dies Jean Améry für die Erfahrung der Tortur beschrieben hat, für immer durch die Erfahrung der Lager geprägt ist und verletzt bleibt. Zugleich bietet das Buch in der Rahmung der Lagererfahrungen (im Nebel) mit Moustakis Aufwachsen (in der Sonne) aber auch noch etwas anderes: Den Entwurf eines Maßstabes, keines utopischen, wie ein Leben unter anderen Bedingungen möglich ist: »Le judaïsme méditerranéen, solaire, épanoui, insouciant, dans lequel j'ai baigné dans mon enfance, m'a préservé aussi bien de l'antisémitisme que de toute tentation sectaire.« (»Das mediterrane Judentum, sonnendurchflutet, blühend und sorglos, in dem ich während meiner Kindheit gebadet habe, hat mich vor dem Antisemitismus ebenso bewahrt wie vor jeder anderen sektiererischen Verführung.«) Das Buch stellt in dieser Hinsicht einen Raum bereit, in dem die Stimme des Gequälten in ihrer bitteren Suche nach den Gründen für die Zerstörung der eigenen Familie und des eigenen Lebensentwurfs unabgegolten zu Wort kommt, gerahmt freilich durch Moustakis Schilderung humanerer Lebensumstände, was allerdings auch die Kontrastschärfe zu den Lebensumständen Meirs, des »Nebelsohns«, im Deutschland der Nazi-Zeit noch einmal verstärkt.

Dass im Blick auf die Erfahrung der Lager, auf ihr Zustandekommen und ihre Auswirkungen etwas im Raum steht, das sich weder ganz »erklären« noch deutend »versöhnen« lässt, wird in der Anlage des Buches eben gerade durch die Rückbezüge auf die Nibelungen-Welt vermittelt. Meirs Vorname Siegfried, der sicherlich zunächst die Spur zu den Nibelungen gewiesen hat, deutet nicht nur auf eine unglückliche Rezeptionsgeschichte der im Deutschnationalismus aufgewerteten Nibelungen im Spiegel einer auf Assimilation setzenden jüdischen Bevölkerung im Deutschland vor 1933 zurück. Vielmehr stellen die Erfahrungen

Siegfrieds und die Leidensgeschichte der im völkischen Rassismus ausgegrenzten und zur Ermordung freigegebenen jüdischen deutschen Bevölkerung das Projekt der Assimilation an die deutsche Gesellschaft selbst als gescheitert dar. Immerhin hatte der Vater es in den 1930er Jahren abgelehnt, wie die anderen Verwandten in die USA auszuwandern: »Nous, on ne nous fera rien.« (»Uns, uns werden sie nichts tun.«) Moustakis Schilderung der Sonnenwelt Alexandrias steht dagegen motivisch gegen die Nebelwelt des Nordens, die Welt der Nibelungen, gegen Unterwelt, Macht und Tod. Eine Gegenüberstellung von Nord und Süd, mediterranem Sonnenlicht und nordischem Nebel, wird hier wieder aufgenommen, die sich so auch bereits bei Madame de Staël findet und später dann als verwandelte Motive: Wald und Stadt, Oberwelt und Unterwelt, Bewusstsein und (Alp-)Traumwelt, sich u.a. in Jean Giraudoux' Deutschlandroman: *Siegfried ou le Limousin* (*Siegfried oder Die zwei Leben des Jacques Forestier*, 1922) wiederfindet, ebenso auch in Michel Tourniers *Le roi d'Aulnes* (*Der Erlkönig*, 1970) oder in der Verfilmung des Romans *Jules et Jim* (1953; *Jules und Jim*) von François Truffaut (1962).

Sicherlich kann diese Gegenüberstellung klimatischer Besonderheiten ebenso wenig wie die tragische Tönung der Nibelungengeschichte als ein Erklärungsmodell für die NS-Herrschaft in Deutschland gesehen werden, noch sind beide so intendiert. Immerhin aber bietet der Bezug auf das Bild der mit den Nibelungen angesprochenen Nebelwelt die Möglichkeit, das Leben der beiden Wahlzwillinge kontrastiv und zugleich aufeinander bezogen zu zeigen, im selben Zug aber auch den Bruch beziehungsweise den Abgrund zu bestimmen, der die Erfahrung des Lagers (im Nibelungen-Nebel) von einem Leben auf der Sonnenseite der Mittelmeer-Küste unterscheidet: »Aucune discrimination raciste ou religieuse n'empoisonnait les relations entre les différentes communautés. Toutes les cultures, toutes les langues, toutes les cérémonies étaient l'affaire de tous. « (»Nicht eine rassistische oder religiöse Unterscheidung vergiftete die Beziehungen der verschiedenen Gemeinschaften. Alle Kulturen, alle Sprachen, alle Feierlichkeiten waren die Angelegenheit aller. «)

Steht in Moustakis und Meirs Text »Siegfried« als Chiffre für den gescheiterten, hinsichtlich der in ihn gesetzten Hoffnungen enttäuschenden Weg der deutschen Juden, sich über die Assimilation an die damalige Dominanzkultur der deutschen Gesellschaft Lebensmöglichkeiten und bürgerliche Rechte, auch Anerkennung, zu erwerben, so nimmt der 2001 erschienene Roman *Siegfried. Eine schwarze Idylle* des 1927 in Haarlem/NL geborenen Harry Mulisch den Namen des Helden aus der Nibelungenzeit erneut auf, um daran eine ebenso groteske wie phantastische Geschichte festzumachen: Hitler hatte mit Eva Braun einen Sohn Siegfried, der zunächst zugunsten der Wirkung Hitlers namentlich bei seinen Anhängerinnen einer anderen Frau untergeschoben werden musste und später angesichts des nahenden Zusammenbruchs und des »Untergangs« des Dritten Reiches im Auftrag der NS-Führung ermordet wird. Ein zweites Motiv der bis zum Nationalsozialismus wirksamen Nibelungen-Rezeption wird damit erkennbar, das bereits oben mit den Fragen der Macht, der Todessehnsucht und der Lust am Untergang angesprochen wurde und im *Nibelungenlied* sowohl in den bis heute umstrittenen Fragen der Vasallentreue des Mörders Hagen, der Rolle und Motivation Kriemhilds oder dem durch Einsicht oder Warnungen nicht revidierbaren Willen der Burgunden, sich an Etzels Hof einem Blutbad auszusetzen, sein Korrelat findet: Gefolgschaftstreue bis in den Tod – und dies um jeden Preis. Eine Verachtung des Lebens bis zur Selbstpreisgabe auch des Nächsten und Liebsten »im Auftrag des Führers« wird hier erkennbar, die sich sicherlich auch in anderen totalitären Ideologien findet, im Blick auf die Nazi-Zeit freilich gerade angesichts der ansonsten behaupteten »kulturellen« Sensibilität der Deutschen besonders anstößt. Bei Mulisch ist es der vermeintliche Adoptiv-Vater Siegfrieds, der im Auftrag Bormanns und der SS den bei ihm aufwachsenden, und von ihm geliebten »Sohn« tötet: »Die Welt existiert nicht. Das alles ist gar nicht wahr. Nichts existiert. [...] Voller Blutspritzer schaut er weiterhin auf die Stelle, wo soeben noch Siggis Lachen war. Niemand hat etwas gehört oder gesehen. Er schließt die Augen und lässt langsam die Pistole sinken, bis der Lauf den leblosen Köper berührt, und denkt: Nicht ich habe ihn getötet, Hitler hat ihn getötet, Nicht ich, Hitler. Ich. Hitler.«

Auch für Meir war die Konsequenz, mit der im nationalsozialistischen Deutschland getötet und dies gerechtfertigt wurde, ein Merkmal und zugleich ein Rätsel geblieben: »En Allemagne, on ne chassait pas les gens. On les tuait.« (»In Deutschland jagte man die Leute nicht, man tötete sie.«) Während in seinem Bericht eine verhalten nüchterne Schilderung der Gewalt und ihrer Folgen den Ton angibt, kleidet Mulisch seine Auseinandersetzung mit den Todeslagern und mit dem Todeskult der Nazis in eine ebenso komplexe wie phantastische Geschichte: Rudolf Herter, weltweit erfolgreicher, inzwischen allerdings gealterter und kranker Schriftsteller wird während einer Lesereise bei einem Besuch in Wien zunächst auf den Gedanken gebracht, es – angesichts tausender Studien und anderer analytischer Vorhaben, Hitler und den Nationalsozialismus zu »erklären« – stattdessen einmal mit fiktionalen Mitteln zu versuchen: »Er ist das Rätsel geblieben, das er von Anfang an für alle war, – nein: er ist durch diese Studien immer rätselhafter geworden. All diese sogenannten Erklärungen haben ihn nur noch unsichtbarer werden lassen [...] Es wird Zeit, dass sich das ändert. Vielleicht ist die Fiktion das Netz, mit dem man ihn fangen kann.« Was ihm zunächst im Rahmen eines Fernsehinterviews in den Sinn kam, bestimmt in den folgenden Tagen Herters Planungen für einen weiteren Roman, denen er sich ebenso selbstbewusst wie besessen widmet: »Ich möchte von irgendeiner fiktiven, höchst unwahrscheinlichen, äußerst phantastischen, doch nicht unmöglichen Tatsache der mentalen Wirklichkeit zur sozialen Wirklichkeit.« Auf der Ebene der Romanhandlung werden diese Pläne einer »ästhetischen« Bewältigung des Rätsels Hitler und seiner Macht im weiteren Handlungsverlauf noch dadurch mehr überboten als weiter vorangetrieben, dass er von den (fiktiven) Adoptiveltern Siegfrieds über die Existenz des Hitler-Sohnes und dessen Ermordung erfährt. Eingebettet in den breiten Strom historischer und zeitgenössischer Wagner-Rezeptionen und damit verbundener Gespräche, Reflexionen und Anspielungen meint Herter zunächst das Rätsel Hitler über das Schicksal seines Sohnes Siegfried in Form eines diesem gewidmeten literarischen Textes entschlüsseln zu können, was ihn zugleich dann aber auch an die Grenzen seines literarischen Unternehmens stoßen lässt: »Wenn Hitler die angebetete und verfluchte Personifikation des Nichts war, in dem es nichts gab, was ihn wovon auch immer zurückhielt, dann konnte sein wahres Gesicht auch nicht mit Hilfe eines literarischen Spiegels sichtbar gemacht werden [...] Auf paradoxe Weise war dann gerade das *Fehlen* eines ›wahren Gesichts‹ sein wahrer Charakter. Bedeutete dies, dass sein Versuch nur dann erfolgreich sein würde, wenn es ihm *nicht* gelang, sein enthüllendes Phantasma zu schreiben?« (Hervorh. im Text – W. N.).

Mulischs Roman, der Hitlers Umfeld und Ende nach bekannten zeitgenössischen Quellen, etwa den Erinnerungen Speers, gestaltet, stellt auf einer Meta-Ebene genau das von Herter anvisierte Projekt dar und zugleich das Scheitern dieses (und ggf. jedes anderen) Versuchs, der Erfahrung und Erscheinung des Nationalsozialismus einen »angemessenen« Ausdruck verleihen zu wollen. In dieser Hinsicht wird der oben zitierte »Erfolgs«-Maßstab des »Nicht«-Gelingens nicht nur Thema des Buches; vielmehr ist das Buch selbst ein Beweis, denn schließlich stirbt Herter in der Aufregung um seine Erkenntnisse. Sein Projekt bleibt damit ebenso unerledigt wie Mulischs Roman vom verzweifelten Bemühen um eine Erklärung und Deutung des Nazismus berichtet und in der Unmöglichkeit, diese zu finden, zu gestalten oder auch durch »Erfinden« zu erkennen, endet. Insoweit gilt der von Herter innerhalb des Romans für sein eigenes Projekt formulierte Anspruch auf eine Erkenntnisfunktion der Literatur und des Fiktionalen im Blick auf historische Wirklichkeiten auch für Mulischs Buch, das eben im Scheitern des erzählten Romanprojekts von der offensichtlich unaufhebbaren Unzugänglichkeit der NS-Gewaltherrschaft und ihres »Führers« für rationale Erklärung und sinnhaftes Verstehen zeugt und damit zugleich wiederum auch die Grenzen literarischer Texte als Zugänge zur Wirklichkeit belegt.

Damit kommt aber auch noch ein drittes Nibelungen-Motiv zur Sprache: Denn die Undeutbarkeit des Geschehens ist auch Teil dessen, was der Nibelungendichter zu berichten hat, zumal vom Selbstlauf begonnener Gewalttätigkeit und von einer in den Handlungen der Akteure nicht mehr erkennbare Motivation, die schließlich zum endgültigen Untergang nahezu aller Beteiligter führt: Kriemhilds *»ich bringez an ein ende«* (Strophe 2369) gibt hier den Ton an, die nachfolgenden Gewaltakte enden mit der Bilanz: *»Dô was gelegen aller dâ der veigen lîp.* [...] *Diu vil michel êre was dâ gelegen tôt.«* (Strophe 2377f. »Da waren alle zum Tode Bestimmten gefallen [...] Das glanzvolle Ansehen war da verloschen und tot.« – Übs. S. Grosse). In ähnlicher Weise bleiben Mulischs Roman und Moustaki/Meirs Aufzeichnungen an einer Grenze des Verstehen stehen, von der sie zugleich berichten. Allenfalls mag die Auflösung der Nebelwelt/Nibelungenwelt in Erzählung dazu führen, sich selbst im Spiegel der (ggf. unabgegoltenen, unabgeltbaren) Erfahrung eines anderen sehen und ggf. verorten zu können: »Pour me permettre de mieux visualiser ce qu'il m'a confié.« (»Um mir besser vor Augen stellen zu können, was mir anvertraut ist.«; Moustaki/Meir).

Sigurbjörg Thrastardóttir

Café Borges

Im Café Borges in der Bankastraeti
hat jedermann braune
Augen.

»Einst verkauften sie hier Strumpfhosen«
– sagt Simone – »die sich gabelten wie Pfade in zwei, sogar drei.«

»Ja«
– sagt Tiziano – »Liebhaber kämpften hier bis jemand ein Schwert zwischen sie legte, nackt.«

Feuer brennen.

Im Café Borges in der Bankastraeti
jedermann trägt Stoppelbart und ein Lächeln.
Du siehst die Witwer und die Witwen,
die Suppen schlürfen, gewürzt mit Fáfnirs Gras und geben Sprichwörter bei mit Gabeln die sich gabeln wie Strumpfhosen.
An einem Ecktisch schnarcht ein Mann im Rollkragenpullover.

Den Hügel rauf und runter laufen die Toten vorbei, die Wand des Cafés tätschelnd.

Ich bin mit dem Besitzer verheiratet. Wir haben vier Kinder.

Ins Deutsche übertragen von Nora Gomringer

Markus Orths

Das Künftige

> Hagen erkannte, dass es unabwendbar war,
> was ihm die wilden Meerfrauen vorhergesagt hatten. (25. Âventiure)

Noch zehn Tage bis zur Trennung. Dass ich es weiß, macht die Sache einfacher für mich. Ich kann mich vorbereiten, den Moment innerlich durchspielen, mir ausmalen, was geschehen wird. Die Streitigkeiten sind heftiger geworden in den letzten Wochen. Die Gräben tiefer. Fühlt sie sich unbeobachtet, schaut sie ab und an zu mir hinüber, fragt sich, wie lange sie es noch aushalten wird und ob sie die Kraft hat für den letzten Schritt. Wir sind seit zwölf Jahren zusammen, das wirft man nicht einfach so weg. Frage ich sie am Morgen nach der Butter, reicht sie mir die Butter, wie sie es immer getan hat, aber in ihren Bewegungen liegt Erschöpfung. Beziehungserschöpfung. Ich werde nach der Trennung nicht in Bitterkeit verfallen, sondern nach vorn sehen, zu den Ereignissen, die ihre Schatten vorauswerfen, Claudias unerwartete Schwangerschaft nach der Trennung, dieser sinnlose Kampf ums Sorgerecht, meine Kündigung, die Beichte und der Tod der Mutter und so weiter, bis zum Unfall am 27. Mai 2025, dem Tag meines letzten Atemzugs.

Ich kann nichts dafür, dass ich alles weiß, was geschehen wird, ich weiß es einfach. Ich habe lange darüber nachgedacht, weshalb ausgerechnet ich ein Organ zu besitzen scheine, das sich auf Zukunft richtet, einen überirdischen Sinn, stark und gut. Alles liegt unverborgen vor mir. Nichts kann mehr überraschen. Das Leben hat seine Hinterhältigkeit eingebüßt. Und vieles wird einfacher. Ich versuche gar nicht erst, meine Beziehung zu retten, da ich weiß, dass es zwecklos ist. Sicher, ich habe schon manches Mal gegen das, was kommen wird, angekämpft, habe gedacht, ich könnte dem Vorgegebenen von der Schippe springen, bin aber jedes Mal gescheitert. Ich kann nicht den Lauf der Welt voraussagen, kann nichts Vernünftiges über ein künftiges Ereignis kundtun, das einem anderen Menschen als mir selbst widerfährt, nein, ich weiß und kenne nur Dinge, die mich selbst betreffen.

Es begann mit dem Telefonanruf an meinem Geburtstag vor fünf Jahren. Es klingelte, etwas legte sich um meinen Hals, und ich wusste, noch als ich zum Telefon ging, dass meine Mutter in der Leitung war mit der Nachricht vom Tod meines Vaters. Ich schlich wie ein Verurteilter zum Telefon, wollte gar nicht, musste aber abheben, etwas zwang mich dazu, ich wusste, dass meine Mutter ihre leeren Tränen in den Hörer drücken würde, wenn sie, ohne mir zum Geburtstag zu gratulieren, sagte, dein Vater ..., und ich, was ist mit ihm ..., und sie, er ist ... Es war ein plötzlicher Tod, eine Lungenembolie, ich würde ein *ts* machen, mit der Zunge an die Zähne stoßend, ein *ts*, man kann es nicht Seufzer nennen, eher ein Geräusch, das man macht, wenn man eine ärgerliche und keine schreckliche Nachricht bekommt, aber ich konnte mich nicht dagegen wehren, gegen das *ts*, das den Tod meines Vaters begleitete, weil ich nicht wusste, wie man auf so eine Nachricht zu reagieren hatte, keine Tränen, nur dieses *ts*, für das ich mich seitdem hasse, dann nichts mehr, Schweigen, und ich hörte am anderen Ende das stille Grauen meiner Mutter, die nicht mehr aus noch ein wusste, deren Leben jetzt als nie geahnte Fuge der Einsamkeit erklingen würde. Ich legte irgendwann auf und sagte Claudia, sie solle alle Gäste für meine Geburtstagsfeier ausladen. Ich ging in mein Zimmer, legte mich auf den Rücken, blickte zur Decke, und als wäre die Decke eine Leinwand und meine Stirn ein Projektor, sah ich immer neue Bilder, die sich auf das richteten, was unmittelbar vor mir lag. Ich sah, wie ich zum Bahnhof ging, den Rucksack auf den Schultern, der viel schwerer war, als er hätte sein dürfen, ich sah mich in den Zug steigen und einen Platz suchen, sah mich zu Hause ankommen, durch die Gassen des Heimatörtchens schleichen, aber was heißt schon Heimat, sah Mutter mir öffnen, in schwarz, wann hatte ich Mutter das letzte Mal schwarz tragen sehen, sah mich meine Mutter in den Arm nehmen, sah, wie meine Mutter meinem Blick auswich und dass meerfraugrünes Wasser ihre Augen verschleierte, sah mich auf dem Weg zum Friedhof, hinterm Sarg, den man schob und nicht schleppte, sah das Loch, in das mein Vater oder das, was vom Körper meines Vaters noch übrig war, versenkt wurde, ohne dass man etwas dagegen hätte tun können, der Lauf der Dinge, wie es später hieß, beim Beerdigungskaffee, als die Worte fielen: ein schöner Tod, ein schneller Tod, ein Tod, wie er ihn sich immer gewünscht hat. Dort, auf dem Bett liegend und nach oben starrend, ignorierte ich das Klopfen Claudias, ich hatte von innen die Tür verriegelt und dachte: Wenn ich doch jetzt schon genau weiß, was geschehen wird, warum muss ich alles, was geschehen wird, noch einmal in Wirklichkeit erleben? Quasi *nach*leben. Nach*er*leben? Als wäre das im Voraus Gesehene die Probe, und das Leben, das es einholt, die Aufführung. Aber ich kam nicht dagegen an. Alles geschah genau so, wie ich es vorausgesehen hatte, Erfüllungstäter, der ich seither bin.

Doch das war nur der Anfang. Ich lief zum Fluss, als die Vorahnungen kamen, nein, die Vor*gewissheiten*, alle Augenblicke meines Lebens, die mir bevorstanden, da schwammen sie wie Vögel vor mir auf dem Strom, alles fuhr in mich, auf einmal, ich watete in den Fluss, sackte auf die Knie, Schädel ins Wasser. Ich blieb unten, als würde mich jemand auf den Grund stoßen, und schon berührte ich den Tod, doch riss ich mich raus, kurz vorm Versiegen des Atems. Das hier war sie nicht, meine Zukunft. Das hier nicht.

Alles in mir brüllte danach zu vergessen, was ich gerade gesehen hatte. Ich wollte es nicht wissen. Ich wollte es in mich zurückstopfen wie Federn in ein aufgeplatztes Kissen. Ich hatte in meinem Leben gelernt, Vergangenes zu verdrängen, Erinnerungen zu ersticken, und Gleiches wollte ich jetzt mit dem Künftigen tun. Ich verscheuchte alles, von dem ich nicht wissen wollte, dass es geschehen würde, die Ahnungen, die im Mantel von Gewissheiten steckten. Verscheuchung: Verdrängung von Künftigem. All die Dinge, die auszuhalten ich nicht in der Lage war. Aber es gelang mir nicht.

Das Leben in meiner Hand: Eine Glaskugel, die man nicht schütteln muss, damit es schneit. Ich lese Bücher und weiß schon beim Lesen, dass sie mich ermüden werden, trotzdem lege ich sie nicht weg, sondern lese weiter. Ich lese Bücher, die mich berühren, aber ich weiß schon, während ich lese, dass sie mich berühren, ich weiß, wie sie enden, weil das Gelesene sich in mich eingegraben hat. Ich tue Dinge, die ich nicht tun will, aber tun muss. Es ist wie ein dunkler Trieb. Obwohl ich weiß, dass es nicht gut tut zu rauchen, rauche ich. Obwohl ich weiß, dass Süßigkeiten ein übles Völlegefühl hinterlassen, stopfe ich mich mit ihnen voll. Heute nicht, denke ich, heute werde ich keine Schokolade kaufen, doch meine Schritte nähern sich unnachgiebig der Tankstelle, in der ich die Schokolade kaufen will und werde. Ich nehme mir vor, sie nicht zu kaufen, ich gehe an der Tankstelle vorbei und kaufe sie nicht, ich freue mich so sehr darüber, sie nicht gekauft zu haben, dass ich mir sage, dafür hast du eine Belohnung verdient, und zurückkehre zur Tankstelle und mir die Schokolade kaufe. Der Gedanke, ich kann sowieso nichts dagegen tun, hat sich tief eingenistet. Es ist eine Hörigkeit. Zugleich eine Entlastung. Ich kann immer, wenn ich etwas tue, was ich nicht tun will oder tun soll, sagen, dass ich es habe tun *müssen*.

So, wie Erinnerungen an das, was wir getan haben, das Leben verändern, Erinnerungen an Lügen, an Verfehlungen, an Freude, an Zufriedenheit, an Schmerzen, an Verzweiflung, so verändert auch das Vorauswissen auf das, was noch geschehen wird, das Leben. Wenn ich nicht von der Trennung gewusst hätte, wären wir vielleicht noch zusammen. Wenn die Unausweichlichkeit des Endes nicht so klar und fest umrissen vor mir gestanden hätte, hätte ich vielleicht noch versucht, die Beziehung zu retten. Da ich aber wusste, dass es vorbei sein wird, habe ich auch nicht mehr viel investiert. Was für ein Wort. Als könne man in eine Beziehung investieren wie in eine Aktie. Ja, aber so ist es, man investiert nicht in eine Aktie, wenn man genau weiß, dass dort nichts zu holen ist. Man schaut anderswo nach günstigen Gelegenheiten.

So weiß ich: Claudia wird kommen, leise, sie wird ihre Tasche in den Flur stellen und sich noch einmal einen Ruck geben, sie wird das Wohnzimmer betreten, in dem ich, was sie nicht weiß, schon auf sie warte, sie wird mich zur Rede stellen, wird gleich zur Sache kommen, wird von dem Augenblick erzählen, der ihr gezeigt hat, dass es so nicht weitergehen kann, sie wird pathetisch werden, ohne es zu wollen, Nüchternheit, so kenne ich sie, wird sie sich verordnet haben, Klarheit, Kälte, aber sie wird das Wort Liebe benutzen, Liebe, die es jetzt nicht mehr gibt, und ich werde das *Nibelungenlied* zitieren, »man soll Frauen so erziehen, dass sie übermütiges Gerede bleiben lassen«, werde ich flüstern, und Claudia wird diesen Satz als Anstoß nehmen, mir zu sagen, genau das hasse sie an mir, Zynismus, Herzenskälte, hässliche Fratze des Unbeteiligt-Seins, Gefühlsrohe. Ich werde sie unterbrechen und auffordern, ihre Sachen zu packen, und sie wird mich fragen, ob das alles sei, was ich zu sagen hätte, und ich werde sie nicht einmal anschauen, wenn ich ihr sage, ja, das sei alles. Ich weiß, dass ich höllisch leiden werde, sobald die Tür ins Schloss gefallen sein wird. Aber ich weiß auch, dass jeder Versuch meinerseits, sie aufzuhalten, zum Scheitern verurteilt war, ist und sein wird, und so werde ich es ihr leicht machen zu gehen. Ich werde noch ein letztes Mal einen Scheit in ihre Wut werfen, werde einen verletzenden Satz sagen, den nur jemand sagen kann, der einen anderen bis auf den Grund zu kennen glaubt, sie wird mich rat- und hilflos ansehen, bis ins Tiefste getroffen, weil sie spürt, wie schwer es ihr fällt zu glauben, dass ich, den sie für einen anderen gehalten hat, doch nichts weiter bin als der müde Pappmensch, den sie jetzt verlassen wird, und dann wird sie gehen, ohne dass ein Teller oder eine Tasse oder eine Vase oder ein sonstiges Porzellan- oder Glasteil unserer Wohnung zu Bruch gegangen ist. Kaum wird sie die Wohnung verlassen haben, werde ich aufstehen und mir eine Flasche holen und so lange trinken, bis ein Rausch in meinen Kopf Einzug gehalten hat, ich trinke ansonsten nicht viel, es reicht die Hälfte der Flasche, um zu diesem Punkt zu kommen, und ich werde das Fenster öffnen und die Flasche hinaus in die Nacht werfen, auf den Bordstein, nur, um das Geräusch des Zerbrechens zu hören, das man hören muss, wenn innerlich etwas zerbrochen ist. Und obwohl ich bereits weiß, dass diese rohe Tat, das Werfen der Flasche aus dem Fenster, für weitere Schwierigkeiten sorgen wird, weil mein Vermieter – der im selben Haus wohnt und an diesem Abend wie sonst auch seinen Hund ausführt und mich bei meinem Wurf beobachtet –, diese Tat als letzten Anstoß nehmen wird, mir zu kündigen, nach alldem, was zuvor bereits vorgefallen ist, und weil die Flasche seinen hässlichen Köter nur um Haaresbreite verfehlt und ich ihm noch einen Satz hinterherschrie oder schreien werde, den ich längst vergessen habe oder vergessen werde oder vergessen haben werde, wenn ich schon ein paar Wochen später meine Sachen packe und der Wohnung hier den Rücken kehre, die ich schon in dem Augenblick zu hassen begonnen haben werde, als ich das Geräusch der Tür hörte, mit dem Claudia mich verlässt, ihre Sachen wird sie erst Tage später von Freunden holen lassen. Das Leben lässt sich nicht verdrängen, nicht verscheuchen. Es gibt keine Richtung in der Zeit. Sie ist überall zugleich. Sie ist da. Das, was vorbei ist, und das, was kommt, sind nur zwei Arme im gekreuzigten Körper der Gegenwart.

Gonde Dittmer

Übernahmen

Hartmut fährt sich mit seiner Hand durch das dichte schwarze Haar: »Wir müssen uns etwas einfallen lassen. Unternehmen wir nichts, werden uns die fernöstlichen Wettbewerber vom Markt fegen. Uns fehlt die Finanzkraft, um mit eigenen Mitteln unseren Marktanteil zu vergrößern, zum Beispiel dadurch, dass wir ein Konkurrenzunternehmen kaufen. Uns bleibt nur als Möglichkeit, uns mit anderen Firmen zusammenzuschließen. Dadurch werden wir möglicherweise aber an Einfluss verlieren.«

Gunnar ist etwas überrascht von den alarmierenden Meldungen über den Zustand ihres eigenen Unternehmens. Er ist seit seiner Kindheit gewöhnt und stets blind davon ausgegangen, dass ihre Firma gesund sei und sein Onkel sich um alles kümmern würde. Um die Finanzen hatte er sich nie gesorgt, sondern Hartmut vertraut. Da von ihm als dem offiziellen und nach außen hin verantwortlichen Chef der Firma jetzt offensichtlich eine fundierte Reaktion erwartet wird, ihm jedoch nichts dazu einfällt, entgegnet er: »Onkel Hartmut, du hast doch sicher bereits einen Vorschlag vorbereitet.«

»Uns bleiben nicht viele Möglichkeiten. Da wir kaum noch Geld in der Kasse haben, müssen wir andere Ressourcen aktivieren. Gunnar, du solltest noch einmal mit Deiner Schwester Gunda sprechen. Sie ist nicht nur eine äußerst attraktive junge Frau, sondern auch alt genug um zu heiraten. Die richtige Wahl ihres Ehemannes, der über liquide Mittel und entsprechende Marktanteile verfügen sollte, könnte unsere Probleme lösen.«

»Lieber Onkel, du weißt, dass Gunda nicht die Absicht hat, überhaupt zu heiraten. Sie hat alle bisherigen Bewerber abgewiesen. Und ich denke nicht daran, sie zu zwingen. Sie muss selbst entscheiden, wie sie leben möchte.«

Hartmuts nicht gerade freundlicher Blick richtet sich auf seinen Neffen. Seine buschigen Augenbrauen über den tief liegenden Augen verstärken noch den Eindruck von Grimm. Seine Stimme hat einen harten Klang: »Sofern sie nicht lesbisch ist, sollten wir über den richtigen Anreiz nachdenken. Ihr Zukünftiger müsste ein attraktiver Mann sein, der neben einem beträchtlichen Vermögen ein Unternehmen aus der gleichen Branche einbringen könnte und in der Lage wäre, Gundas Vertrauen zu gewinnen. Sollte es dir nicht gelingen, deine Schwester zu überzeugen – und beim Überzeugen solltest du mit der Wahl deiner Mittel nicht zu zimperlich umgehen – müsstest du selbst nach einer vermögenden Frau Ausschau halten. Deine beiden Brüder sind schließlich noch zu jung zum Heiraten.«

»Du weißt – und das sagt mir auch meine eigene bisherige Erfahrung –, dass ich kein Frauenheld bin. Da ich nicht besonders attraktiv bin, über keine herausragende geistige Fähigkeiten verfüge und zu allem Übel, wie ich heute erfahren musste, noch nicht einmal reich bin, sind meine Chancen sehr begrenzt.«

Kurz angebunden blafft Hartmut seinen Neffen an. »Deine Selbsterkenntnis in allen Ehren! Jetzt ist Schluss mit den Bedenken. Du überzeugst deine Schwester und denkst über deine eigene standesgemäße Heirat nach. Wir werden nach geeigneten Unternehmen für die Heiraten fahnden. Ich habe bereits einige Ideen. Jetzt an die Arbeit!«

Gunnars Großvater, Sohn einer angesehenen, ehemals adeligen Familie von Cameren, hatte das Unternehmen einst gegründet und seinem Sohn Daniel vererbt, der es zwanzig Jahre gemeinsam mit seinem Halbbruder Hartmut erfolgreich weiterentwickelte. Hartmut hatte zuvor eine Lehre in einem fränkischen Unternehmen in Bamberg gemacht. Der jetzige Firmenchef Edzard Hunold ist etwas jünger als Hartmut und hat sich damals persönlich um ihn gekümmert.

Daniel von Cameren war mit noch nicht einmal fünfzig Jahren an Krebs gestorben. Sein ältester Sohn Gunnar musste sein Studium der Betriebwirtschaft abbrechen, um die Firma vorzeitig zu übernehmen. Er war auf diese Aufgabe keineswegs in vollem Umfang vorbereitet, konnte jedoch auf die jahrzehntelange Erfahrung von Hartmut bauen.

Die Familie, das heißt die Mutter, die vier Kinder und der Onkel, bewohnen eine großzügige Jugendstilvilla, die inmitten eines ausgedehnten parkähnlichen Gartens liegt. Eine Haushälterin sorgt für das leibliche Wohl der Bewohner, ein Zimmermädchen für die Reinlichkeit und die Wäsche und ein Gärtner für den Park. Hartmut führt ein luxuriöses Leben. Unter anderem fährt er einen Stuttgarter Wagen der Oberklasse, der seine Bedürfnisse nach Ansehen dennoch nicht vollständig befriedigt.

Gunnar kennt seinen Onkel und weiß, wie geldgierig er ist, und dass er nie genug bekommen kann. Wie er gerüchteweise erfährt, sind und waren Hartmuts Methoden im geschäftlichen und privaten Leben in der Vergangenheit – vorsichtig ausgedrückt – nicht immer ganz sauber. Deshalb nimmt er dessen Aussage über die Schieflage der Firma nicht übermäßig ernst. Er macht sich daher kaum weitere Gedanken.

Hartmut kennt den Markt und praktisch alle Wettbewerber im Inland und viele auf den internationalen Märkten. Einigen von ihnen geht es deutlich besser als ihrer Firma, da sie sich in attraktiven Marktnischen sowohl im Inland als auch auf wichtigen Auslandsmärkten robuste Positionen erarbeitet haben.

Er weiß auch von der Firma Jeroen de Beauforts in Wesel am Niederrhein. Der Familie, die ursprünglich aus Frankreich in die Niederlande eingewandert war, sagt man ein enormes Vermögen nach, das in zweihundert Jahren mit Handel verdient wurde und durch die geschickte unternehmerische Tätigkeit immer weiter wächst.

Hartmut verfügt über ein ausgezeichnetes Netzwerk und holt sofort Informationen ein. Der Sohn von Jeroen, Willem de Beaufort, soll angeblich sein Abitur mit Auszeichnung bestanden haben und über außerordentliche geistige Fähigkeiten verfügen. Außerdem soll er ein hervorragender Sportler sein, der die Studenteneuropameisterschaften im Boxen gewonnen und noch nie einen Kampf verloren habe. Er sei etwas jünger als Gunnar und stehe kurz vor dem Abschluss seines MBA in Fontainebleau. Hartmut nimmt sich vor, Gunda so teuer wie möglich zu verkaufen. Das soll der erste Teil seines Planes werden.

Bereits am folgenden Tag schreibt er einen Brief an Jeroen de Beaufort und lädt dessen Sohn Willem zu einem Urlaub in Schwetzingen für die folgenden Herbstmonate ein. Das ist zwischen Unternehmerfamilien durchaus nicht unüblich. Gunnar hat ebenfalls über seine Situation nachgedacht, ist jedoch zu keinem Ergebnis gelangt.

Ende Juli, nach Semesterschluss und bestandenem MBA-Examen, fährt Willem in seinem schwarzen Bentley auf das Grundstück der von Cameren. Er wird von Gunnar und seinen beiden Brüdern herzlich willkommen geheißen. Hartmut zeigt sich wie immer eher reserviert, fast grimmig. Er hat dafür gesorgt, dass Gunda vorerst nicht in Erscheinung tritt. Er weiß, dass eine Verknappung des Angebotes zur Erhöhung des Preises beiträgt. Und er will den Preis so hoch wie möglich treiben. Ein einziges Mal sieht Willem Gunda am Fenster stehen. Offensichtlich hat sie ihn beobachtet. Ihr Anblick weckt sofort intensive Gefühle bei ihm. Er offenbart Gunnar seine Liebe zu dessen Schwester Gunda.

Hartmut versucht, die finanzielle Lage ihrer Firma vor Willem geheim zu halten. Doch ein Hedgefond hat Verbindlichkeiten aufgekauft, droht mit der

Fälligstellung der Kredite und will damit eine unfreundliche, wenn nicht sogar feindliche Übernahme erzwingen. Das wäre das Ende ihrer bisher so komfortablen Existenz.

Hartmut erkennt die Gefahr sofort. Er sieht keine andere Möglichkeit als Willem in den Fall einzuweihen. Hartmut weiß von der unerfüllten Liebe Willems zu seiner Nichte Gunda und verspricht sie ihm für den Fall, dass er den gefährlichen Angriff des Hedgefonds abwehren kann. Unter dieser Bedingung erklärt sich Willem bereit, der Familie von Cameren zu helfen. Er übernimmt die Kredite. Der Angriff des Hedgefonds läuft ins Leere. Die Gefahr ist fürs Erste gebannt. Aber das grundsätzliche Problem ist damit noch nicht gelöst.

Unter diesen Bedingungen stellt Hartmut seinem Gast Willem in Aussicht, Gunda zu treffen. Am nächsten Wochenende veranstaltet er ein Fest, zu dem auch zahlreiche Freunde eingeladen werden. Willem ist von Gundas Schönheit sofort fasziniert. Er hat nur Augen für sie. Er tanzt fast ununterbrochen mit ihr und unterhält sie mit ausgesuchter Höflichkeit und seinem enormen Repertoire an geistreichen Anekdoten. Entgegen ihren eigenen Vorsätzen fasst sie Vertrauen zu Willem. Gegen Mitternacht lehnt sie zum ersten Mal mit einem Gefühl der Geborgenheit ihren Kopf an seine Schulter. Als Hartmut ihr am nächsten Tag eröffnet, Willem habe um ihre Hand angehalten, stimmt sie ohne zu zögern begeistert zu.

Die Hochzeit soll zu Weihnachten gefeiert werden. Willem ist überglücklich und fährt nach Wesel, um seinen Eltern die frohe Botschaft zu übermitteln. Auch Hartmut ist aus ganz anderen Gründen hochzufrieden mit seiner ersten Runde. Ohne Gunnar zu informieren, nimmt er Kontakt zur Familie Svenssen in Nyköbing auf der Insel Lolland in Dänemark auf.

Einst hatte Hartmut den Chef des dortigen Familienunternehmens, Christian Svenssen, in Bamberg kennen gelernt, als sie beide Lehrlinge in der Firma der Familie Hunold waren. Er erfährt, dass Christian vor zwei Jahren gestorben ist und seine Schwester Hildegard die Firma übernehmen musste. Hildegard soll außerordentlich fähig sein und die Firma mit harter Hand erfolgreich führen.

Im Internet findet Hartmut ein sehr ansprechendes Foto von Hildegard, das er sich auf Hochglanzpapier ausdruckt. Sie sieht phantastisch aus, hat eine ausgezeichnete Figur mit erotischer Ausstrahlung und ein ebenmäßiges Gesicht, jedoch einen zu diesem Erscheinungsbild nicht ganz passenden harten und verbitterten Zug um den Mund.

Unverzüglich zeigt er Gunnar das Foto, ohne etwas über seine Recherche preiszugeben. Gunnar ist begeistert. Er zweifelt zwar daran, dass es ihm gelingen könnte, Hildegard für sich zu gewinnen, stimmt dennoch schließlich einer Reise nach Dänemark zu unter der Bedingung, dass Willem ihn begleitet.

Willem erklärt sich sofort bereit mitzukommen und bietet an, die Segelyacht seiner Familie, die ihren Liegeplatz in Grömitz an der Lübecker Bucht hat, für die Reise zur Verfügung zu stellen. Hartmut zieht Willem ins Vertrauen, soweit es seinen Plänen nützt. Er erwähnt, dass Gunnar für Hildegard schwärmt, aber sich nicht zutraut, sie für sich zu gewinnen. Willem könne vielleicht Gunnar dabei behilflich sein.

Nachdem Hartmut ihren Besuch in Nyköbing angekündigt hat, begeben sich Gunnar, Hartmut und sein Bruder von Schwetzingen aus und Willem von Wesel aus nach Grömitz und segeln von dort gemeinsam nach Lolland. Nach einem Tag mit stetigem Südwestwind und mäßigem Seegang erreichen sie den Sund und kurz darauf den Seglerhafen.

Sie werden mit Zurückhaltung begrüßt. Insbesondere Willem gegenüber zeigt Hildegard wenig Entgegenkommen. Sie führt ihr luxuriöses Haus vor und macht mit ihnen einen Rundgang durch die Firma, die bei den Gästen einen hervorragenden Eindruck hinterlässt.

Hartmut zögert nicht lange und will unverzüglich mit Hildegard über eine Fusion ihrer beider Unternehmen verhandeln. Sie akzeptiert jedoch nur Gunnar als Verhandlungspartner. Gunnar hatte sich jedoch mehr auf die Hilfe von Hartmut verlassen.

Gunnar wirbt um Hildegards Gunst, da er in ihr mehr die Frau als die Geschäftspartnerin sieht, doch bleibt sie äußerst zurückhaltend. Sie weiß, dass Gunnar den Anspruch erheben wird, nach einer Verbindung beide Unternehmen als Chef führen zu wollen. Sie fühlt sich ihm aber weit überlegen. Sie macht zur Bedingung, dass sie nur einwilligen werde, wenn Gunnar sie davon überzeugen könne, er sei mindestens ebenso kompetent in der Unternehmensführung wie sie. Sie will damit sichergehen, dass Gunnar der Aufgabe der Leitung der gemeinsamen Firma gewachsen sei.

Willem weiß von Hildegards Qualitäten, da er sie anlässlich eines früheren Besuches kennen gelernt hatte. Damals war sie davon ausgegangen, er würde um sie werben. Das jedoch tat er nicht. Er hat sich jetzt gut vorbereitet, um Gunnar zu helfen. Gunnar erhält ein verstecktes Mikrophon mit Sender und einen winzigen Empfänger, den er in sein linkes Ohr stecken soll. So kann Willem der Unterhaltung und insbesondere den fachlichen Themen folgen und Gunnar beraten, ohne beim Gespräch sichtbar anwesend zu sein.

Gunnar begibt sich mit klopfendem Herzen in die Verhandlung mit Hildegard. Bereits mit dem ersten Themenkreis kann er nichts anfangen. Er tut so, als denke er über einen passenden Beitrag nach. Erst als er Willems Hilfestellung in seinem linken Ohr hört, gibt er seinen Kommentar an Hildegard weiter, die über dessen Qualität sehr erstaunt ist. Auch bei weiteren fachlichen Themen kann Gunnar auf diese Weise, mit Hilfe von Willems Wissen, kompetent antworten.

Die folgenden Tage verbringen Gastgeberin und Gäste bei gemeinsamen Unternehmungen in entspannter Atmosphäre. Sie gehen auf Segeltouren, unter anderem auf eine mehrtätige Fahrt nach Bornholm. Gunnar bewundert Hildegard wegen ihrer Schönheit und ihrer intellektuellen Fähigkeiten. Sie bleibt jedoch weiterhin sehr zurückhaltend. Gunnars Werben bleibt dennoch nicht ohne Wirkung. So kommen sie sich langsam näher. Als er sich endlich auf Willems Rat traut und sie bittet seine Frau zu werden, erklärt sie sich zu einer Eheschließung und der Verbindung ihrer beider Unternehmen bereit.

Hartmut ist mit sich und der Umsetzung seiner Pläne soweit sehr zufrieden. Gunda und Willem dagegen haben den Eindruck, sie hätten aus eigenem Willen gehandelt. Er hat seine ersten beiden Ziele erreicht: Geld und Marktanteil. Das genügt ihm jedoch nicht. Er will mehr. Er wird den nächsten Schritt sorgfältig vorbereiten. Dazu braucht er einen sicheren Plan. Doch zunächst müssen die Hochzeiten gefeiert werden.

Weihnachten treffen sich beide Familien in der Villa der von Cameren in Schwetzingen. Es wird eine festliche Doppelhochzeit. Das Verhältnis zwischen Hildegard und Gunda ist gespannt. Sie sind einfach zu verschieden und teilen keine Interessen. Es kommt zum Streit zwischen ihnen, da Hildegard sich als Frau des Firmenchefs Gunnar für gesellschaftlich höher gestellt erachtet.

Hartmut führt ein langes Gespräch mit Gunda. Sie ist in geschäftlichen Dingen vollkommen unerfahren. Sie weiß, dass Hartmut ihrem Vater und Bruder ein absolut treuer und kompetenter Mitarbeiter war und ist. Ihr Bruder Gunnar vertraut ihm rückhaltlos. Obgleich sie nach wie vor misstrauisch ist und ihre Vorbehalte nur schwer überwinden kann, sieht sie keinen Grund, ihm in diesen Angelegenheiten nicht ebenfalls zu vertrauen. Er schlägt ihr zu ihrem eigenen Schutz etliche rechtliche Regelungen in Vermögensfragen vor und erklärt sich bereit, ihr jederzeit mit Rat und Tat zur Seite zu stehen.

»Ich bewundere Willems geistige und körperliche Fähigkeiten. Ich habe nur eine Lehre absolviert, er dagegen ein MBA-Diplom erworben. Ich musste mir mein Wissen in mühsamer praktischer Tätigkeit aneignen. Da ich nicht weiß, was ich besser könnte als er, fällt mir nicht ein, womit ich ihm eine Freude bereiten könnte. Hast du eine Idee?«

Nach einigem Nachdenken, das sie gleichfalls dazu nutzt zu verstehen, warum ausgerechnet der sonst so selbstbewusste Onkel ihrem Mann Willem einen Gefallen tun will, antwortet Gunda: »Du bist ein hervorragender Skiläufer. Willem ist im Boxen sicherlich besser als du. Ich weiß, dass er als Kind einige Male bei Verwandten im Harz war. Aber er ist mit Sicherheit kein alpiner Skiläufer. Warum nimmst du ihn nicht mit auf unsere Hütte im Wallis?«

Im Februar fahren Hartmut und Willem gemeinsam auf die einsam gelegene Hütte der Familie von Cameren, die auf zweitausendfünfhundert Meter Höhe liegt. Hartmut hat dafür gesorgt, dass ausreichend Proviant und Holz für die Woche auf die Hütte gebracht wurde, so dass sie völlig unabhängig von der Außenwelt dort leben können. Die Schneeverhältnisse sind hervorragend. Es liegen mehrere Meter herrlichen Pulverschnees.

Hartmut beginnt mit leichten Touren, die den Fähigkeiten von Willem angepasst sind. Willem wird mit jedem Tag besser. Des Morgens starten sie früh auf ihren Fellen und steigen mehrere Stunden auf. Dabei genießen sie die immer neuen Ausblicke auf die Berge. Das größte Vergnügen bereitet jeweils die Abfahrt durch unberührten Tiefschnee zurück zur Hütte. Hartmut steigert den Schwierigkeitsgrad von Tag zu Tag und wählt immer neue Touren aus. Er kennt seit seiner Kindheit jeden Berg und jede Abfahrt. Willem ist Hartmut am vorletzten Tag beim Beherrschen seiner Ski fast ebenbürtig.

Am letzten Tag vor ihrer Rückreise wählt Hartmut eine äußerst anspruchsvolle Tour aus, die über noch nicht befahrene, unberührte Hänge führt. Als sie nach sechs Stunden Aufstieg ihr Ziel erreichen und den herrlichen Blick auf das Matterhorn genießen, schlägt Hartmut eine Wettfahrt zur Hütte vor. »Wenn du als erster die Hütte erreichst, darfst du die gesamte Skiausrüstung behalten und jederzeit unsere Hütte nutzen. Einverstanden? Aber es ist nicht sehr wahrscheinlich, dass du mich besiegen wirst.« Mit dieser scheinbar selbstbewussten Übertreibung stachelt er Willems unbändigen Ehrgeiz an.

Willem ist sofort Feuer und Flamme für diesen Wettkampf. Hartmut wählt den steilen Nordhang und fährt los. Willem bleibt ihm dicht auf den Fersen. Sie genießen den meterhohen Pulverschnee und hinterlassen zwei parallele Spuren. Kurz vor einem Steilhang verzögert Hartmut unmerklich, indem er einen Schwung etwas weiter ausfährt, so dass Willem ihn einholen und überholen kann. Im Vorbeifahren schaut Willem zu Hartmut hinüber und genießt mit einem lauten Jauchzer seinen Sieg. Als er seinen Blick wieder nach vorn richtet, ist es zu spät. Er fährt mit hohem Tempo über die Klippe hinaus und stürzt in die Tiefe. Hartmut kann wie geplant rechtzeitig einen Bogen nach links fahren. Er ist mit sich außerordentlich zufrieden. Jetzt muss nur noch der letzte Teil seines Plans verwirklicht werden.

Eine von Hartmut sofort herbeigerufene Rettungsmannschaft steigt in den Steilhang, kann Willem aber nur tot bergen. Eine Untersuchung stellt fest, dass Hartmut keinerlei Schuld am Unfalltod von Willem trifft. Hartmut lässt die Leiche nach Schwetzingen überführen. Die Familie ist entsetzt über Willems

Tod. Am meisten trauert Gunda, die zu keinem klaren Gedanken mehr fähig ist. Willems Eltern versuchen Gunda zu überzeugen, in Wesel zu leben. Doch Gunda lehnt ab. Sie möchte bei ihrer Familie bleiben.

Hartmut nutzt ihren Zustand aus und überweist heimlich von ihrem Konto, das sie gemeinsam mit Willem hält und für das er sich anlässlich der Hochzeit vorsorglich von Gunda eine Vollmacht hat ausstellen lassen, alles Geld auf ein Konto einer Bank in einem Steuerparadies, wo es jeglichem Zugriff entzogen ist. Die Überweisung hinterlässt keinerlei Spuren. Er übernimmt auch Willems luxuriösen schwarzen Bentley. Damit ist sein Plan in allen Einzelheiten erfüllt.

Als Gunda sich wieder halbwegs dem Leben zuwendet und feststellt, dass Willems gesamtes Vermögen vom Konto abgebucht wurde, steigt in ihr ein Verdacht auf. Sie stellt Hartmut zur Rede. Da Hartmut stolz auf seinen gelungenen Plan ist, gibt er unumwunden zu, Willems Tod geplant und schon seit langem vorgehabt zu haben, sich Willems sagenhaftes Vermögen einzuverleiben. Sie könne ihm aber nichts nachweisen. Sie hat nur noch das Geld von ihrem privaten Konto.

Gunda ist wie vom Schlag getroffen und verfällt in eine dumpfe Apathie. Erst nach Monaten wandeln sich Entsetzen und Trauer in den intensiven Wunsch nach Rache. Sie führt von nun an ein vollständig abgeschiedenes, einsames Leben und beschränkt den Kontakt zu den Familienmitgliedern auf das Nötigste.

Edzard Hunold, in dessen Unternehmen Hartmut einst in Bamberg seine Lehre absolvierte, erfährt vom tragischen Tod Willems. Da seine eigene Frau erst kürzlich verstarb, wirbt er nun um Gunda. Diese gibt schließlich dem Werben nach, weniger aus Liebe als aus dem Wunsch, mit Edzards Hilfe eines Tages Rache an Hartmut nehmen zu können. Sie zieht nach Bamberg und gebiert nach einem Jahr einen Sohn.

Es vergehen viele Jahre, ohne dass Gunda eine Möglichkeit findet, ihre Rachegefühle zu befriedigen. Eines Tages bittet sie ihren Mann darum, ihre Familie nach Bamberg einladen zu dürfen. Ohne zu zögern erfüllt Edzard ihr diesen Wunsch. Ostern reisen Gunnar und Hartmut in Willems Bentley an. Hildegard ist in Schwetzingen geblieben. Edzard bewirtet seine Gäste zuvorkommend, obgleich Hartmut sich teilweise sehr unfreundlich dem Gastgeber gegenüber verhält.

Gunda plant einen Ausflug in die fränkische Schweiz. Sie bittet Hartmut darum, den Bentley, der eigentlich ihr gehöre, fahren zu dürfen. Obgleich Hartmut ihr nach wie vor misstraut, sieht er keinen Grund, warum er Gunda diesen Wunsch abschlagen könnte.

Sie setzt ihren zehnjährigen Sohn, den Hartmut unbedingt mit auf die Tour nehmen will, auf den Beifahrersitz. Gunnar und Hartmut nehmen im Fond

Platz und bedienen sich aus der Bar mit Sekt. Gunda fährt auf die Autobahn und über das Kreuz nach Norden. Sie beschleunigt auf einhundertsechzig Stundenkilometer. Kurz vor einer Brücke über die Autobahn zieht sie den Wagen leicht nach rechts. Er zerschellt an den Fundamenten der Brücke.

Heiko Michael Hartmann

Die Christianisierung des Abendlandes

Ich sah mich von den Nibelungen nie belangt. Es ist mir nie gelungen,
sie ganz zu lesen, geschweige denn, ich hätte sie verschlungen.
Christian

Es war ein herbstlicher Abend in dem Land, in dem es geschah, und 1977. Christian, ein empfindsamer junger Mann von 25 Jahren, stand vor seinem Bücherregal und nahm ein Buch in die Hand, das ihm 17 Jahre zuvor von Onkel Hanns-Martin, seinem Patenonkel, zur Kommunion geschenkt worden war. Christian hatte den Entschluss gefasst, sich seiner Jugendbücher zu entledigen, teils aus Mangel an Platz, teils aus dem Wunsch, irgendeinen Schlussstrich zu ziehen. Jetzt aber zögerte er und setzte sich erst einmal auf einen Stuhl, da es ihm war, als halte er einen Teil seiner Jugend in der Hand. Er dachte an Onkel Hanns-Martin, vor dem er oft Angst empfunden hatte, mehr Angst jedenfalls als Zuneigung. Onkel Hanns-Martin war ein Kriegsheld, zumindest hatte er sich immer so betrachtet, dem Range nach war er Untersturmbannführer. Auf die Empfindsamkeit seines Patenkindes ging Onkel Hanns-Martin nur insoweit ein, als er ihm Ratschläge gab, wie man sie am leichtesten überwinden könne, durch Zielstrebigkeit etwa und durch Sport. Onkel Hanns-Martin lebte noch, inzwischen in einem Altersheim, und hatte alles vergessen. Er wusste nicht einmal mehr, dass er Onkel Hanns-Martin hieß.

Christian verspürte eine starke Empfindung, viel stärker noch als sonst, so stark, dass er sich für einen Moment völlig vergaß, aber ganz anders, als es Onkel Hanns-Martin im Altersheim tat. Ein traumähnlicher Zustand, nur ähnlich, weil er nicht wirklich schlief und doch innere Bilder sah. Eine Türe etwa, unter der in schlangenförmigem Rinnsal rote Flüssigkeit herauslief. Blut? Er öffnete sie und trat in einen dunklen Raum. Für einen Moment dachte er, das liege an dem hereinbrechenden Abend. Im Zimmer war es bereits dunkel, er wollte aufstehen, um das Licht anzuschalten, als ein Stöhnen ihn in sein inneres Bild zurückzog. Irgendwo in der Ferne flackerte eine Fackel. Er hörte sie mehr, als er sie sah. So deutlich hörte er das Knistern, dass er die Fackel plötzlich in der Hand hielt. Allerdings leuchtete sie kaum heller als ein Streichholz. In diesem Moment, er wollte sich wundern, stieß er mit dem Fuß an einen Gegenstand, der nun wie eine Kugel ein Stück weit wegrollte. Er blickte dem Gegenstand nach. Als er sah, dass lange schwarze Haare daran hingen, lief er ihm hinterher und beugte sich mit seiner schwachen Fackel darüber. Ein menschlicher Kopf, blutverschmiert, mit Bart und ungemein hässlich. Damit hatte er nicht gerechnet. Wo war er hier? Der Raum schien riesig, die Fackel viel zu schwach. »Onkel Hanns-Martin?« flüsterte Christian.

Nichts geschah, er überlegte: Das Stöhnen, das er hörte, kam aus verschiedenen Richtungen. Hier schien es vielen schlecht zu gehen, konnte man ihnen helfen? Wenn er nur besser gesehen hätte. Es roch nach Blut, so stark, dass er allmählich begriff. Die unklare Sicht stammte von einer Art Blutdunst, der den Raum erfüllte. Nur deshalb konnte Christians Fackel kein ausreichendes Licht in die Sache bringen. Klar wurde Christian nur eines: Hier hatte ein Gemetzel stattgefunden. Das Buch fiel ihm ein, er hielt es immer noch in Händen und fragte: »Hagen?« Der Kopf begann zu nicken. Christian empfand Mitleid, sagte aber: »Dieses Ende war abzusehen.« Unbeweglich lag Hagens Kopf, die Lippen vibrierten.

»War es Kriemhild?«

Hagens Lippen öffneten sich. Christian beugte sich über sie und hielt sein Ohr dicht an den fremden, hässlichen Mund. Worte drangen nicht mehr heraus, nur Blut, teils verklumpt, teils als Spritzer. Christian kam wieder hoch und wischte sich das Ohr ab. Nicht weit davon lag ein anderer Kopf. Lange blonde Haare bestätigten den Verdacht: Kriemhild. Immer noch war sie schön. Wenn auch abgeschlagen, schien der Kopf noch lebendig, lebendiger jedenfalls als der Hagens: Die Wut war ihr noch anzusehen. »Wegen der Brüder?« fragte Christian und kniete sich neben das schöne Haupt. Im schwachen Schein der Fackel sah er, wie sie sich um eine Antwort bemühte. »Alles«, hauchte sie. Sie konnte also noch sprechen. Er überlegte, ob er sie irgendetwas anderes Wichtiges fragen sollte. Zumindest wollte er sie beruhigen. Er wusste nicht womit und sagte bloß: »Hagen kann schon nicht mehr sprechen.«

Ihre Augen glänzten, sie begann zu lächeln. Wie stolz und schön sie war. Christian war versucht, ihr die Lippen zu küssen. Da trat am Mundwinkel Blut aus und rann über die weiße Wange. Ein wenig umständlich, in der Rechten hielt er die Fackel, tastete er an seinen Hosentaschen nach einem Taschentuch. Kriemhilds Tod war ungerecht. Hinterrücks hatte der goldgierige Hagen Siegfried, ihren Mann, einen echten Helden, ermordet. Zuverlässige Gerichte, die für die ruchlose Tat sühnen ließen, gab es nicht. Schlug Kriemhild Hagen den Kopf ab, war das objektiv gesehen nicht Rache, sondern Wiederherstellung des Rechts. Vorsichtig tupfte er mit dem Taschentuch über ihre Wange. Es war nicht mehr ganz sauber, was er als peinlich empfand, für Kriemhild aber keine Rolle zu spielen schien. Dankbar lächelte sie ihn an, wodurch allerdings noch mehr Blut austrat. Sie wollte etwas sagen. Ganz dicht hielt er das Ohr an ihre Lippen.

»Du –«

Mehr konnte er nicht verstehen. Wieder war Blut an sein Ohr gespritzt. Doch war ihm das jetzt gleich. Es war ihres. »Ich?« fragte er mit fester Stimme, als habe er alles andere verstanden. Sie nickte mit den Lidern, ihre Augen glänzten.

Eines wurde Christian klar: In einer Welt ohne Gerechtigkeit ist es allein der Held, der noch auf ihre Herstellung hoffen lassen kann. Alle anderen sind zu feige. Was willst du, die Ungerechtigkeit ist unser Schicksal, denken sie. Und doch hoffen alle auf den Helden. Oder sie behaupten, Gerechtigkeit ist relativ und so kostbar, dass uns ein kleines bisschen davon schon genügt, Hauptsache uns geht es gut. Allein der Held ist in der Lage, über sich hinauszudenken. Er sieht die Gerechtigkeit als ein Gut an, das über allen Menschen steht, auch über ihm selbst. Deshalb wagt er sein Leben. Er setzt es daran für eine bessere Welt. Eine Welt, in der die Unschuldigen zu ihrem Recht gelangen, kein Hunger mehr herrscht und die Unterdrückung endlich aufhört. Christian leuchtete mit der Fackel umher. Da die Fackel in diesem Blutdunst nur wenig bewirkte, tastete er auch mit den Händen. Irgendwo musste es doch sein, und tatsächlich, da lag es und blitzte, als er die Fackel ganz dicht darüber hielt. Jetzt nahm er es in die Hand.

»Nothung?« fragte er und blickte auf Kriemhilds blutendes Haupt. Das nickte mit letzter Kraft. So schwer und scharf dieses Schwert war, in seinem Inneren empfand Christian Liebe und Verständnis. Warum musste Kriemhild sterben? Hildebrand hatte sie geköpft, weil sie eine Frau war. Hätte ein Mann Hagen, diesem elenden, gefährlichen Mörder, den Kopf abgeschlagen, man hätte ihm auf die Schulter geklopft. Einer Frau aber wollten sie es nicht erlauben. Sie war nun endgültig tot. Ein letztes Mal beugte sich Christian hinunter. Dicht hingen seine Augen über den ihren, als könne sie ihm vielleicht noch mit einer allerletzten Anstrengung etwas Wichtiges in die Sehgrube werfen. Der Glanz war aus ihren Augen gewichen. Gebrochen starrten sie ins Nichts. Flüchtig streiften seine Lippen die ihren. Die Kälte, die jetzt nach ihr griff, berührte sein Herz. Wut und Mitleid erfassten ihn. Auch die Frauen waren zu befreien. Das kam noch hinzu. Obgleich mager von Gestalt und eher schwächlich, hob er – wer? klar, Christian – das Schwert, verspürte seine Stärke und stürmte mit einem Schrei, der seine Mutter hätte erfrieren lassen, in die vom allgemeinen Blutdunst durchtränkte Dunkelheit hinein.

harald grill

am ende der geschichte

über eine brautreise vom rhein zur donau bis ungarn

1

von regensburg weiter an der donau nach passau
schweigend aber unübersehbar
ein schattenkino auf ungehobelte bretter projiziert
krumme nägel rostige rüstungen
kammerwägen voll mit dolchen lanzen schwertern
nur die reisenden wissen wohin

2

wegmarkierungen für blinde
das glockenläuten aus den städten und dörfern
an denen sie vorbei ziehen
vorbei ziehen immer nur vorbei
so muss es sein in einer slide-show
kurz anhalten nur kurz und übernächtig weiter
schau wie der trauermantel flattert im wind

uns ist es recht
dass sie weiterziehen
wer beherbergt schon gern schatten
die essen die trinken die schlafen
aber sie bezahlen nicht

3

wir wissen ja eh dass die blüten der süßkirschen
von fremden sorten befruchtet werden müssen
so wenden wir uns den steckzwiebeln zu
und kümmern uns um die kartoffeln

die fischer an der donau verbreiten unterdessen gerüchte
es reisen welche überland sagen sie
die sind stumm wie die fische sagen sie
aber wehe du willst sie fangen
wer sie berührt wird zu stein sagen sie

4
in der wachau hält einer sein pferd an und feixt
nach ungarn zieh ich ungern
das sei ein gewisser herr gieselher heißt es
schau er gewinnt farbe
aber keiner lacht keiner weint alle grinsen sie nur
und der joker vergewissert sich seines schwertes
dann isst er seinen apfel zu ende

5
ein hoch auf die reisegesellschaft
und sie zeigen was sie haben kniekehlen hintern
hüften busen schultern hälse wangen
und sie zeigen die zähne
messer und hellebarden
ach ja und dann schon wieder
immer wenn wir sie anschauen grinsen sie
auf diese unwiderstehliche art
meine güte warum grinsen sie nur die ganze zeit

6
wer baut das zelt auf für die braut
wer baut es wieder ab
wer füttert die tiere
was für ein wanderzirkus

lass uns rosen schneiden
fürs hochzeitsfest binden wir sie
dem fuchs an den schwanz
komm dreh dich und tanz
bis zu den knöcheln im blut

7
schwarze mäntel rote planen rotes fahnentuch
abwärts weiter donauabwärts
ein rinnsal das sich verliert ein faden der sich
verliert in der ferne ein dünner roter faden
der sich verliert

kommt noch wer nach?
aus vielen fäden wird ein seil
wem gebührt der strick um den hals

8
schau der windhund
schau das uhrwerk
schau das leben
wie es wegläuft
wie es ausläuft
wie es um sich selbst kreisend
verrinnt schau wie es sich
ein letztes mal dreht
und wendet ein kreis
der sich nie ganz schließen will
immer bleibt eine fadenbreite offen
für braut und bräutigam

9
genug jetzt vom lauf des lebens
erzähl mir doch lieber
von seinem schleppenden gang bis hin zum abgang
für manche eine hetz
für andere ein spaziergang
die lebensreise
so oder so ein fragment
denk es dir als ganzes
vater und mutter und
ach ja die kinder das wärs
nicht mehr nicht weniger

10
der gstanzlsänger beim hochzeitsfest
singt noch wenn alles längst vorbei ist
er singt und singt bindet endlosschleifen aber
er singt keine totenlieder
er frotzelt und lacht als wäre auch er
ja was?
einer von denen die sich für unsterblich halten?
vergiss es!

11
haare sind ja viel zu dünn
die hat man auf den zähnen
bis einem der appetit vergeht

geht es doch immer um mehr
eben um die stärke eines fadens
und ein faden kann verdammt stark sein
wenn man sich selbst schwach denkt

was kann schon schlecht sein am schwachsein
der sommer der in die knie geht
wenn der winter ihn vertreibt holladiriadiro
beerensträucher haben gern warme füß
also wohin jetzt

was sollen wir dazu sagen
wir kartoffelbauern
wir zwiebelstecker
wir kasperlfiguren

was geht es uns an
was geht
was

rien ne va plus
das spiel war verloren ehe es begann

12
hätte es seinerzeit schon die autobahn gegeben
hinunter nach wien und weiter nach budapest
dann jedenfalls wär das gemetzel
viel eher vorbei gewesen

Die Autoren, Künstler & Übersetzer

2xGoldstein, studierten von 2000 bis 2007 Grafik-Design bei Prof. Gunter Rambow und Prof. Melchior Imboden an der Hochschule für Gestaltung (HfG) Karlsruhe. Neben ihrem Studium des Grafik-Designs gründeten sie zusammen mit Kommilitonen das »Adam Seide Archiv«, das seit 2005 Literaturveranstaltungen an der HfG Karlsruhe organisiert. Seit 2007 gestalten 2xGoldstein Plakate, Bücher und Kataloge für verschiedene Verlage und Museen. Ihre Arbeiten wurden in diversen Wettbewerben unter anderem Type Directors Club New York, Type Directors Club Tokyo und 100 Beste Plakate ausgezeichnet.

Anonymus, über das Geburtsjahr, den -ort oder gar den Namen des Nibelungendichters – sofern er, was allerdings sehr wahrscheinlich ist, überhaupt ein Dichter und keine Dichterin war – ist nichts bekannt. Sehr wahrscheinlich ist, dass er um 1200 in klösterlichem Umfeld – vielleicht im bayerisch-österreichischen Donauraum im Gefolge des Passauer Bischofs Wolfger von Erla, von dem wiederum der Sänger Walther von der Vogelweide für seinen Sangesdienste urkundlich belegt 5 Schillinge für einen Pelzrock erhalten hat – eine Ausbildung in den lateinischen Sieben Freien Künsten (septem artes liberales) erhalten hat. Ebenfalls sehr wahrscheinlich verfasste er sein *Nibelungenlied* im ersten Jahrzehnt des 13. Jahrhunderts, der Rat des Küchenmeisters Rumolt taucht im etwas besser datierbaren *Parzival* des Franken Wolfram von Eschenbach auf. Seine große Leistung ist neben vielen anderen vor allem die erstmalige Verknüpfung der Geschichten um Siegfrieds Tod mit denen des Untergangs der Burgunden am Hofe Etzels / Attilas. Vieles weitere bleibt im Nebel.

Ingrid Bennewitz, geboren 1956 in Zell am See, studierte Germanistik, Musikwissenschaft, Philosophie an den Universitäten Salzburg und Münster / Westfalen sowie Klassische Gitarre, Renaissance-Laute, Aufführungspraxis der Alten Musik am Mozarteum Salzburg. Sie promovierte und habilitierte sich an der Universität Salzburg mit mediävistischen Themen, vertrat mehrere Professuren und ist seit 1995 Inhaberin des Lehrstuhls für Deutsche Philologie des Mittelalters an der Universität Bamberg. Sie ist deutschlandweit in leitender Funktion in verschiedenen wissenschaftlichen Kommissionen und Verbänden. Zwei ihrer Forschungsschwerpunkte sind die *gender*-Studies sowie die Editionsphilologie. Zahlreiche Publikationen und Herausgeberschaften, zuletzt unter anderem *Mittelalter im Kinder- und Jugendbuch: Akten der Tagung Bamberg 2010* (2013). Sie erhielt 1994 den *Kardinal-Innitzer-Förderungspreis*, ein Jahr später den *SANDOZ-Preis für Geisteswissenschaften.*

Jörg Birnstengel, geboren 1971 in Leipzig, lernte Industriebuchbinder und erwarb sein Abitur am Leipzig-Kolleg. Studium an der Universität Leipzig mit Abschluss Diplom-Psychologe. Wissenschaftlicher Mitarbeiter an einem medizinischen Umweltinstitut in Düsseldorf. Später Tätigkeit im psychosozialen Bereich in Duisburg. Jörg Birnstengel veröffentlichte 2003 erstmals ein Gedicht in dem Sammelband *Frankfurter Bibliothek*. 2005 erschien das Gedichtbändchen *Aus meiner Sicht*. Seit 2009 ist er aus gesundheitlichen Gründen berentet und lebt seit 2010 wieder in Leipzig.

Henning Boëtius, geboren 1939 in Langen, promovierte in Germanistik über Hans Henny Jahnn. Von 1967 bis 1973 war er Leiter der Redaktion der Kritischen Brentano-Ausgabe. Mehrere Publikationen mit dem Schwerpunkt Editionstheorie, Ästhetik und Poetik; die entsprechenden Artikel finden sich unter anderem im *Grundriß der Deutschen Literaturwissenschaft*. Unter dem Pseudonym Uwe Bastiansen ist Boëtius auch als Wissenschaftsjournalist tätig gewesen. Von Boëtius liegen zahlreiche Roman-Biografien (über Georg Christian Lichtenberg, Arthur Rimbaud und andere) und Romane vor, darunter der Bestseller *Phönix aus Asche*, der Renaissance-Roman *Die blaue Galeere* und zuletzt der Roman *Der Strandläufer* (2006). Seit 2005 gibt es eine Neuausgabe der dreibändigen *Troll-Minigoll-Saga* des Autors. 2010 hat Henning Boëtius zusammen mit Christa Hein eine »Kleine Dichterschule« für Kinder und Jugendliche unter dem Titel *Die ganze Welt in einem Satz* veröffentlicht, 2011 publizierte er zusammen mit seiner Tochter Antje *Das dunkle Paradies*. Sein Jugendsachbuch über die *Geschichte der Elektrizität* war 2007 für den Deutschen Jugendliteraturpreis nominiert.

Peter Braun, geboren 1960 in Bamberg, gelernter Kfz-Mechaniker, arbeitet nach Bundeswehrdienst, Abitur auf dem 2. Bildungsweg und Studium der Zahnmedizin als Publizist und Schriftsteller. Veröffentlichungen in der *Süddeutschen Zeitung* und dem *Rheinischen Merkur*. Hörfunkarbeit im Bereich Literatur/Hörspiel für den *Bayerischen Rundfunk*, die *Deutsche Welle*, *Saarländischen Rundfunk*, *MDR*, *SWR* und die *BBC*. Lehraufträge für Kommunikationswissenschaft an der Universität Bamberg. Drehbucharbeit für den *NDR Tatort* Hamburg.

Georg Oswald Cott, geboren 1931 in Salzgitter, lebt in Braunschweig. Er veröffentlicht Hörspiele, Features, Erzählungen, Essays – und vor allem Gedichte, seit 1972 in mehr als 20 Bänden. Zuletzt erschienen unter anderem *Die Flugbahn der Elster* (2006), *Was in der Nähe geschieht* (2007), *Eine Hand freihalten* (2010) sowie 2011- anlässlich seines 80. Geburtstags – der Band *Wurfholz und Echo* (ausgewählte Gedichte von Georg Oswald Cott mit Antwortgedichten von Oskar Ansull, Hans Georg Bulla, Hugo Dittberner, Heinz Kattner, Wilhelm Steffens, Johann P. Tammen und Hannelies Taschau). 2010 erhielt er das Verdienstkreuz am Bande für Schriftsteller des Niedersächsischen Verdienstordens.

Daniela Danz, geboren 1976 in Eisenach, absolvierte ein Studium der Kunstgeschichte und Germanistik in Tübingen, Prag, Berlin, Leipzig und Halle. Als freie Autorin und promovierte Kunsthistorikerin lebt sie heute in Kranichfeld. Sie übernahm Lehraufträge, unter anderem an der Universität Hildesheim. Seit Juni 2013 leitet sie das Schillerhaus in Rudolstadt. Zu ihren Veröffentlichungen gehören zum Beispiel die Gedichtbände *Serimunt* (2004) und *Pontus* (2009) oder der Roman *Türmer* (2006). Daniela Danz erhielt unter anderem den *Georg-Kaiser-Förderpreis für Literatur des Landes Sachsen-Anhalt* (2005) und 2013 das *Arbeitsstipendium des Deutschen Literaturfonds e. V.*

Gonde Dittmer, geboren in Husum, Kreis Nordfriesland, promovierte nach einem Studium der Elektrotechnik auf dem Gebiet der Mathematik. Danach arbeitete er als Dozent an der Technischen Universität Darmstadt mit dem Schwerpunkt Hochfrequenztechnik. Anschließend war er mehr als zwei Jahrzehnte in der Wirtschaft tätig, zunächst als selbständiger Unternehmensberater, dann als Vizepräsident einer international tätigen Anlagenbaufirma, im Anschluss daran als Vorstand eines international tätigen Automobilzulieferunternehmens sowie als Aufsichtsratsvorsitzender zweier Unternehmen. Heute ist er ist Professor an der Fachhochschule Kiel, ursprünglich für Regelungstechnik und elektrische Antriebe und seit einem Jahrzehnt Betreuer von Managementkursen in Masterstudiengängen an diversen Hochschulen sowie in der Weiterbildung. In den vergangenen 45 Jahren entstanden zahlreiche Fachveröffentlichungen und Fachbücher sowie 2013 ein Kurzgeschichtenband mit dem Titel *Beziehungen*.

Ulrike Draesner, geboren 1962 in München, studierte in Deutschland und England Rechtswissenschaften, Anglistik, Germanistik und Philosophie. Sie lebt als freie Autorin in Berlin. Ihr Werk umfasst Romane, Erzählungen, Gedichte, Essays und Übersetzungen aus dem Englischen und Französischen. Poetikvorlesungen bzw. Gastdozenturen unter anderem in München, Birmingham, Mainz, Kiel, und Bamberg, Gastprofessorin am Deutschen Literaturinstitut Leipzig (2004, 2006/07, 2013/14). Zuletzt erschienen: *Schöne Frauen lesen*, Essays (2007), *berührte orte*, Gedichte (2008), *Vorliebe*, Roman (2010), *Richtig liegen. Geschichten in Paaren*, Erzählungen (2011), *Heimliche Helden.* Essays (2013). Ulrike Draesner hat für ihr Werk zahlreiche Auszeichnungen erhalten, unter anderem den *Preis der Literaturhäuser* (2002),

Droste-Preis der Stadt Meersburg (2006), *Literaturpreis Solothurn* (2010), *Roswitha-Preis* (2013)
www.draesner.de

Jan Drees, geboren 1979 in Haan, arbeitet als Autor, Journalist und Literaturwissenschaftler in Wuppertal, Münster und Köln. Als Journalist ist er unter dem Schwerpunkt Literaturberichterstattung für Radio, Zeitschriften, Zeitungen, darunter *1LIVE, WDR 3, WDR 5, FAZ, DIE WELT* seit vielen Jahren tätig. Anfang 2013 startete seine Kolumne *Literatur mit Links* auf *jetzt.de/Süddeutsche Zeitung*. 2000 veröffentlichte er seinen Debütroman *Staring at the Sun*, sieben Jahre später folgte ein überarbeiteter, in die Jetztzeit verlagerter Remix. 2006 erschien sein zweiter Roman *Letzte Tage, jetzt*, 2013 seine Erzählung *Teneriffa*. Neben zahlreichen Nominierungen für Ehrungen und Auszeichnungen erhielt er 2011 den *Auslese-Preis der Stiftung Lesen* für das Team von *1LIVE Klubbing*.

Volker Gallé, geboren 1955 in Alzey, lebt an der rheinhessisch-pfälzischen Grenze in Mauchenheim (Selztal). Er studierte in Mainz Germanistik, Philosophie und Ethnologie, arbeitete als Musiklehrer und Musiktherapeut, als Lokalredakteur und als freier Mitarbeiter im Rundfunk. Seit 2004 ist er Kulturkoordinator der Stadt Worms. Im Auftrag der Stadt hat er bereits 1997 das Konzept der Nibelungenfestspiele erstellt. Mitte der 70er Jahre begann er, Texte in rheinhessischer Mundart zu schreiben und »Folksmusik« zu machen. Später folgten auch politisch-literarische Programme. 1992 erschien der Kunstreiseführer *Rheinhessen*, 1993 feierte sein Theaterstück *Jakobinischer Bilderbogen* in den Mainzer Kammerspielen Premiere. Zuletzt veröffentlichte er vor allem Lyrik. Daneben bekleidet Gallé zahlreiche Ehrenämter wie etwa den Vorsitz des Fördervereins Projekt Osthofen (Gedenkstätte im ehemaligen KZ 1933/34) oder den Vorsitz der Nibelungenliedgesellschaft Worms.

Heike Geißler, geboren 1977 in Riesa, studierte Germanistische Literaturwissenschaft und Philosophie in Halle, Leipzig und München. Sie lebt als freie Autorin und Übersetzerin in Leipzig. Veröffentlichungen: *Rosa* (2002), *Nichts was tragisch wäre* (2007), *Emma und Pferd Beere* (2009) unter anderem Sie ist Herausgeberin der Heftreihe *Lücken kann man lesen*. Für ihr Schaffen erhielt sie unter anderem den *Alfred-Döblin-Förderpreis* (2001), den *Förderpreis des Bayerischen Staatsministeriums für Wissenschaft* (2003) sowie diverse Stipendien.

Albert Gier, geboren 1953, Promotion in Bonn und Habilitation in Heidelberg, ist Professor für Romanische Literaturwissenschaft an der Universität Bamberg, wo er 1994 das Dokumentationszentrum für Librettoforschung begründete; sein besonderes Forschungsinteresse gilt der Verbindung von Musik und Literatur. Er ist Vorsitzender der Deutschen Sullivan Gesellschaft e. V. und gehört seit 1996 dem Wissenschaftlichen Beirat der Deutschen Rossini Gesellschaft e. V. an; Veranstaltungen von Symposien, Beratung bei Editions- und Aufführungsvorhaben und ähnliches tragen dazu bei, die Perspektive einer textbezogenen Opernforschung zu popularisieren. Es bestehen europaweit Kontakte zu verschiedenen Forschungsinstituten und Universitäten aber auch zu Theatern in Frankfurt, Stuttgart und Berlin. Albert Gier verfasste zahlreiche Aufsätze, Artikel und Rezensionen, 2000 erschien *Das Libretto. Theorie und Geschichte einer musikoliterarischen Gattung* als insel Taschenbuch.

Detlef Goller, geboren 1968 in Hof an der Saale, studierte Deutsch, Sozialkunde und Geschichte an der Universität Bamberg, langjähriger wissenschaftlicher Mitarbeiter an der Universität Halle-Wittenberg, Promotion zum *Tristan* Gottfrieds von Straßburg. Inzwischen arbeitet er als Akademischer Rat am Lehrstuhl für Deutsche Philologie des Mittelalters wieder an der Universität Bamberg und leitet dort unter anderem das Projekt MimaSch (Mittelalter macht Schule). Er hielt Lehraufträge zum Beispiel in Finnland, Russland, Armenien, Ägypten und Bosnien-Herzegowina. Seit über 25 Jahren ist er Torwart des FC Filmwelt Hof bei den Internationalen Hofer Filmtagen.

Nora Gomringer, geboren 1980 in Neunkirchen/Saar, ist Schweizerin und Deutsche. Anglistik- und Germanistikstudium an der Universität Bamberg. Seit 2010 ist sie Direktorin des Internationalen Künstlerhauses Villa Concordia in Bamberg. Sie verändert ihr Arbeitsfeld beständig, tritt regelmäßig mit Musikern wie Jazz Drummer Günter Baby Sommer oder dem Wortart Ensemble auf. Seit 2000 hat sie sechs Lyrikbände und einen Essayband bei Voland & Quist herausgebracht. Zuletzt erschienen: *Mein Gedicht fragt nicht lange* (2011), *Ich werde etwas mit der Sprache machen* (2011) und *Monster Poems* (2013). Ihr Werk wurde ins Schwedische, Französische und in Auszügen in zahlreiche andere Sprachen übersetzt. Neben zahlreichen Reise- und Aufenthaltsstipendien wurden ihr unter anderem 2012 der *Joachim-Ringelnatz-Preis für Lyrik* und 2013 der *August-Graf-von-Platen-Preis* sowie der *Poesiepreis des Kulturkreises des BDI* für ihr Schaffen zugesprochen.

Andrea Grafetstätter, geboren 1970 in Bruchsaal, Studium der Germanistik in Bamberg und Liège (Belgien), Promotion und Habilitation in der Älteren deutschen Literaturwissenschaft. Neben ihrer Tätigkeit am Lehrstuhl für Deutsche Philologie des Mittelalters an der Universität Bamberg hat sie im In- und Ausland verschiedene Professuren vertreten. Zu ihren Forschungsschwerpunkten Heldenepik, Minnesang und mittelalterliche/frühneuzeitliche Spiele schrieb sie zahlreiche Aufsätze für Fachzeitschriften und Sammelbände. Sie veröffentlichte 2004 eine Monographie zum Leich Walthers von der Vogelweide und 2013 ihre Habilitationsschrift zu Theatralisierungsstrategien in spätmittelalterlichen Spielen. Darüber hinaus ist sie auch als Herausgeberin von einschlägigen Fachpublikationen tätig. 2002 erhielt sie den *wissenschaftlichen Förderpreis der Stauferstiftung Göppingen*.

harald grill, geboren 1951 in Hengersberg, verbrachte Kindheit und Jugend in Regensburg und lebt seit 1978 mit seiner Familie in Wald im Landkreis Cham. 1973 bis 1988 war er als Pädagogischer Assistent tätig und arbeitet seit 1988 als freier Schriftsteller. Er ist Mitglied des Verbandes deutscher Schriftsteller (VS) und des PEN-Zentrums. Ihm wurden für seine Veröffentlichungen zahlreiche Auszeichnungen zugesprochen, unter anderem 1992 der *Friedrich-Baur-Preis* der Bayerischen Akademie der Schönen Künste, 2003 der *Marieluise-Fleißer-Preis* und zuletzt 2012/13 ein Aufenthaltsstipendium des Internationalen Künstlerhauses Villa Concordia.

Harald Gröhler, ist im Fichtelgebirge aufgewachsen. In Göttingen, Kiel und Köln studierte er Psychologie, Philosophie, in Köln später auch noch Geschichte. Anfangs arbeitete er als freier Literaturkritiker (unter anderem für den *WDR* und die *FAZ*) und Pressefotograf, danach als freier Schriftsteller. Inzwischen sind mehrere Gedichtbände sowie Novellen und Romane erschienen, zum Beispiel *Rot, Ausfahrten mit der Chaise. Eine Novelle auf Goethe* (1999) oder der historische Episodenroman (Gröhler als Ko-Autor) *Das steinerne Auge* (2009). Er ist Mitglied des PEN-Zentrums Deutschland, im Autorenkreis Rhein-Erft, der Europäischen Autorenvereinigung *Die Kogge*, des Verbands deutscher Schriftsteller u. v.m. Neben zahlreichen anderen Ehrungen und Auszeichnungen erhielt er 2010 den *Inge Czernik Förderpreis Lyrik*.

Alexander Gumz, geboren 1974 in Berlin, ist Lyriker, Redakteur und Veranstalter unter anderem beim Texttonlabel *KOOK* und für das *poesiefestival berlin* sowie Mitbegründer des Festivals *LAN. Drei Tage junge Literatur und Musik* (Berlin) und der langen Literatur- und Musiknacht *HAM.LIT* (Hamburg). Zudem widmet er sich Herausgebertätigkeiten, Übersetzungsarbeiten, Moderationen, Seminaren und Workshops. Er veröffentlichte Gedichte in Zeitschriften und Anthologien, zuletzt beispielsweise im *Jahrbuch der Lyrik*, *Die Zeit*, *Das Gedicht*, *Das Magazin*, *Wespennest*, *randnummer* und *STILL*. Ausgewählte Gedichte wurden ins Englische, Italienische, Polnische, Slowakische, Spanische, Persische und Hebräische übersetzt. Sein Gedichtband *ausrücken mit modellen* erschien 2011. 2013 folgte *45sec*, Gedichte zu Fotos von Michael Mieß. 2012 erhielt er den *Clemens-Brentano-Förderpreis für Literatur*, 2013 ein Stipendium der Deutschen Akademie Rom in der Casa Baldi, Olevano Romano, Italien.

Heiko Michael Hartmann, geboren 1957 in Miltenberg, wuchs in Würzburg auf. Er studierte Rechtswissenschaft und Philosophie in Würzburg und Genf. Nach dem Rechtsreferendariat zog er nach Berlin und arbeitet seitdem als Jurist in der Bundesverwaltung (Finanzaufsicht). Der Dichterjurist ist Verfasser von drei Romanen: *MOI* (1997), *Unterm Bett* (2000) und *Das schwarze Ei* (2006). Zuletzt ließ Hartmann sich von seiner Tätigkeit als Jurist beurlauben. 1996 erhielt er das

3Sat-Stipendium beim Ingeborg-Bachmann-Wettbewerb in Klagenfurt sowie 1999 den *Kurd-Laßwitz-Preis* für das beste phantastische Hörspiel. 2011/12 war er ausgezeichnet mit dem Aufenthaltsstipendium des Internationalen Künstlerhauses Villa Concordia.

Alban Nikolai Herbst, geboren 1955 in Refrath, lebt in Berlin. Lehre zum Rechtsanwalts- und Notarsgehilfen, Studium der Philosophie in Frankfurt am Main; seit 1981 Schriftsteller (von 1988–93 Broker); zahlreiche Buchveröffentlichungen, zuletzt unter anderem *Dem Nahsten Orient/Très Proche Orient, Liebesgedichte* (2007), *Kybernetischer Realismus, Heidelberger Vorlesungen* (2008), *Aeolia/Stromboli,* Gedichtzyklus (mit Bildern von Harald R. Gratz, 2008), *Der Engel Ordnungen*, Gedichte (2009), *Selzers Singen. Phantastische Geschichten und solche von fremder Moral* (2010), *Das bleibende Thier. Bamberger Elegien* (2011) sowie Stücke fürs Theater, Musik-Sprache-Arbeiten, Funkarbeiten/Hörspiele, Herausgaben. – Jüngst schloss er seine *Anderswelt*-Romantrilogie mit *Argo* (2013) ab (*Thetis* 1998, *Buenos Aires* 2001).
Siehe auch *die horen*, Band 231/2008: *Panoramen der Anderswelt / Expeditionen ins Werk von Alban Nikolai Herbst* (zusammengestellt von Ralf Schnell).

Franz Hodjak, geboren 1944 in Hermannstadt/Siebenbürgen (Rumänien), lebt in Usingen. Er absolvierte ein Studium der Germanistik und Rumänistik. Von 1970 bis 1992 war er als Lektor im Dacia Verlag Klausenburg tätig, bis er 1992 nach Deutschland übersiedelte. Er schreibt sowohl Lyrik, Aphorismen als auch Prosa und übersetzt aus dem Rumänischen. 2000 wurde sein Roman *Der Sängerstreit* veröffentlicht. Aktuell sind im Erscheinen der Lyrikband *Der Gedanke, mich selbst zu entführen, bot sich* (mit Lithographien von Huberts Giebe) sowie die Aphorismensammlung *Der, der wir sein möchten, ist schon vergeben*. Neben vielen anderen Auszeichnungen und Stipendien, z. B. den Preis des Landes Kärnten beim *Ingeborg-Bachmann-Wettberwerb* 1991, wurde Hodjak zuletzt mit dem *Siebenbürgisch-Sächsichen Kulturpreis* 2013 geehrt.

Ulrich Holbein, geboren 1953 in Erfurt, studierte Sozialpädagogik in Darmstadt sowie Freie Malerei an der Hochschule für Bildende Künste Kassel. Nach mehreren Tätigkeiten in diesen Bereichen arbeitet er seit Ende der 70er Jahre ausschließlich als freier Schriftsteller. Unter seinen unzähligen Publikationen finden sich Essays, Kolumnen und Romane wie auch Hörspiele und Radiosendungen. Er verfasst regelmäßig Glossen unter anderem für *DIE ZEIT* und die *SÜDDEUTSCHE ZEITUNG* wie auch für die Monatszeitschrift *konkret*. Im 2008 erschienenen Werk *Narratorium* porträtiert er in Art einer Enzyklopädie 255 bekannte Persönlichkeiten und bringt deren vermeintliches Narrentum auf den Punkt. 2013 erschien *Ein Chinese in Rom. Jean Paul & Goethe: Ein untendenziöses Doppelporträt*. Ulrich Holbein erhielt für sein Werk zahlreiche Ehrungen und Preise; zuletzt wurde er 2009 mit dem *Ben-Witter-Preis* ausgezeichnet, 2009/10 erhielt er ein Stipendium für das Internationale Künstlerhaus Villa Concordia.

Felicitas Hoppe, geboren 1960 in Hameln, lebt als Schriftstellerin in Berlin. Sie studierte Literaturwissenschaften, Rhetorik, Religionswissenschaften, Italienisch und Russisch an den Universitäten Hildesheim, Tübingen, Eugene/Oregon (USA) sowie in Berlin und Rom. Seit 1996 lebt sie in Berlin als freie Schriftstellerin und veröffentlicht Erzählungen, Romane, Kinderbücher und Feuilletons, 2012 erschien der autobiographische Roman *Hoppe*. Hoppe ist reisend und vortragend rund um die Welt unterwegs. Für ihr Werk wurde sie mehrfach ausgezeichnet, zuletzt mit dem *Georg-Büchner-Preis* (2012).

Judith Kinitz, geboren im Winter 1986, lebt und studiert heute in Bamberg, wo sie bereits einen Bachelorabschluss in Germanistik erworben hat. Als Autodidaktin hinter der Kamera präsentierte sie bereits in Ausstellungen ihre Bilder: 2012 in zwei Gruppenausstellungen in Karlsruhe und Osnabrück sowie 2013 in einer Einzelausstellung in Bamberg. Eine Auswahl ihrer Bilder stehen online zur Ansicht aus:
http://view.stern.de/de/profile/seemeerdchen/

Klasse 4a, im Schuljahr 2011/12 befanden sich in der Klasse 4a der Grundschule Pommersfelden zehn Mädchen und elf Jungen unter der Leitung der Klassenlehrerin Cordula Atzhorn. Im Rahmen einer Zulassungsarbeit für das Erste Staatsexamen für Grundschulen unterrichtete die Studentin

Anna Schrüfer in dieser Klasse mehrere selbst konzipierte Doppelstunden zum *Nibelungenlied*. Am Ende der Einheit erstellten die Schülerinnen und Schüler anhand von Standbildern ein Bilderbuch zum Inhalt des *Nibelungenliedes*, wofür sie gemeinsam den hier abgedruckten Text erarbeitet haben. Inzwischen gehen sie auf verschiedene Schulen in und um Bamberg.

Paul Alfred Kleinert, geboren 1960, Schriftsteller (zuletzt: *um die fünfzig – koło pięćdziesiątki – ötven felé* Gedichte mit Übertragungen in 's Polnische und Ungarische von M. Jakubów and S. Tatár, Budapest 2010, *vestigium hominis – ein Jahres- im Lebenskreis* Gedichte, Wien 2012), Herausgeber, Übertragungen aus den klassischen Altsprachen.1999 Mitbegründer des Franz Fühmann Freundeskreises (www.franz-fuehmann.de).

fitzgerald kusz, eigentlich Rüdiger Kusz, geboren 1944 in Nürnberg, studierte in Erlangen Germanistik und Anglistik. Nach seinem Studium arbeitete er zunächst als Lehrer in Nürnberg, seit 1982 als freischaffender Schriftsteller. Sein größter Erfolg gelang ihm mit seinem in fränkischer Mundart geschriebenen Theaterstück *Schweig, Bub!*, das am 6. Oktober 1976 am Staatstheater Nürnberg uraufgeführt und mittlerweile mehr als 700mal gespielt wurde. Von dem Stück existieren auch Hörspielfassungen und zahlreiche Übertragungen in andere deutsche Dialekte, zum Beispiel Berlinerisch, Hessisch, Schwäbisch und Niederdeutsch. Außer für seine Theaterstücke ist Fitzgerald Kusz vor allem für seine mittelfränkischen Mundartgedichte bekannt, die er teilweise in der Form von Haikus verfasst. Zuletzt schrieb er 2010 das Theaterstück *Lametta*. Er wurde mit 7 Literaturpreisen ausgezeichnet, zuletzt 2011 mit dem *August Graf von Platen Literaturpreis*.

Reimar Limmer, geboren 1976, studierte 2000–2005 Visuelles Kommunikationsdesign mit den Schwerpunkten Grafik-Design, Illustration und Typografie. Seitdem ist er als freier Grafiker & Illustrator für diverse Agenturen und Einrichtungen vor allem im Kulturbereich tätig. Reimar Limmer lebt und arbeitet zurzeit in Bamberg.

Nine Miedema, geboren 1964 in Amsterdam, studierte Germanistik und Anglistik, promovierte in Göttingen und habilitierte in Münster. Nach einer Professur für Deutsche Sprache und Literatur des Mittelalters an der Universität Duisburg-Essen ist sie seit 2011 Professorin für Deutsche Philologie des Mittelalters an der Universität des Saarlandes. Sie hatte mehrere Gastdozenturen und Stipendien an der Radboud Universiteit Nijmegen, am Max-Planck-Institut für Kunstgeschichte in Rom, an der Nationalen Universität Taschkent und am Institute of Germanic Studies in London inne und ist seit September 2010 Mitglied des Vorstandes des Deutschen Germanistenverbandes. Miedema erhielt 2001 den *Preis zur Förderung des wissenschaftlichen Nachwuchses* der Gesellschaft zur Förderung der Westfälischen Wilhelms-Universität zu Münster e. V.

Werner Nell, geboren 1951 in St. Goar am Rhein; Studium der Mathematik, Germanistik, Geschichte, Soziologie und Komparatistik in Mainz, Frankfurt a. M. und Dijon, 1977/79 Staatsexamen; Tätigkeiten als Lehrer, Dozent, wissenschaftlicher Redakteur und Journalist. Promotion 1985 und Habilitation 1995; seit 2002 Professor für Allgemeine und vergleichende Literaturwissenschaft an der Universität Halle-Wittenberg. Arbeitsschwerpunkte: Vergleichende Literatur- und Kulturtheorie, 18. Jahrhundert, Kultursoziologie; dazu diverse Veröffentlichungen unter anderem über Jean Paul, Goethe, Georg Forster, Montaigne, Nerval und Nabokov; ferner zu Interkulturalität, Migration und zu weiteren sozialwissenschaftlichen Themen. Zahlreiche Beiträge, Publikationen, Herausgaben, zum Beispiel: *Kulturwissenschaften. Eine Einführung* (mit Wolfgang Riedel, 2007), *Leben und Arbeiten in Vielfalt. Migration und Chancengleichheit in Europa* (mit Stéphanie-Aline Yeshurun, 2007), *Die Mythologie* (mit Wolfgang Riedel, 2010), *Atlas der fiktiven Orte. Utopia, Camelot und Mittelerde. Eine Entdeckungsreise zu erfunden Schauplätzen* (Illustrationen von Steffen Hendel, 2012); seit 2001 Hrsg. der Reihe *Komparatistik* im Gardez! Verlag.

Markus Orths, geboren 1969 in Viersen am Niederrhein, studierte Philosophie, Romanistik und Anglistik an der Albert-Ludwigs-Universität in Freiburg. Von 1991 bis 1992 war er als Deutschassistent in Paris tätig. Die Staatsexamen in Philosophie, Französisch und Englisch folgten in den Jahren 1995 bis 1997. Nach seinem Referendariat arbeitete er als freier Autor und Mitherausgeber der Literaturzeitschrift *Konzepte*. Von seiner Lehrertätigkeit ließ er sich beurlauben und lebt seit 2001 als freier Autor in Karlsruhe. 2003 erschien sein Roman *Lehrerzimmer*, 2011 der Roman *Die Tarnkappe* und zuletzt der Erzählband *Irgendwann ist Schluss* (2013). Neben zahlreichen Förderpreisen und Ehrungen für sein Werk gewann Orths 2012 den Stückewettbewerb des Theaters Baden-Baden für *Die Entfernung der Amygdala*.

Marc Pommerening, geboren 1970 in Flensburg, studierte 1994–1999 Regie an der Hochschule für Schauspielkunst »Ernst Busch« in Berlin. Seit 2000 arbeitet er als freier Autor / Regisseur, schrieb Versdramen für das *Theater der Jugend* in Wien (*Die Nibelungen, Die Meuterer von der Bounty*) und das Kunstfest Weimar (*Johnnys Jihad*). Als Regisseur betreute er zwei Peter Hacks – Uraufführungen. Sein aktuelles Theaterstück. *Letzter Aufruf Jedermann* feierte am 26.1.2013 Premiere in Wien. Marc Pommerening ist Preisträger des Dramatikerstipendiums der *literar mechana* 2012.

SAID, geboren 1947 in Teheran, kam siebzehnjährig als Student nach München und studierte Politikwissenschaft. Nach dem Sturz des Schahs 1979 ging er kurzzeitig in den Iran. Die dort durch die Mullahs neu begründete Theokratie veranlasste ihn, wieder in das deutsche Exil zurückzukehren. Er schreibt Lyrik und Prosa in deutscher Sprache; mehrfach wurde SAID für sein schriftstellerisches Werk (zuletzt 2010 mit dem *Literaturpreis des Freien Deutschen Autorenverbands*), aber auch für sein Engagement für politisch Verfolgte geehrt. Grundthemen sind vor allem Liebe und Exil. Zuletzt erschienen unter anderem: *mukulele, Ein Märchen* (2007); *der engel und die tauben,* Erzählungen (2008); *Das Haus, das uns bewohnt* (2009); *Ruf zurück die Vögel*, Gedichte (2010); *Das Niemandsland ist unseres – West-östliche Betrachtungen* (2010); *Ein Brief an Simba*, Kinderbuch (2011); *Parlando mit Le Phung* (2013).

Katja Schiller, geb. Leuschner, geboren 1977 in Aschersleben, studierte bis 2004 Kunst und Design an der Hochschule Burg Giebichenstein. Seit 2004 arbeitet sie als freiberufliche Designerin und Illustratorin in Halle. Näheres zu ihrer Arbeit findet man online auf ihrer Homepage www.katja-schiller.de/.

Wolfgang Schlüter, geboren 1948 in Königslutter, studierte in Hamburg, Berlin und Wien Musikwissenschaft und Philosophie. Er promovierte an der TU Berlin und veröffentlichte 1984 seinen ersten Roman *Eines Fensters Schatten oder: Mercurius' Hochzeit mit der Philologie*. Seit 1994 ist Schlüter als freier Autor und Übersetzer tätig. Sein Roman *Dufays Requiem* erschien 2001, gefolgt von *Anmut und Gnade* (2007), der für den *Preis der Leipziger Buchmesse* nominiert wurde. Im Mai 2011 wurde der Autor mit der *Kester-Haeusler-Ehrengabe* der Deutschen Schillerstiftung ausgezeichnet. Auch für seine Übersetzungsprojekte wurde Schlüter mehrfach geehrt, wie beispielsweise 2005 durch das Barthold-Hinrich-Brockes-Stipendium des Deutschen Übersetzerfonds. 2011/12 erhielt er das Aufenthaltsstipendium des Internationalen Künstlerhauses Villa Concordia.

Rolf Schneider, geboren 1932 in Chemnitz, lebt in Schöneiche bei Berlin. Er studierte an der Universität Halle-Wittenberg Germanistik und Pädagogik (1955–1958), arbeitete zunächst als Redakteur bei der Zeitschrift *Aufbau*, seit 1958 ist er freier Schriftsteller. Er verfasste Romane, Bühnenstücke, Essays und Sachbücher, seit den 1970er Jahren ist er auch ein gefragter journalistischer Publizist, unter anderem für *Der Spiegel, Die Zeit, FAZ, Die Welt* und *Financial Times London*. Zuletzt erschienen 2009 der Roman *Marienbrücke* und 2013 die Autobiografie *Schonzeiten. Ein Leben in Deutschland*. Für sein Schaffen wurde er mehrfach ausgezeichnet, zum Beispiel 2004 mit dem *Bundesverdienstkreuz 1. Klasse*.

Susanne Schul, geboren 1982 in Gelnhausen, studierte Germanistik und Geschichte an der Universität Kassel, Promotion zum Nibelungenlied und zu Nibelungen-Adaptionen (2011). Seit Oktober 2012 ist sie dort wissenschaftliche Mitarbeiterin / Post-doc. Im Mai 2013 wurde sie mit dem *Arthur-Fandrey-Preis* für wissenschaftlichen Nachwuchs der Universität Kassel ausgezeichnet.

Wiebke Siem, geboren 1954 in Kiel, studierte an der Hochschule für Bildende Künste in Hamburg bei Stanley Brouwn. Sie ist Bildhauerin und heute in Berlin ansässig. Sie wurde in den 90er Jahren bekannt mit ihren *4 Werkgruppen*, in denen sie Gegenstände des Alltags in ihren Skulpturen verfremdete und zu einer umfassenden (musealen) Installation zusammenfügte. 2009 zeigte das Neue Museum Nürnberg Siems Arbeiten in einer umfangreichen Schau. Siems Werke wurden national und international ausgestellt: Guggenheim Museum, New York, Henry Moore Institute, Leeds, Kunsthalle Hamburg. Für 2013/14 wurde sie ausgezeichnet mit dem Aufenthaltsstipendium des Internationalen Künstlerhauses Villa Concordia.

Tilman Spreckelsen, geboren 1967 in Kronberg, studierte nach dem Abitur und Zivildienst Germanistik und Geschichte in Freiburg. 1998 promovierte er mit einer Arbeit zu Androiden im Werk Karl Immermanns. Anfang 2001 erhielt er eine Hospitanz im Feuilleton der *FAZ* und war bis März 2003 Redakteur im *Literaturblatt*. Seither arbeitet er als Redakteur im Wissenschaftsressort der *Frankfurter Allgemeinen Sonntagszeitung*. Tilman Spreckelsen hat mehrere Kinder- und Jugendbücher verfasst und ist Herausgeber der Reihe *Die Bücher mit dem blauen Band*, in der unter anderem der *Iwein Löwenritter* von Felicitas Hoppe erschienen ist.

Hans Thill, geboren 1954 in Baden-Baden, lebt seit 1974 in Heidelberg. Er ist Lyriker und Übersetzer. Mitbegründer des Verlags *Das Wunderhorn*, Leiter des Künstlerhauses Edenkoben und der Übersetzerwerkstatt *Poesie der Nachbarn – Dichter übersetzen Dichter*. Zahlreiche Übersetzungen vor allem aus dem Französischen, darunter Guillaume Apollinaire, Philippe Soupault, Abdelwahab Meddeb. Herausgeber der Reihe *Deutsche Reise nach Plovdiv*. 2003 Für den Gedichtband *Kühle Religionen* (2003) erhielt er den *Peter-Huchel-Preis* (2004). Zuletzt erschien *Museum der Ungeduld* (2010). Zusammen mit Michael Braun Herausgeber von Anthologien der deutschen Lyrik, unter anderem: *Lied aus reinem Nichts* (2010). Beteiligt sich am Internetforum *www.der-goldene-fisch.de* und an *www.poetenladen.de*. *Writers-for-Peace*-Beauftragter im Präsidium des deutschen P. E. N. Thills Gedichte wurden in viele Sprachen übersetzt, zum Beispiel ins Englische, Französische, Spanische, Niederländische, Kroatische, Bulgarische, Ukrainische, Russische. 2013 wurde er mit der Poetikdozentur der Universität Mainz beauftragt.

Sigurbjörg Thrastardóttir, geboren 1973 in Akranes in Island, schloss 1997 ein Studium der Allgemeinen Literaturwissenschaft an der Universität Islands ab. 1998 folgte ein Abschluss in Angewandten Medienwissenschaften. Ihr erstes Werk, der Lyrikband *Blálogaland* (deutsch: Blauflammenland), erschien 1999. Seitdem hat Sigurbjörg Þrastardóttir weitere Lyrikbände, Theaterstücke und den Roman *Sólar saga* (deutsch etwa: *Die Geschichte von Sól*) veröffentlicht. Neben ihrer schriftstellerischen Tätigkeit arbeitete Þrastardóttir von 1999 bis 2009 als Journalistin bei der Tageszeitung *Morgunblaðið*. Ausgewählte Gedichte der Autorin wurden bereits in zahlreiche europäische Sprachen übersetzt und unter anderem in Deutschland, Holland, Italien und Schweden veröffentlicht. Auf Deutsch erschien im August 2011 außerdem der Gedichtzyklus *Fackelzüge*, der für den *Literaturpreis des Nordischen Rates* nominiert war. 2011/12 war sie ausgezeichnet mit dem Aufenthaltsstipendium des Internationalen Künstlerhauses Villa Concordia.
Fackelzüge erschienen 2011 bei Blumenbar (Wiederabdruck mit freundlicher Genehmigung von shellf/Wolfgang Farkas); *Unsere Halle ist voll von Harm* und *Café Borges* sind Originalbeiträge.

(Hans-Eckardt) Wenzel, geboren 1955 und aufgewachsen in Wittenberg, studierte 1976–81 an der Humboldt-Universität Berlin Kulturwissenschaften und Ästhetik. Wenzel schreibt Lyrik, Prosa, Essays, Dramatik und arbeitet für das Theater. Er ist insbesondere durch seine Lied- und (zusammen mit Steffen Mensching) Clowns-Programme zur »DaDaeR« bekannt geworden

(Film 1990); inzwischen ist er aber vor allem als Liedpoet unterwegs. Letzte Buchpublikationen: *Hundert Lieder*. Band I (2009), *Seit ich am Meer bin*. Gedichte (2011). Zudem erschienen zahlreiche CD-Produktionen mit Vertonungen eigener und fremder Texte (unter anderen Theodor Kramer, Woody Guthrie, Henriette Haill, Christoph Hein), für die er vielfach ausgezeichnet wurde; allein der *Preis der deutschen Schallplattenkritik* wurde ihm achtmal, der *Deutsche Liederpreis* dreimal zuerkannt. Mehr unter www.wenzel-im-netz.de & www.matrosenblau.de.

Peter Wiechmann, geboren 1939 in Bunzlau (Schlesien), ist Redakteur, Autor und Übersetzer. Er floh 1945 mit seiner Familie nach Eschwege, dem Geburtsort seiner Mutter. Nach der Schulausbildung absolvierte er eine Lehre als Schriftsetzer. Danach war er unter anderem als Redakteur bei verschiedenen Zeitungen beschäftigt, bevor er zu Rolf Kauka wechselte, wo er anfangs für die Zeitschrift *Lupo modern* verantwortlich war, später rund zwanzig neue Publikationen etablierte und schließlich Geschäftsführer wurde. In den frühen 80er Jahren wechselte er über die Pyrenäen nach Barcelona und gründete dort das Kreativ-Studio COMICON. Neben Comics trat er mit handgefertigten (Bleisatz, Handdruck, Linolschnitt) Büchern hervor, z. B. *Der Frosch, der in die Ferne will* (1977). 2011 erschien seine 1000-Seiten-Biografie *Feuer & Flamme*, die eine Kindheit und Jugend im Nachkriegsdeutschland thematisiert. Peter Wiechmann lebt seit zehn Jahren wieder in Deutschland, hat ein Dutzend Comic-Bücher herausgebracht und gestaltet gerade die Hommage an eine wilde Landschaft des spanischen Abseits in Text & Bild: *Vagabundos en camino …*

Michael Wildenhain, geboren 1958 im Westteil Berlins, studierte nach einem Maschinenbaupraktikum, Wirtschaftsingenieurwesen und Philosophie und arbeitet heute als freier Schriftsteller. Neben Romanen (unter anderem *Erste Liebe – Deutscher Herbst*, 1997), Gedicht- und Erzählbänden schrieb er auch Theaterstücke, die zum Beispiel in Dresden, Berlin und Heilbronn auf die Bühne gebracht wurden. 2012 erschienen Theaterstücke in der henschel Schauspiel edition. 2007 veröffentlichte er den Gedichtband *Die schönen scharfen Zähne der Koralle*, 2011 den Gedichtband *Wie es war*. Viele seiner Texte setzen sich unter verschiedenen Blickwinkeln mit dem Berlin der 1970er und 1980er Jahre auseinander. Zuletzt erschien der Roman *Blutsbrüder* (2011). Für sein Schaffen wurde Wildenhain mit zahlreichen Auszeichnungen geehrt, zuletzt 2008 mit dem *Alfred-Döblin-Stipendium* im Döblin-Haus in Wewelsfleth und 2011 mit dem *Verdi-Literaturpreis*.

Maria Wüstenhagen, geboren 1982 in Finsterwalde, studierte Germanistik und Geschichte in Eichstätt, Bamberg und Wien. 2009 erschien ihr Gedichtband *innenansichten*. Zwei Jahre später veröffentlichte sie zusammen mit der Illustratorin Daniela Baur das Kinderbuch *Conrad und der Bamberger Dom* zur 1000jährigen Geschichte des Bamberger Domes. 2013 promovierte sie über Irmtraud Morgner und erhielt dafür den *Görres-Wissenschaftspreis der Universität Bamberg*. Ab Januar 2014 übernimmt sie die Leitung des Kulturamts in Feuchtwangen. Daneben betätigt sie sich als Autorin und Regisseurin von Theaterstücken für Kinder.

Belletristik im Herbst 2013

Hendrik Rost
Licht für andere Augen
Gedichte
80 S., geb., Schutzumschlag
16,90 € (D); 17,40 € (A)
ISBN 978-3-8353-1017-9 E

Sabine Peters
Narrengarten
Roman
238 S., geb., Schutzumschlag
19,90 € (D); 20,50 € (A)
ISBN 978-3-8353-1345-3 E

Gaston Salvatore
Waldemar Müller
Ein deutsches Schicksal. Erzählungen
Mit einem Trailer von
Hans Magnus Enzensberger
430 S., geb., Schutzumschlag
22,90 € (D); 23,60 € (A)
ISBN 978-3-8353-1356-9 E

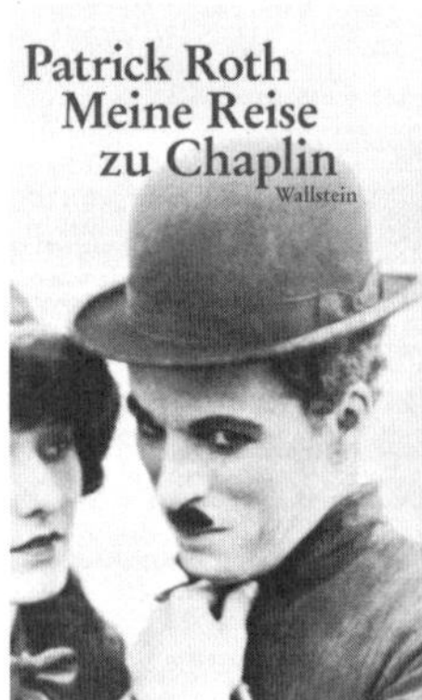

Patrick Roth
Meine Reise zu Chaplin
Ein Encore
88 S., 1 Abb., geb., Schutzumschlag
13,90 € (D); 14,30 € (A)
ISBN 978-3-8353-1357-6 E